WILLKOMMEN

Auch der kleinste Blumengarten bringt große Freude.

Nur wer genau hinsieht, entdeckt die Schönheit im Detail.

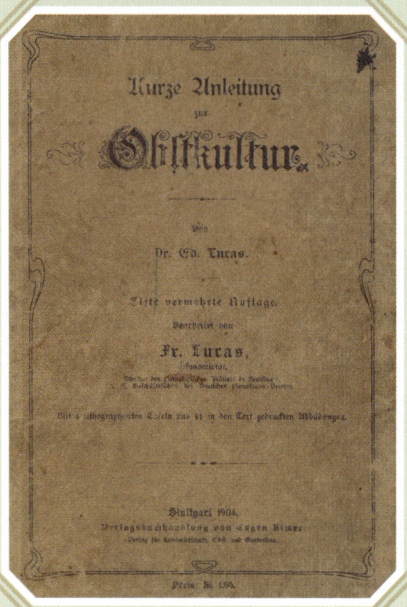

Das erste Buch im Verlag Eugen Ulmer.

Manchmal braucht es nur ein bisschen Mut für neue Wege.

Das Wappen des
Verlages 1868.

Als mein Ur-Ur-Großvater den Verlag gründete, in dem dieses Buch jetzt erscheint, änderte sich gerade alles. Es gab neue Druckmaschinen, die Eisenbahn fuhr schneller, weiter, öfter und: die Glühlampe wurde erfunden. All das führte dazu, dass die Menschen mehr lesen wollten und konnten. Eugen Ulmer beschloss, sich auf alles Wissenswerte rund um die Landwirtschaft und den Gartenbau zu konzentrieren. Dieser Tradition sind wir aus Überzeugung treu geblieben. Denn am Anfang war ein Garten. Und die Sehnsucht nach einem eigenen Garten wird immer bleiben, auch wenn sich alles andere ändert. *Wie schön!* Und noch eines wird sich nie ändern…
Jeder Garten beginnt mit einer Frage:

WAS WÜNSCHE ICH MIR VON MEINEM GARTEN?

„Mein Blumengarten" ist Inspiration und professioneller Ratgeber – aber das Buch schreibt Ihnen auf keinen Fall etwas vor. Es geht nur darum, dass Sie sich ein Stückchen Erde schaffen, das perfekt zu Ihrem Leben passt. Mit unserem Wissen und Ihrer Fantasie und Begeisterung ist alles möglich! Verwirklichen Sie das Schönste auf der Welt – Ihren eigenen Blumengarten. Wir wünschen Ihnen viel Freude und reiche Blüte!

MATTHIAS ULMER

MEIN GARTEN

Es gibt viele Wege zum Garten-Glück.

Welcher ist Ihrer?

ICH WÜNSCHE MIR
SPONTANITÄT, VORFREUDE UND ABWECHSLUNG
DEN SCHNELLEN BLUMENGARTEN AUS DEM SAMENTÜTCHEN
SEITE **12**

ICH WÜNSCHE MIR
KÜHLE NOBLESSE
DEN BLUMENGARTEN FÜR SCHATTENSPIELE
SEITE **24**

ICH WÜNSCHE MIR
DRAMA, BABY!
DEN EXTRAVAGANTEN BLUMENGARTEN
SEITE **28**

ICH WÜNSCHE MIR

FREUDE OHNE ENDE

DEN BLUMENGARTEN,
DER MIR JAHRELANG TREU BLEIBT

SEITE

16

ICH WÜNSCHE MIR

BLÜTENSPASS UNGEBÄNDIGT

DEN BLUMENGARTEN, DER DIE NATUR
IN DIE STADT HOLT

SEITE

20

ICH WÜNSCHE MIR

BLÜTEN PRÊT-À-PORTER

DEN BLUMENGARTEN
FÜR BALKON UND TERRASSE

SEITE

32

ICH WÜNSCHE MIR

EINATMEN, AUGEN SCHLIESSEN, GLÜCKLICH SEIN

DEN BLUMENGARTEN,
DER DIE SINNE VERFÜHRT

SEITE

36

ALLES WISSEN

Ich weiß schon genau, was ich wissen will:

Arbeiten und Genießen im Blumengarten.

Erst kommt die Praxis, dann das Schwelgen: Hier geht's auf direktem Weg zum Blumengarten – aber Vorsicht, es warten herrliche Blüten in Hülle und Fülle, akute Suchtgefahr!

	SEITE		SEITE
WISSEN, WIE ES GEHT	**40**	**DIE HAUPTDARSTELLER**	**60**
		Gehölze	61
ES WERDE GRÜN!	**42**	Rosen	68
Richtig belichtet:		Stauden	72
Der Schatten stellt sich vor	43	Zwiebeln, Knollen and friends	81
Guter Boden – schlechter Boden	44	Einjährige Sommerblumen	86
TRAUMFÄNGER:		**DIE SPEZIALISTEN**	**94**
DIE GARTENPLANUNG	**48**	Bodendecker	95
Was will ich eigentlich?	49	Mauerblümchen	100
		Kletterpflanzen	104
UND CUT!	**52**	Kübelpflanzen	108
Schneiden macht Spaß	53	Duftpflanzen und Kräuter	114
So schneide ich Gehölze	56	Geschöpfe des Wassers	118

	SEITE		SEITE
GESTALTUNG:		**SERVICE**	**150**
MEIN GARTEN BLÜHT AUF	**122**	To-do-Liste für den Blumengarten	152
In Farben schwelgen	123	Zwiebel- und Knollenpflanzen	156
Zeitlose Eleganz: die Immerschönen	124	Informationen und Bezugsquellen	158
Zur blauen Stunde: die Romantischen	126	Zum Weiterlesen	158
Viva la vida: die Temperamentvollen	132		
Für Fans der Avantgarde: die Exotischen	138		
Von Form, Struktur und Rhythmus	142		
PFLANZENSCHUTZ:			
ADIÓS PROBLEMAS!	**146**		
Krabbler, Kriecher und Nager	147		
Pilzliche Schaderreger und mehr	149		

SCHNELL FINDEN

Ich weiß schon ganz genau, was ich wissen will:

Der Blumengarten von A–Z.

A

Akelei 55, 75
Alcalthaea 128
Alpenveilchen 80, 83
Alpinum 100
Anemone 80, 131
Angelonie 93
Artischocke 127, 140
Aster 95, 130
Astilbe 44, 119
Atlasblume 91
Auslichten 43
Azalee 47, 64, 119

B

Baldriangesicht 96
Balkon 86, 104, 112
Bärlauch 82
Bartblume 57, 101
Bartfaden 141
Bauerngarten 83, 91
Bechermalve 87
Begleitpflanzen 144
Beinwell 97
Bergenie 119, 129
Bergminze 114
Bienenfreund 46
Blattschmuck 124
Blaukissen 46
Blauraute 58, 101, 135
Blauregen 105
Blauweiderich 129, 135
Bleiwurz 53, 98
Blumenrohr 133, 136
Blumenwiese 83
Blütezeit verlängern 54
Blut-Pflaume 62, 133
Boden 44, 46
Bodendecker 69, 95
Bodenmüdigkeit 70
Boden verbessern 65, 93
Bohne, Feuer- 104
Borretsch 46
Bougainville 108
Brandkraut 96, 134
Braunelle 96
Brennende Liebe 132
Bubikopf, Blauer 96
Buschmalve 58

C

Calla 118
Chelsea Chop 54, 130
Chrysantheme 90
Currykraut 114, 127

D

Dahlie 48, 132, 140
Dreimasterblume 55
Duftblüte 109
Duftjasmin 57, 65
Duftnessel 117, 143
Duftpflanzen 114
Duftsteinrich 93
Düngen 109

E G K O S T

E
Eberesche 62
Ehrenpreis 129, 135
Eibisch 128
Eidechsenschwanz 118
Einjährige 72, 86, 104
Eisenhut 79
Eisenkraut 72
Elfenblume 97, 135
Elfenspiegel 86
Elfensporn 89
Engelstrompete 108
Engelwurz 141
Enzian 126
Enzianbaum 108
Erbsenstrauch 63
Eselsdistel 127

F
Fächerblume 93
Fackellilie 136, 140
Farben im Garten 122, 132
Färberkamille 134
Federbuschstrauch 57, 65
Feinstrahlaster 130
Felberich 73, 96, 141
Felsenbirne 57, 101
Fetthenne 53, 95, 141
Fieberklee 118
Fingerhut 46, 73, 75
Fingerprobe 45
Fingerstrauch 96, 101
Fleißiges Lieschen 47
Flieder 48, 57, 67
Flockenblume 54
Formgehölze 52
Forsythie 46, 57, 65
Frangipani 113
Frauenmantel 54, 134
Froschbiss 118
Fuchsie 47, 109
Füllpflanzen 144
Funkie 44, 140

G
Gamander 58
Gämswurz 134
Gänseblümchen 74, 139
Gänseblümchen 88
Gänseblümchen, Blaues 89
Gänsekresse 101
Gauklerblume 118
Gedenkemein 97
Gehölze 43, 45, 61
Geißblatt 105, 107
Geißklee 101
Gelenkblume 143
Gewürzrinde 53, 108
Ginster 47, 57
Gladiole 83, 136
Glanzmispel 64
Glockenblume 43, 74, 101
Glockenrebe 104, 105
Golderdbeere 99
Goldkrokus 81
Goldlack 74, 114, 137
Gold-Lauch 82, 135
Goldnessel 97

Goldregen 59
Goldrute 55
Goldtaler 89
Granatapfel 108
Gräser 125, 133, 140
Grasnelke 101
Greiskraut 135
Gründüngung 46
Günsel 96, 141

H
Habitus 61, 144
Hahnenfuß 118
Hahnenkamm 133
Hammerstrauch 108
Hartriegel 63, 119
Hasenglöckchen 44
Hauswurz 101
Hechtkraut 48, 121
Hecken 65
Heidekraut 47, 58
Heiligenkraut 127, 135
Herbst-Zeitlose 82
Hibiskus 58, 113
Hochbeet 47
Holunder 140
Hornkraut 95, 127
Hornnarbe 98
Hornveilchen 74, 92
Hortensie 39, 46, 57, 67
Löwenmäulchen 53, 134
Humus 45
Hundskamille 135
Hundszahn 82
Hungerblümchen 101
Husarenknöpfchen 89

I
Immergrün 95, 99
Indianernessel 54, 137
Inkalilie 136
Iris 73, 77, 115, 121

J
Jakobsleiter 72, 141
Jasmin, Winter- 57, 104
Johanniskraut 96, 135
Jungfer im Grünen 55
Junkerlilie 135

K
Kaiserkrone 83, 134
Kaltkeimer 88
Kamelie 47
Kamille 92
Kapkörbchen 90
Kapmalve 108
Kapuzinerkresse 104
Katzenminze 46, 58, 129
Katzenpfötchen 101, 127
Kaukasusvergissmeinnicht 54
Kerbel 139, 141
Kiesgarten 47, 75, 114
Klebsame 109
Kletterpflanzen 43, 58, 70, 104, 106
Knotenblume 82
Knöterich 96, 118, 143
Koboldblume 93
Köcherblümchen 133
Kokardenblume 46, 137

Kolkwitzie 57, 65
Kompost 45, 57
Königskerze 74, 127, 134
Kornblume 92
Kornelkirsche 134
Kornrade 92
Kräutergarten 114
Krebsschere 119
Krokus 81, 134
Kübelpflanzen 108, 112
Kugelblume 101
Kugeldistel 127, 140
Kuhschelle 46, 101

L
Lavendelheide 64
Lavendel 47, 58, 135
Leimkraut 101
Lein 55, 92
Lerchensporn 82, 131, 134
Lichtverhältnisse 43, 78, 89, 95, 130
Lichtnelke 101, 139
Lilie 114
Lilientraube 97
Lobelie 53, 133, 140
Lorbeerrose 65, 119
Lotosblume 119
Löwenmäulchen 53, 134
Löwenohr 137
Lungenkraut 131
Lupine 46

M
Mädchenauge 46, 134
Mädesüß 114, 143
Magerrasen 47
Magnolie 47, 66
Malve 128
Mandelbäumchen 57
Mandevilla 108
Männertreu 53, 93
Mannstreu 73, 127, 140
Märzenbecher 82
Mauerpfeffer 101
Mecardonia 93
Meerkohl 124
Mediterrane Gestaltung 75, 114
Mittagsblume 87
Mittagsgold 87
Mixed Border 50
Moderne Gestaltung 91
Mohn 54, 74, 88, 132, 140
Mohn, Kalifornischer 86
Mondviole 75, 114
Montbretie 132, 136
Moorbeetpflanzen 47, 64

N
Nachtkerze 74
Nachtviole 46, 116
Narzisse 83, 134
Natternkopf 74
Naturnahe Gestaltung 75
Nelke 46, 74, 101, 114
Nelkenwurz 54, 132, 137
Nymphoides 118

O
Ochsenauge 135
Oleander 112
Orangenblume 109

P
Palmlilie 127
Paradiesvogelblume 110
Passionsblume 108
Pelargonie 114
Perlkörbchen 127
Petunie 47
Pfeilblatt 118
Pfennigkraut 97
Pfingstrose 66
Phlox 95, 101, 117, 131
pH-Wert 46
Pinzieren 53
Planung 49, 50
Polsterstauden 88, 95
Portulakröschen 87
Prachtglocke 65
Prachtkerze 128
Prachtspiere 44, 131
Prachtstauden 45
Prärielilie 82
Präriemalve 128
Primel 101, 119
Prunkwinde 104, 105, 126
Purpurglöckchen 124, 140

R
Rankhilfe flechten 105
Ranunkelstrauch 57, 65
Rauling 97
Rhizomsperre 97
Rhododendron 46, 64, 128
Riesenschleierkraut 124
Ringelblume 46, 137
Rittersporn 46, 126
Robinie 63
Roseneibisch 58, 113
Rose 58, 68
Rosmarin 114
Rotdorn 63
Ruhmeskrone 104

S
Säckelblume 58
Salbei 46, 58, 129, 140
Samen ernten 87
Schachblume 82
Schaderreger 146
Schafgarbe 54, 127, 133
Schaublatt 72, 141
Schaumblüte 131
Scheinhasel 59
Scheinmohn 126
Scheinsonnenhut 79, 137
Scheinwaldmeister 96
Schleierkraut 87
Schleifenblume 101
Schlüsselblume 134
Schmetterlingsstrauch 57
Schmuckkörbchen 92
Schmucklilie 108, 112
Schnappmäulchen 93

Schneeball 57, 62, 64
Schneeflockenblume 89
Schneeforsythie 57
Schneeglöckchen 81
Schneeglöckchenbaum 59, 65
Schnitt 43, 53, 56, 59
Schokoladenblume 115
Schönmalve 108
Schönranke 104, 105
Schöterich 114
Schwanenblume 118
Schwarzäugige Susanne 104
Schwertlilie 121
Seekanne 118
Seerose 48, 120
Seidelbast 59, 63, 101
Seidenpflanze 115, 136
Seifenkraut 101
Selbstunverträglich 149
Sichtschutz 43, 104
Silberkerze 114, 141
Silberwurz 96
Sitzplatz 48
Skimmie 64
Solitärpflanzen 144
Sommeraster 91
Sommerblumen 45
Sommerflieder 46
Sonnenauge 137
Sonnenblume 46, 92, 125, 137
Sonnenbraut 53, 77, 125, 137
Sonnenhut 46, 55, 86
Sonnenröschen 127
Spiere 57, 65, 101
Spinnenblume 87
Spinnmilben 148
Spornblume 55
Standortansprüche 42
Stauden 72
Stauden erhalten 79
Staudenmischpflanzungen 78
Steinbrech 101, 103
Steingarten 45, 100
Steinkraut 102, 134
Steppenkerze 83, 135
Steppenpflanzung 47
Sterndolde 131
Sternjasmin 109
Sternmiere 96
Stiefmütterchen 74, 92
Stockrose 74, 133, 134
Storchschnabel 95, 131
Strandflieder 91
Strauchmargerite 90
Strohblume 91
Struktur 122, 142
Strukturbildner 61
Studentenblume 46, 137
Sumpfdotterblume 121

T
Tabak, Zier- 91
Taglilie 72, 77, 115, 132
Taschentuchbaum 64
Taubnessel 97
Teich 48, 118
Teppichlobelie 96
Teppichverbene 96

Terrasse 88, 104, 108
Textur 142
Thymian 95, 114, 135
Tibouchine 108
Tränendes Herz 125
Trichtermalve 92
Trockenmauer 48, 101
Trompetenbaum 63
Trompetenwinde 106
Tulpe 82, 133, 136
Turiner Meister 97

U
Unkraut 46

V
Vanilleblume 117
Veilchen 96, 114
Verbene 72, 93
Vergissmeinnicht 75
Vermehren 55, 79
Vorkultur, Vorziehen 88

W
Waldmohn 135
Waldraute 97
Waldrebe 96, 104, 107
Wandelröschen 96
Wasserdost 125, 137, 143
Wassergarten 118
Wasserhyazinthe 118, 120
Weigelie 57, 65
Weißdorn 63
Wicke 104, 105
Wiesenknöterich 128
Wiesenraute 139
Wildrose 70
Windröschen 81, 134
Winterblüte 59
Winterling 81, 134
Wolfsmilch 72, 89, 134, 139
Wucherblume 127
Wunderbaum 91
Wunderblume 91

Z
Zauberglöckchen 47
Zaubernuss 59, 134
Zauberschnee 89
Zier-Apfel 59
Zier-Lauch 139, 140
Zier-Kirsche 67
Zierquitte 57, 65, 133
Ziest 79, 95, 127, 143
Zimbelkraut 96
Zinnie 53, 133, 137, 140
Zitruspflanzen 47
Zweijährige 73
Zweizahn 89
Zwergginster 101
Zwiebelpflanzen 44, 45, 81, 133, 136
Zylinderputzer 47

MEIN

GARTEN

JEDER BLUMENGARTEN IST ANDERS. VON WELCHEM TRÄUMEN SIE?

Der Trend geht zum Zweitgarten! Zumindest dem Wunsch nach, das werden Sie sicherlich nicht erst am Ende dieses Buches feststellen, zu groß ist die Zahl wundervoller Blütenpflanzen, als dass man alle in einem Garten unterbringen könnte. Und doch ist es eine ganz bestimmte Auswahl, die wir besonders ins Herz schließen, eine ganz bestimmte Atmosphäre, die unser kleines Paradies ausstrahlen soll, eine ganz bestimmte Art und Weise, auf die wir gärtnern wollen. Was Ihren ganz persönlichen Traumgarten ausmacht – Sie wissen es eigentlich längst. Gehen Sie also ganz entspannt auf Entdeckungsreise, lassen Sie sich von Ihrem Bauchgefühl leiten, von Ideen, Pflanzen und Bildern inspirieren und beginnen Sie mit ersten ganz konkreten Projekten. Grundsteine legen? Auch das, vor allem aber Pflanzen und Säen, bis selbst der Spatenstiel bunte Blüten treibt.

Auf den nächsten Seiten finden Sie Anregungen, welcher Blumengarten Ihrer werden und was darin wachsen könnte – und wie Sie dann alles Schritt für Schritt Wirklichkeit werden lassen. In einigen Texten finden Sie bereits vier, fünf Ideen, was Sie mit Ihrem Garten anfangen können. Und rechts daneben dann konkrete Projekte, die Ihnen dieses wundervolle Gefühl geben, etwas Neues und wirklich Schönes zu verwirklichen.

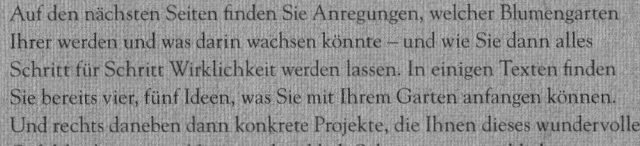

ICH WÜNSCHE MIR

DEN SCHNELLEN BLUMENGARTEN AUS DEM SAMENTÜTCHEN

SPONTANITÄT, VORFREUDE UND ...

... ABWECHSLUNG

Ich hätte gerne fünf Tüten Glück! Oder nein, besser sieben, die Löwenmäulchen und die Ringelblumen müssen auch noch mit. Und sofort in die Erde. Oder morgen. Oder nächste Woche, Sommerblumen sind da ja nicht so. Deshalb verstehen wir uns auch so gut. Das perfekte Team für den schnellen Spaß zwischendurch – spontan, überraschend, unverbindlich und … überaus reizvoll.

MIT BUNTEN SAMENTÜTCHEN...

...ist es wie mit Schokolade, hat man sie einmal erspäht, ist es verdammt schwer, sie zu ignorieren. Zumal sie auch noch so wahnsinnig platzsparend wirken, selbst in der Jackentasche findet sich noch Platz genug, um drei, vier Tütchen sicher nach Hause zu transportieren. Dort wiederholt sich der Ablauf nach jeder Shoppingtour: Hochzufrieden und vergnügt grinsend breite ich meine Beute auf dem Küchentisch aus, sortiere die neuen Errungenschaften in die liebevoll beklebte Pappschachtel ein, in der ich meine Samenschätze horte – und stelle fest, dass ich doch eigentlich ohnehin schon viel zu viele mein Eigen nenne für meinen kleinen Garten. Und wie jedes Jahr sage ich mir, was soll's, dann gibt's eben wieder eine kleine Tauschbörse im Freundeskreis. Nach der ich selbstverständlich nicht weniger Samen besitze, sondern lediglich mehr Blumenarten – was aber auch nichts macht, weil wir aus den Überschüssen einfach eine Runde Samenbomben basteln. The same procedure as every year eben.

Genau wie das Warten darauf, dass die Tage wieder länger werden und ich endlich, endlich mit der Aussaat starten kann. Voller Vorfreude sortiere ich vorher meist schon zwei-, dreimal meine Tütchen um, die Saatschalen und Paletten pirschen sich allmählich vom Keller über den Flur bis in die Küche heran, bis der große Tag da ist und ich voller Ungeduld das Papier zerreiße, das mich noch vom wertvollen Inhalt meiner Wundertüten trennt. Und da liegen sie dann auf meiner Hand: matt oder glänzend, glatt oder runzlig und ungeachtet ihrer Größe so unglaublich verheißungsvoll. Die Samen der Macht, die kleinen Kraftpakete, die Gärtnerträume Wirklichkeit werden lassen.

Die Faszination der Sommerblumen, hier beginnt sie, mit der Aussicht, hautnah an einem Wunder des Lebens teilzuhaben. Die Möglichkeit, aus winzigen Samenkörnern die prächtigsten Blumen heranziehen zu können, hat jedes Mal wieder etwas Berauschendes – mal ganz abgesehen von der Vorfreude, dem Herumtigern und hoffnungsvollen Beäugen, wann der erste zarte Keimling die Erde durchstößt, sich entfaltet, reckt und streckt und eines Tages die ersten echten Blättchen zeigt.

> *Werden. Vergehen. Wiedergeburt. Zeuge werden beim Wunder des Lebens. Ein Jahr voller Vorfreude und Staunen.*

Das Beste aber ist, ich bleibe flexibel. Ob ich sie jetzt gleich aussäe oder erst in zwei Wochen, ist den meisten Sommerblumen zum Glück ziemlich egal, und wenn's mal ganz eng wird, spare ich mir das Vorziehen eben ganz und pfeffere sie mit elegantem Schwung direkt aufs Beet oder verteile sie auf dem Balkon in Kisten, Kästen und Schalen. Sind ja echte Sprinter meine Sommerblumen, deshalb sind wir auch das perfekte Paar: spontan, unkompliziert und voller Lebensfreude.

MEINE HELFER FÜRS HIGH-SPEED-GARDENING

SAMENTÜTCHENHALTER

Praktisch: Alle Schätze gut sortiert im Blick.

AUF SEITE 87

WUNDERBLUME

Günstig: Attraktive Knollenpflanze aus Samen ziehen.

AUF SEITE 91

ZIMMER-GEWÄCHSHAUS

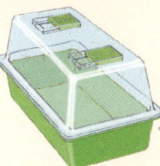

Gut vorbereitet: Ein warmes Willkommen für Frühstarter.

AUF SEITE 89

WILDBLUMENWIESE

Blütenreich: Glücklich machende Rasenalternative.

AUF SEITE 92

Gärtnern mit Haut und Haar, mit Spaten und Schere, mit Schubkarre und Muskelkater, mit Tränen und Schweiß und vor allem: mit jeder Menge Spaß. Nicht ein paar Wochen lang, nicht ein paar Monate, nein, jahrelang, und zwar rund ums Jahr! Kein „Projekt", sondern ein Lebensgefühl, eine Glücksdroge, ein Stück Erde im Blut – das ist es, was ich will!

... OHNE ENDE

HÄTTE ICH VORHÄNGE...

...**vor** den Fenstern, würde ich hindurchlugen, ständig, im ersten Morgengrauen oder auch am späten Abend; vielleicht sogar nachts, nur um zu sehen, ob sich wieder etwas getan hat. Ob die ersten Schneeglöckchen schon durch die noch winterkalte Erde spitzen. Ob die Pfingstrosen ihre atemberaubenden Blütenpompons geöffnet haben. Ob sich der Entenschnabel-Felberich nach dem Kälteeinbruch bereits leuchtend rot färbt. Tag für Tag streife ich voll neugieriger Erwartung durch den Garten, um zu schauen nicht ob, sondern was sich seit gestern wieder verändert hat, denn Stillstand gibt es hier nicht.

Garten ist Veränderung, Tag für Tag, Monat für Monat, Jahr für Jahr. Und Garten ist Leidenschaft, glühende Leidenschaft. Leidenschaft, die einen immerzu hervorsprudeln lassen möchte „du musst dir meinen Garten anschauen, unbedingt, jetzt sofort, stell dir vor, meine Fackellilien blühen!" Leidenschaft, an der verständnislose Blicke verdampfen, während im Kopf schon all die wundervollen Kombinationsmöglichkeiten durcheinanderwirbeln, die sich angesichts der neuesten Gartenentwicklungen auftun. Denn, oh ja, Garten ist Entwicklung. Entwicklung im Kleinen und Entwicklung im Großen. Bäume und Sträucher, Stauden und Sommerblumen, Zwiebelblumen und Knollenpflanzen, sie wachsen und gedeihen, sie vergreisen und vergehen, sie blitzen unverhofft an überraschenden Stellen auf, wandern, breiten sich aus oder ziehen sich zurück. Das alles nicht einfach nur zu erleben, sondern aktiv zu beeinflussen, ist unglaublich befriedigend.

Bäume, Sträucher, Stauden, Sommerblumen, Zwiebeln und Knollen: In meinem Garten wächst zusammen, was zusammen gehört.

Als Gärtner bin ich nicht irgendwer, ich bin der Gott des Gartens. Ich habe es in der Hand, alternde Stauden zu verjüngen, Samen zu gewinnen und auszusäen, Arten zueinanderzugesellen, die sich in freier Wildbahn nie begegnen würden, oder mitten in der Stadt ein Stück Natur nachzubilden und voller Vergnügen den Einzug der Tiere zu beobachten. Wo sonst kann man seiner Kreativität so freien Lauf lassen? Wo kann man Ideen, die nicht funktioniert haben, so einfach wieder in ihre Bestandteile zerlegen und neu zusammenfügen? Hier, in meinem grünen Reich darf ich so sein, wie ich wirklich bin, hier kann ich mich ausprobieren und austoben, ganz ohne, dass mir irgendein Bedenkenträger dazwischenfunkt.
Und wenn dann das selbstgesteckte Tagesziel erreicht ist, die Trockenmauer steht, die Teichfolie verlegt oder das neue Beet umgegraben und bepflanzt ist, dann schmerzen vielleicht die Arme, die Kehle schreit nach Kaltgetränken und man möchte nie wieder aus dem Liegestuhl aufstehen, in den man erschöpft gesunken ist. Aber – es fühlt sich verdammt gut an!

WEGBEGLEITER MIT KONDITION

GARTENSCHEREN

Schnittig: Eine gut geschärfte Schere gehört zur Grundausrüstung.

AUF SEITE 55

GARTENUTENSILO

Praktisch: Die wichtigsten Utensilien mit einem Griff zur Hand.

AUF SEITE 51

GUT GEWACHSEN

Gehölze mit Starcharakter: Mit den Jahren immer schöner – (fast) ganz ohne Schnitt.

AUF SEITE 66

IRIS TEILEN

Großzügig: Pflanzen verjüngen und Freunde mit dem Gartenvirus anstecken.

AUF SEITE 73

ICH WÜNSCHE MIR

DEN BLUMENGARTEN, DER DIE NATUR IN DIE STADT HOLT

BLÜTENSPASS ...

... UNGEBÄNDIGT

Ich bin die Wurzel, die den Asphalt durchbricht. Ich bin das Samenkorn, das im Staub der Straße keimt. Ich bin der grüne Kletterer, der den Beton verhüllt. Ich bin die wilde Seite Deines Lebens, die Dich Erdsäcke in den fünften Stock schleppen, Pflaster zerschmettern und zum grünen Guerillero werden lässt. Ich bin Anarchie, herrliche, ungezügelte Natur – und Du bist mein!

DER BLUMENGARTEN, DER DIE NATUR IN DIE STADT HOLT

MEIN GARTEN IST ÜBERALL...

...er begleitet mich, er empfängt mich an der Haustür, zwinkert mir von der Verkehrsinsel zu, grüßt mich von Hinterhöfen und Industriebrachen, lädt zu konspirativen Szenetreffen, macht es sich in Paletten und Reissäcken gemütlich und wechselt über Nacht heimlich den Standort. Mein Garten ist mehr als eine Sammlung von Pflanzen. Er ist meine Lichtung im Großstadtdschungel, mein Ruhepol in hektischen Zeiten, meine Inspiration im Alltagsgrau. Und er ist ein Statement, ein Kampf gegen die grauen Herren dieser Welt, ein Hoffnungsschimmer am Horizont, ein blühendes Bekenntnis für ein soziales Miteinander, eine ökologische Revolution, die Urbarmachung der Urbanität.

In meinem Garten bin ich nicht allein. Wir sind viele. Wir werden immer mehr. Wir wachsen gemeinsam, wir wachsen zusammen, wir lassen wachsen. Wir lieben diejenigen, die nicht zimperlich sind, die Anspruchslosen, die Zähen, die sich auch unter erschwerten Bedingungen nicht aufhalten lassen, ihren Weg finden – nach oben, nach unten, in die Breite, überall dorthin, wo versteinerte Strukturen nach Leben und Farbe lechzen.

In meinem Garten feiere ich die Schöpfungskraft der Natur und die Kreativität, 365 Tage im Jahr, manchmal auch 366. Ich bewundere die Anmut der Bläulinge und Tagpfauenaugen – ich schenke ihnen nektarreiche Blüten und verschone ihren Raupen zuliebe manche Brennnessel. Mich fasziniert die emsige Betriebsamkeit der Insekten – ich baue ihnen Nisthilfen und hoffe, dass sie in meinem Garten genügend hohle Stängel zum Überwintern finden. Ich freue mich mit meinen Kindern über die schillernden Eidechsen und die schnüffelnden Igel, wie ich mich mit den zahlreichen Vögeln über die ebenso schöne wie nützliche Blütenhecke freue.

Grenzen einreißen, Begeisterung säen, Pflanzenglück teilen: Gärtnern in der Stadt, das ist gelebte Anarchie!

Manchmal feiere ich aber auch einfach nur die Tatsache, dass die Sonne scheint, dass aus dem schon von Schnecken angeknabberten Sämling doch noch eine stolze Sonnenblume geworden ist oder dass wir so ein super Team sind, mein Garten, meine Freunde und ich. Schließlich ist es alles andere als selbstverständlich, dass wir so lange durchgehalten haben, Kopfarbeiter und gärtnerische Greenhorns, die wir nun mal überwiegend sind oder waren. Fehlschläge mussten wir nicht nur angesichts der ungewohnten Arbeit mit Hammer und Säge hinnehmen, wovon blaue Daumen noch lange zeugten; auch die Bedürfnisse der Pflanzen zu erkennen und zu erfüllen, war und ist bisweilen noch eine enorme Herausforderung, gerade hier in der Stadt, wo uns anstelle guten Mutterbodens oft nur der harte Boden der Realität erwartet. Aber wir haben uns durchgebissen und durchgewitzelt und die Natur hat es uns überreich gedankt. Danke auch dir, Garten, du hast uns geerdet.

BAUSTEINE FÜR STADTGÄRTNER

KÖNIGSKERZE
Majestätisch: Königskerzen bringen Struktur ins Beet.
AUF SEITE 137

TROCKENMAUER
Vielseitig: Platz für Mauerblümchen und Tiere.
AUF SEITE 101

BLÜTENHECKE
Begehrt: Nektar und Pollen am laufenden Meter.
AUF SEITE 64/65

HOCHBEET
Variabel: Form, Größe, mit oder ohne Sitzgelegenheit – der Fantasie sind keine Grenzen gesetzt.
AUF SEITE 47

ICH WÜNSCHE MIR

DEN BLUMENGARTEN FÜR
SCHATTENSPIELE

KÜHLE …

Willkommen im Zwielicht, im Reiche Jenseits. Jenseits der gleißenden Sonne, jenseits schriller Farben, jenseits augenbetäubender Dekadenz. Schattenwandler wie Du und ich wirken im Verborgenen. Im geheimnisvollen Halbdunkel erschaffen wir surreale Welten fernab des gärtnerischen Mainstreams. Unsere Schöpfungen vibrieren, sie atmen, sie sind eins mit uns. Ruhig. Auserwählt.

SONNE...

...wer braucht schon Sonne. Schmerzhaft hell und fiebrig heiß brennt sie erbarmungslos hernieder, verdampft die kostbare Feuchtigkeit des Bodens und malträtiert die Blüten und Blätter jener sanftmütigen Wesen, die doch zu unseren kostbarsten Schätzen gehören. Rasch, kommt herüber, rettet euch in die herrliche Kühle des Halbschattens, taucht ein in Gefilde, in die sich nur selten ein Sonnenstrahl verirrt, erfrischt eure Leiber und euer Gemüt an tausendundeinem Grünton, trinkt das klare Weiß, hüllt euch ein in zartes Pastell, bis dass die Abendstunde naht …

Okay, okay, ein ehrliches Wort: Wir Schattengärtner werden in den seltensten Fällen als solche geboren; die meisten von uns mussten sich zur Gestaltung ihres Schattenreichs erst murrend und knurrend aufraffen, undankbar erschien uns unsere Aufgabe, unlustig machten wir uns ans Werk, lagen doch die Gärten und Balkone nur wenige Meter weiter in herrlichstem Sonnenschein und lockten mit protziger Farbenfülle.

Doch dann die Überraschung: Die Sache begann, Spaß zu machen, längst nicht nur bei 30 Grad im Schatten, wenn nebenan der Schweiß in Strömen floss. Einmal eingetreten in den von Bäumen und Sträuchern beschirmten, von Häusern und Mauern wohl verborgenen Mikrokosmos der Schattenpflanzen, waren wir ihrem Zauber schon nach kurzer Zeit rettungslos erlegen. Wir gewöhnten uns an das Zwielicht, die niedrigeren Temperaturen, die oft deutlich höhere Luft- und Bodenfeuchte, lernten, die Besonderheiten dieser Standorte zu schätzen – die glänzenden sattgrünen Blätter, die schimmernden Blüten, die Formenvielfalt, die zurückhaltenderen Farben, die dafür in der Dämmerung umso intensiver leuchten.

Edel, rein, wahrhaftig erschien uns mit einem Mal dieses Reich, in dem Blütenklänge sphärisch das makellose Gewebe unterschiedlichster und doch in perfekter Harmonie sich ergänzender Blattformen durchbrechen. In stillem Triumph genossen wir die ersten ungeahnten Blütenhöhepunkte, ergriffen huldigten wir der Schönheit winterlicher Pflanzenbilder, erstarrt in zeitloser Eleganz und gnadenvoller Schönheit.

> *Wir sind eins mit unseren Pflanzen, Zwitterwesen, halb Gärtner, halb Magier, verwurzelt in Sphären abseits der Sonne, erleuchtet von Schönheit und Eleganz.*

Bis heute erfreuen uns auch die Sonnengärten, durchaus; der eine oder andere mag längst wohl auch selbst ein solches Stück Land sein Eigen nennen. Und doch, unser Herz haben wir an andere verschenkt – an das Salomonssiegel, einzigartig in seiner Mixtur aus Prunk und Demut; an das Tränende Herz, für die perfekte Symmetrie seiner Blüten; an das Leberblümchen, dessen Liebreiz ein Herz aus Stein erweichen könnte. Der Schattengarten hat in uns eine neue Seite zum Klingen gebracht; ihr Ton ist kraftvoll und zart zugleich, wie die Pflanzen in unserem kleinen Paradies.

STILVOLLE GARTENBEGLEITER

VOGELTRÄNKE AUS BETON

Knallhart kalkuliert: Schnell, günstig und individuell.

AUF SEITE 149

FUNKIEN

Wandlungsfähig: Eleganz hat viele Gesichter.

AUF SEITE 125

WASSERSPIEL

Erfrischend: Die Sommerhitze kann kommen.

AUF SEITE 118

BLÜTENSTERNE

Erhellend: Blütensterne bringen Licht ins Dunkel.

AUF SEITE 130

SEITE 28

ICH WÜNSCHE MIR

DEN EXTRAVAGANTEN BLUMENGARTEN

DRAMA...

Stilvoll und dezent kann jeder – stilvoll und laut, das ist die Kunst! Leisetreter gibt es schon genug auf der Welt, ich will das laute, pralle Leben, ungehemmte Kreativität, Farben mit und ohne Bügelfalten! Was ich mir wünsche? Fantasie und Mut, gepaart mit dem Willen, durch den Bruch mit bekannten Stilen etwas ganz Eigenes zu erschaffen.

ÄSTHETIK BRAUCHT DER MENSCH...

...und die fängt bei der Sprache an: Stauraum, was für ein grässliches Wort! Meine Wohnung ist doch keine Ansammlung von Zimmern, in denen ich Dinge und mich selbst verwahre, meine Wohnung ist Raum, ein Statement, ein Stück Selbstoffenbarung – was sollte da erst mein Garten sein! Wer meinen Blick für Details und meine Leidenschaft für Raumkompositionen nicht teilt, bescheinigt mir gern mal eine gewisse Besessenheit, zugegeben. Aber was soll's, es ist meine Welt und ich mach sie, wie sie mir gefällt und keinem anderen. Mal abgesehen davon, dass ich nicht wenige Leute kenne, die absolut nachvollziehen können, welch gewaltigen Unterschied 30 cm weiter links oder rechts machen können, und dass zwischen Rosa und Violett nicht nur Welten, sondern ganze Universen liegen.

Meine Gartensaison ist geprägt vom Streben nach perfekten Bildern. Dass es sich dabei oft zwangsläufig um Momentaufnahmen handelt – geschenkt. Davon aber erschaffe ich immer wieder neue, gern avantgardistisch angehauchte, die im zeitlosen Grundgerüst meines grünen Reichs den perfekten Hintergrund finden.

„Drama, Baby!" muss ich den Schönheiten, die sich in meinen Beeten tummeln, oft gar nicht mehr zurufen, gerade den Zwiebel- und Knollenpflanzen und auch den vielen grandiosen Einjährigen liegt das Modeln einfach im Blut. Sie sehen auch ohne Make-up fantastisch aus, laufen innerhalb kürzester Zeit zur Topform auf und haben ein Selbstbewusstsein, das seinesgleichen sucht. Kurzum: Wer braucht schon Germany's next Topmodel, wenn draußen der Garten lockt?

Was nicht heißen soll, dass es nicht auch im Blumenbeet Zickenkrieg geben kann: Manches für sich genommen friedliche Blümelein wandelt sich angesichts der Konkurrenz zur echten Diva, einige Kandidatinnen können von vornherein gar nicht miteinander und zeitweise bin ich mehr Mediator als Moderator, bis sich endlich alle dem großen Ganzen beugen: der perfekten Show, nicht in Chelsea, nicht auf der IGA, sondern hier bei mir. Und mal ganz im Ernst, wer sich ein spannendes Finale wünscht, muss eben auch Spannungen im Vorfeld aushalten können. Mir jedenfalls macht es tierisch Spaß, Bewährtes und Neues immer wieder neu zu arrangieren, so lange an der Feinabstimmung zu feilen, bis alles ineinandergreift und sich auch die gewagtesten Farbkombinationen ausgebissen haben. Die schönsten Komplimente für meine Ideen bekomme ich nicht zu hören, sondern zu sehen: Wenn wieder mal jemand am Zaun stehengeblieben ist und einfach nur guckt und guckt und guckt, oder wenn ich sogar vom Fenster aus sehen kann, dass die Lippen ein stummes WOW formen. Aber das sind nur die i-Tüpfelchen, denn wie gesagt: Ästhetik, ja bitte, ich kann nicht anders.

Ein Garten ist mehr als die Summe seiner Pflanzen, ein Garten ist eine Bühne – und ich bin der Regisseur!

ATTRAKTIVE HAUPTDARSTELLER

SILBRIGER GLANZ
Aufregend:
Passende Pflanzen sorgen für Glamour im Garten.

AUF SEITE 127

GARTEN TRIFFT BANK
Bequem:
Die Holzklasse mal komfortabel.

AUF SEITE 114

ZIERLAUCH
Formvollendet:
Verzaubert das Publikum selbst von Weitem.

AUF SEITE 139

GEHEIMNISVOLLES DUNKEL
Verführerisch:
Die dunkle Seite der Macht ist einfach höllisch gut!

AUF SEITE 141

ICH WÜNSCHE MIR

DEN BLUMENGARTEN FÜR BALKON UND TERRASSE

BLÜTEN...

Aloha! Buongiorno! Buenos días! Willkommen zuhause, willkommen in meinem kleinen Paradies! Wer noch nach dem Beweis sucht, dass man auch ohne Garten glücklich sein kann – hier ist er! Im Liegestuhl zwischen exotischen Kübelpflanzen verpuffen Alltagssorgen im Nu, was bleibt sind wohlige Entspannung und ein Hauch von Ferien. Mein Platz zum Glücklichsein, ich habe ihn gefunden!

... PRÊT-À-PORTER

EIN SCHRITT, UND DU BIST IM URLAUB...

...der Duft von Lavendel, Salbei und Thymian mischt sich mit dem des doppelten Espresso, der auf dem Bistro-Tisch vom Trödelmarkt auf Dich wartet. Der Blick schweift müßig über die Sammlung üppig blühender Geranien in Tontöpfen, bleibt zufrieden am blühenden und fruchtenden Zitronenbäumchen hängen, während die Gedanken zu selbstgemixter Limonade wandern... Ich liebe meinen Balkon! Denn so klein er auch ist, er bietet Platz genug für alle meine Urlaubsmitbringsel und mitgebrachten Pflanzenschätze: die mediterrane Amphore, in der sich die Portulakröschen so wohlfühlen, den aufgebogenen Olivenölkanister, aus dem das Currykraut lugt, und natürlich den Rosmarin, gezogen aus einem Steckling, den ich vor zwei Jahren von einem Exemplar im Hof unserer kleinen Pension gemopst habe. Mein Balkon ist mehr als ein Sitzplatz im Freien, er ist mein Refugium, mein Rückzugsraum, angefüllt nicht nur mit schönen Dingen, sondern auch mit glücklichen

Erinnerungen; hier fühle ich mich einfach rundum wohl und die ganze Welt kann mich mal.

Umgekehrt kann ich auch die ganze Welt mal, nämlich 1a von oben betrachten – inklusive des netten Typen zwei Stockwerke drunter im Nebenhaus, der mich, es geschehen noch Zeichen und Wunder, gestern doch tatsächlich auf meinen Balkon angesprochen hat. Der Vorwand war nicht schlecht, Platz hat er ja fast doppelt so viel wie ich, aber bis auf den Grill und eine mickerige Palme, die dringend mal umgetopft werden müsste, tut sich da noch nix. Aber verzage nicht, schlummerndes Freiluftparadies, deine große Stunde naht, nächstes Wochenende rücken wir der tristen Betonbrüstung mit Farbe zu Leibe und dann wird eingekauft! Wart's nur ab, wenn ich dir erst mit Hibiskus, Zylinderputzer und Bougainvilleen zu neuer Grandezza verholfen habe, steigen hier die genialsten Partys. Und mich wirst du ohnehin öfter zu Gesicht bekommen – hoffe ich doch zumindest sehr, auch wenn er bestimmt bald spitzkriegt, dass das mit der Pflanzenpflege alles halb so wild ist (noch so ein Grund, weshalb ich Topfgärtnern einfach klasse finde).

Blütenfülle auf Augenhöhe, ein Ort zum Seele baumeln lassen – mein Balkon und ich passen einfach perfekt zusammen!

Und selbst, wenn wir uns nicht ganz so eng verwurzeln, wie ich mir das aber so was von gut vorstellen könnte, meine Aussicht wird in jedem Fall noch schöner und ich kann mich auf „meinem" Zweitbalkon nach Herzenslust austoben. Denn zugegeben, auch wenn ich meistens ganz froh darüber bin, nach der Arbeit einfach nur die Beine hochlegen zu können, es ist ja nicht so, dass ich nicht noch mehr Ideen für meinen Balkon hätte. Aber das findet sich schon, das geh ich ganz klassisch an: erst der Typ, dann eine romantische Reise und dann hoffentlich irgendwann ein Haus mit grooßer Terrasse …

TOP(F)THEMEN FÜR BALKONBESITZER

AUFSCHWUNG

Hoch hinaus und betörend:
Nie waren laue Sommerabende verführerischer.

AUF SEITE 106/107

GUTER WASSERABLAUF

Sicher: Eine Drainageschicht bewahrt Topfbewohner vor nassen Füßen.

AUF SEITE 111

GARDEN NO. 5

Dufte: Herrliche Sommerfreunde mit Gelinggarantie.

AUF SEITE 117

HANGING BASKET

Rundum chic: Für zusätzlichen Blütenraum.

AUF SEITE 88

SEITE 36

ICH WÜNSCHE MIR

Den Blumengarten, der die Sinne verführt

EINATMEN, AUGEN SCHLIESSEN...

Kirsch-blü-ten … Es gibt Düfte, die kann man nicht einfach nur einatmen, man muss sie einsaugen, inhalieren, möchte sie festhalten, in sie hineinkriechen und nie wieder aus diesem Duftrausch erwachen. Macht aber nix, Menschen, die sich an Kirschblüten berauscht haben, sind friedlich, allerhöchstens ein wenig hysterisch, wenn man sie von der Duftquelle entfernen möchte.

… GLÜCKLICH SEIN

SIE SIND RAFFINIERT, DIESE PFLÄNZCHEN...

...**beinahe** hätten wir ihnen widerstanden, diesen wundervollen Blüten, den filigranen Stängeln, den glänzenden Blättern, aber vor diesem Duft hat uns niemand gewarnt: Er umgarnt uns, umschmeichelt uns, nimmt nicht erst den Umweg über Einordnen und Abwägen, sondern geht direkt ins Herz. Das war's, Herz verschenkt, Widerstand zwecklos, Pflanze gekauft. Na gut, wir haben es ja wissen wollen, wer sich in Gefahr begibt und so weiter, hätten halt nicht die Nase hinhalten dürfen. Aber es gibt Blüten, denen sieht man schon an, dass sie einfach phänomenal duften müssen – und tun sie es wider Erwarten nicht, ist das kein geringer Schock; Blüten und Duft, das gehört doch zusammen, erst recht diese Blüten müssen doch einfach duften...

Wir Duftmenschen sind Herzensmenschen, Gefühlsmenschen, emotional immer auf Empfang gepolt – und das ist gut so, denn das befähigt uns gleichzeitig zum Genuss in seiner reinsten Form. Ein schönes Essen vermag uns ebenso zu verzücken wie eine leidenschaftliche Musikdarbietung oder eine tanzende Schneeflocke, in der Rindenstruktur einer altehrwürdigen Eiche können wir uns verlieren und dass es für uns keinen Garten ohne Duft geben kann, liegt auf der Hand.

Dort halten wir uns leidenschaftlich gerne auf – bei jedem Wetter, denn der kristallinen Note eines klaren Frosttages können wir ebenso viel abgewinnen wie dem feuchten, erdigen Geruch nach einem Sommergewitter, dem jubilierenden Duft der ersten Frühlingstage oder dem schweren, uns warm einhüllenden Parfum exotischer Nachtdufter wie Jasmin und Mondviole.

Sehen, anfassen, riechen, das gehört zusammen, schon beim Pflanzenkauf – willkommen im Club der bekennenden Thymianstreichler.

Das Wunderbare dabei: Ein Duftreich lässt sich im Kleinen ebenso gut erschaffen wie im Großen, ohne, dass dazu besondere Talente vonnöten wären. Zum persönlichen Traumgarten in Sachen Wohlgeruch geht es nämlich wirklich ganz simpel immer der Nase nach. Schon deshalb haben uns Onlineshops nie so ganz überzeugen können, es fehlt ihnen schlicht die Seele, das Sinnliche, der Zauber des Augenblicks, wenn aus Betrachten Erkennen wird, aus Neugier Liebe. Klingt komisch? Ist aber so und das nicht erst seit gestern. Wir brauchen nicht erst einen Ratgeber, um „achtsam zu leben"; uns muss niemand sagen, welcher Typ wir sind oder gar sein sollten. Wir vertrauen unserer Intuition seit wir denken können; wir sind mit der Natur verbunden und im Hier und Jetzt verortet, seit wir als Dreikäsehochs zu unserem ersten Gänseblümchen gerobbt sind, laut glucksend vor Glück, als wir es endlich erreicht hatten. Wir leben unseren Garten, mit allen Sinnen, bis ins letzte Duftmolekül.

EMPFEHLUNGEN FÜR GENIESSER

HOCHSTAMMROSE

Romantisch: Audienz auf Augenhöhe.

AUF SEITE 68

KRÄUTERREGAL AUS PALETTEN

Aromatisch: Viele würzige Kräuter auf wenig Raum.

AUF SEITE 115

PRÄCHTIGER SOMMER

Blütenreich: Und im Falle Frangipani auch noch mit Duft.

AUF SEITE 112/113

LAUSCHIGER SITZPLATZ

Kuschelig: Warten, bis sich das schwere Parfum der Nachtdufter entfaltet.

AUF SEITE 110

MEIN

GARTEN

BLÜHT NICHT GIBT'S NICHT

Beim Gärtnern macht eigentlich alles Freude.
Von der sorgfältigen Auswahl dessen, was wachsen
soll, über die handfeste Buddelei bis zur Krönung, der
Blüte. Und noch schöner ist es natürlich, wenn man
es richtig macht. Denn so sehr man aus Fehlern lernt,
ein paar davon kann man sich wirklich sparen.

Auf den nächsten Seiten erfahren Sie, wie Sie sicher auf Ihrem Weg zum Blumengarten vorgehen. Und Sie finden ein paar Fakten, Hintergründe, Anekdoten und Tipps, an denen Sie sicher auch Ihre Freude haben werden. Oder die vielleicht Inspiration für Neues sind!

ES WERDE GRÜN!

Was vom „guten Boden" zu halten ist, und was es sonst noch für Wachstumsbremsen und Standortvorteile gibt.

Was brauchen Pflanzen zum Leben? Licht, Wasser und Nährstoffe, und zwar jeweils in der artspezifischen Dosis. Kompliziert? Nein, praktisch, denn dadurch finden sich für jeden Standort passende Pflanzen.

Wo Licht ist, ist auch Schatten – und das ist gut so. Verschiedene Lichtverhältnisse lassen sich nämlich auf ganz unterschiedliche, spannende Weise gestalten. So wie es bei uns verschiedene Berufe gibt, haben sich die Pflanzen ihre jeweiligen ökologischen Nischen gesucht. Licht spielt dabei eine wesentliche Rolle. Hier wird viel falsch gemacht, gleichzeitig lassen sich Fehler in diesem Punkt aber leicht vermeiden. So wie sich wohl niemand von einem Kfz-Mechaniker den Blinddarm entfernen oder von einem Chirurgen den Oldtimer reparieren lassen würde, so bleiben auch die Pflanzen am besten bei dem Gewerbe, das sie von Grund auf verinnerlicht haben. Sonnenanbeter würden im Halbschatten kümmern und im vollen Schatten gänzlich eingehen, bei Schattenpflanzen wäre an einem vollsonnigen Platz ein Sonnenbrand vorprogrammiert. Wer seinen Pflanzen und sich Quälereien ersparen möchte, achtet bei der Pflanzenauswahl daher darauf, sie passend zum Standort auszusuchen.

Richtig belichtet:
Der Schatten stellt sich vor

Vollsonnig, okay, das ist klar, hier wird von morgens bis abends gebrutzelt. Sonnig bedeutet, dass ein Platz den überwiegenden Teil des Tages, in jedem Fall aber in der Mittagszeit, in der Sonne liegt. Aber was ist mit den zahlreichen Schattenarten, die immer wieder in Pflanzenbeschreibungen auftauchen? Da wäre zum einen der absonnige Platz. Er bekommt durchaus Licht, liegt aber in den heißesten Stunden des Tages im Schatten. Dann gibt es den lichten Schatten. Er ist der Spezialist für effektvolle Lichtspiele und herrscht unter locker aufgebauten Laubgehölzen, deren Blätterdach immer wieder von Sonnenstrahlen durchbrochen wird. Der lichte Schatten beherbergt ähnliche Gäste wie der Halbschatten, der vor allem von der Wanderung der Sonne im Tagesverlauf bestimmt wird. Bekommt ein Gartenbereich täglich etwa vier bis fünf Stunden Sonnenlicht, egal ob tendenziell in der ersten oder der zweiten Tageshälfte, spricht man von Halbschatten. Im Vollschatten hingegen ist es wirklich duster, hierher, speziell unter Nadelbäume und andere immergrüne Gehölze, verirrt sich kaum ein Lichtstrahl. Wird Vollschatten von Gebäuden oder Mauern verursacht, spricht man bisweilen auch von Schlagschatten.

Gewöhnliche Sonnenblumen (*Helianthus annuus*) tragen ihre Vorliebe bereits im Namen: Sonne, bitte, aber nicht zu knapp! Als echte Sonnenanbeter richten sie an sonnigen Tagen sogar ihre Blüten am Stand des Himmelsgestirns aus.

TOLERANZBEREICH NUTZEN

Die Lichtverhältnisse im Garten lassen sich in begrenztem Maße ändern. Am leichtesten gelingt dies meist in Richtung Schatten: Sie können schattenspendende Blütengehölze setzen, mit blühenden Kletterpflanzen begrünte Sichtschutzelemente einplanen oder eine Pergola errichten. Für mehr Licht zu sorgen, ist schon schwieriger. Durch Rückschnitt und Auslichten oder auch das gezielte Fällen einzelner Bäume lässt sich im eigenen Garten mitunter durchaus etwas ausrichten. Insbesondere in dicht bebauten Gebieten stehen die Schattenquellen aber häufig auf fremden Grundstücken und dann wird es schwierig.

Das Kastanien-Schaublatt (*Rodgersia aesculifolia*) ist eine majestätische Erscheinung für absonnige bis halbschattige Plätze mit frischem bis feuchtem Boden. Es treibt spät aus, nimmt dann aber rasch einen Quadratmeter und mehr in Anspruch.

Statt sich jedoch zu grämen, dass bestimmte Lieblingspflanzen nun doch draußen bleiben müssen, konzentriert man sich besser auf die guten Nachrichten. Generell haben etliche Pflanzen nämlich einen relativ weiten Toleranzbereich und entwickeln sich in der Sonne und im lichten Schatten bis Halbschatten ähnlich gut. Insbesondere bei den Stauden lassen sich zudem viele Lieblingsblumen durch solche mit anderen Standortansprüchen, aber ähnlicher gestalterischer Wirkung ersetzen. Oft sogar durch Exemplare derselben Familie, denn zahlreiche Stauden sind erfreulich breit aufgestellt. Anstelle der Pfirsichblättrigen Glockenblume (*Campanula persicifolia*), deren anmutige Gestalt sonnigen Bereichen sommerliche Leichtigkeit verleiht, können

Sie an halbschattigen Plätzen zum Beispiel mit der Wald-Glockenblume (*Campanula latifolia* var. *macrantha*) planen – die es umgekehrt bei ausreichender Bodenfeuchte auch in der Sonne aushält. Im vollen Schatten hingegen wird es schwieriger, hier können Liebhaber glockenförmiger Blüten im Frühjahr auf Zwiebelblumen wie das Hasenglöckchen (*Hyacinthoides non-scripta*, *Hyacinthoides hispanica*) zurückgreifen und im Sommer zum Beispiel auf die Glocken-Funkie (*Hosta ventricosa*) ausweichen.

DREHSCHRAUBE BODENFEUCHTE

Sonnenstauden zum Schattendasein zu verdammen, ist wenig empfehlenswert. Umgekehrt jedoch können Sie über die Bodenfeuchte die Sonnenverträglichkeit zahlreicher Pflanzen deutlich erhöhen. Eine gleichbleibend hohe Bodenfeuchte lässt beispielsweise viele Prachtspieren (*Astilbe*) auch an sonnigen Plätzen sehr gut gedeihen. Vor überraschenden Erfolgen wie vor Enttäuschungen ist man im Garten allerdings nie gefeit, jeder Garten ist ein eigenes, einmaliges Experimentierfeld – und genau deshalb auch nach Jahren noch spannend.

Guter Boden – schlechter Boden

Früher sollten wir uns bloß nicht schmutzig machen, heute dürfen wir nach Herzenslust in der Erde wühlen. Und seinen Boden kennenzulernen, lohnt sich, schließlich bildet er die Grundlage künftiger Blütenträume. Aber warum ist die Frage nach dem Gartenboden eigentlich so wichtig – und was macht den vielbeschworenen „guten Boden" aus?

Eine Aufgabe des Bodens ist ganz offensichtlich: Die Pflanzen wachsen darin, er gibt ihren Wurzeln Halt. Vor allem aber stellt er das Catering, versorgt seine grünen Gäste also mit Wasser und allen Nährstoffen, die sie zum Wachsen und Blühen brauchen.

Ein wichtiges Merkmal jedes Bodens ist die sogenannte Körnung oder Bodenart. Sie beschreibt, ob der Boden eher aus groben oder aus feinen Partikeln zusammengesetzt ist beziehungsweise in welchem Verhältnis die verschiedenen Bodenfraktionen zueinander stehen. Davon wiederum hängt ab, wie gut Wasser und Nährstoffe gespeichert werden können.

Schlechter Boden ist relativ. In ihrem berühmten Kiesgarten im englischen Elmstead Market verwandelte Beth Chatto scheinbare Nachteile in Vorteile. Auf dem sandigen, geröllhaltigen Boden fühlen sich trockenheitsliebende Pflanzen pudelwohl – ganz ohne Gießen.

Die vier Hauptbodenarten sind:
- Sand, mit seiner charakteristischen, sehr grobkörnigen Struktur und einem hohen Porenvolumen, der Wasser und Nährstoffe nur schlecht speichert.
- Ton, der sich aus sehr feinen Bestandteilen zusammensetzt und auch in seinen Eigenschaften das genaue Gegenteil von Sand ist, nämlich Wasser wie auch Nährstoffe fest an sich bindet.
- Schluff, der zwischen Sand und Ton anzusiedeln ist.
- Lehm, der sich zu etwa gleichen Teilen aus Sand, Schluff und Ton zusammensetzt.

Mit „gutem Boden" ist meist ein sandiger Lehmboden oder ein lehmiger Sandboden gemeint, also ein Boden, der Wasser und Nährstoffe gut speichert, sie den Pflanzen aber auch leicht wieder zugänglich macht, und trotzdem noch recht viel Sauerstoff an die Wurzeln lässt. Er ist sozusagen gutes Mittelmaß, ein Boden, auf dem viele Kulturpflanzen gut zurechtkommen – wenngleich häufig mehr als Kompromiss, optimal ist er längst nicht für alle. Und das ist auch die gute Nachricht: Die Verherrlichung des Lehmbodens hat zwar durchaus seine Berechtigung, insbesondere wenn es um den Gemüseanbau und um klassische Prachtstaudenbeete geht. In den vergangenen Jahrzehnten rückten aber immer mehr standortgerechte Beetbepflanzungen in den Vordergrund. Moderne Planer nehmen sich heute eine Vielzahl von Naturstandorten zum Vorbild und erweitern damit auch die gestalterischen Möglichkeiten für Böden, die früher als schlecht gegolten hätten. Auf diese Weise kann es auf sehr sandigen oder auf zu Verdichtungen neigenden, dauerhaft feuchten Böden ebenso herrlich blühen wie auf den althergebrachten „guten" Gartenböden.

HUMUSGEHALT

Neben der reinen Bodenart spielen natürlich noch weitere Faktoren eine Rolle bei der Frage, welche Pflanzen sich in dieser Erde besonders wohlfühlen. Sehr wichtig ist beispielsweise der Humusgehalt des Bodens, also der Anteil an organischer Substanz, hervorgegangen aus abgestorbenen Pflanzenteilen, Tierkadavern und den Ausscheidungen von Tieren und Mikroorganismen. Je dunkler die Erdfärbung, desto höher ist in der Regel der

SCHNELL GEMACHT: FINGERPROBE

Eine grobe Orientierung in Sachen Bodenart bietet die sogenannte Fingerprobe: Nehmen Sie nach einem Regenguss eine Handvoll leicht feuchten Boden und versuchen Sie, eine Rolle zu formen. Zerbröselt sie und fühlt sich sehr rau an, haben Sie einen eher sandigen Boden. Je besser die Erde zusammenklebt und je glänzender die Oberfläche der Rolle ist, desto höher ist der Tonanteil. Haftet das Material beim Zerreiben zudem stark in den Fingerrillen, sieht aber eher stumpf als glänzend aus, lässt dies auf einen hohen Schluffanteil schließen.

Humusanteil – gut zu wissen, denn in vielen Pflanzenbeschreibungen ist davon die Rede, dass diese humosen Boden mögen. Der einfachste Weg, um den Humusanteil im Boden zu erhöhen, besteht darin, Herbstlaub nicht zu entfernen, sondern an Ort und Stelle verrotten zu lassen. Im Blumengarten behagt das vielen Gärtnern jedoch aus optischen Gründen nicht; davon abgesehen kann eine dicke Schicht Laub insbesondere immergrünen Beetpflanzen auch schlicht den Garaus machen, weil sie darunter zu wenig Licht und Sauerstoff bekommen. Alternativ können Sie den Boden im Frühling mit einer Portion Kompost versorgen. Das „schwarze Gold des Gärtners" verbessert die Bodenstruktur, regt das Bodenleben an und ist zudem die empfehlenswerteste Düngerform, da die Nährstoffe den Pflanzen nach und nach über einen längeren Zeitraum zugeführt werden.

Als Faustregel gilt: Stark wachsende Stauden erhalten im März/April 2 l Kompost je Quadratmeter. Achtung, das entspricht einer gerade mal 2 mm starken Schicht, mehr ist nicht empfehlenswert! Schwachwüchsige Stauden, die meisten Schattenstauden sowie Sommerblumen begnügen sich mit noch weniger, nämlich mit 1 l Kompost je Quadratmeter. Das gilt auch für Zwiebel- und Knollenpflanzen, die den Kompost im Gegensatz zu den meisten anderen Pflanzen nach der Blüte am besten gebrauchen können, da sie dann Nährstoffe fürs nächste Jahr einlagern. Der Steingarten sollte nur alle drei bis vier Jahre und ebenfalls sehr zurückhaltend mit Kompost versorgt werden. Selbst für Blütengehölze ist 1 l Kompost pro

Quadratmeter ausreichend, lediglich sehr ausladende Rosen dürfen bis zu 3 l je Quadratmeter erhalten. Für Pflanzen, die einen niedrigen pH-Wert bevorzugen, können Sie Kompost aus Eichenlaub herstellen.

Tipp: Bei Stauden wie beispielsweise Rittersporn (*Delphinium*), Katzenminze (*Nepeta* × *fassenii*) und Steppen-Salbei (*Salvia nemorosa*), die nach einem Rückschnitt erneut blühen, können Sie die Kompostgabe aufteilen und die erste Hälfte im Frühling geben, die zweite zum Zeitpunkt des Rückschnitts.

RÄTSELHAFTER PH-WERT

Hat Ihr Nachbar Ihnen schon einmal mit wichtiger Miene erklärt, Sie müssten unbedingt noch den pH-Wert Ihres Bodens bestimmen? Das klingt einschüchternd, ist aber in groben Zügen doch recht schnell erklärt: Der Boden-pH-Wert gibt an, wie viele freie Wasserstoff-Ionen in der Erde herumschwirren. Ein saurer Boden (pH-Wert 4–6) weist eine hohe Zahl freier Wasserstoff-Ionen auf. Das ist aus Gärtnersicht oft ungünstig, denn die atomaren Singles haben eine Vorliebe für die Hauptpflanzennährstoffe Stickstoff, Phosphor, Kalium, Calcium, Magnesium und Schwefel. Bereits nach dem ersten Date im Boden klammern sie sich regelrecht an den Molekülen fest und geben sie nur ungern wieder an die Pflanzen ab, es droht Nährstoffmangel. Zudem können im Boden gebundene Schwermetalle und andere toxische Stoffe wie Aluminium frei werden. Deshalb benötigen Hortensien (*Hydrangea*) übrigens eine saure Bodenreaktion, wenn sie blau blühen sollen: Nur in diesem pH-Bereich stehen den Pflanzen ausreichend freie Aluminium-Ionen zur Verfügung, die für die Blaufärbung der Blüten verantwortlich sind.

Umgekehrt kann es auf Böden, die sich im basischen Bereich befinden (pH-Wert 8–10), also nur sehr wenige freie Wasserstoff-Ionen aufweisen, zu einer Festlegung wichtiger Spurenelemente wie Eisen kommen. Die meisten Gemüsearten, aber auch viele Zierpflanzen, fühlen sich auf Böden im neutralen Bereich (pH-Wert 6,5–7,5) am wohlsten, da dann die meisten Nährstoffe in leicht pflanzenverfügbarer Form vorliegen. Dennoch hält das Pflanzenreich wie für alle Standortfaktoren auch beim pH-Wert zahlreiche Arten bereit, die sich perfekt an saure oder aber basische Böden angepasst haben. Auf letzteren gedeihen beispielsweise Blaukissen (*Aubrieta*), Nelken (*Dianthus*), Küchenschelle (*Pulsatilla*), Nachtviole (*Hesperis*), Fingerhut (*Digitalis*, stark giftig), Sommerflieder (*Buddleja*) und Forsythie (*Forsythia*) ausgezeichnet. Umgekehrt sind viele der attraktiven Gartenbewohner sogar ausdrücklich auf eine saure Bodenreaktion angewiesen oder entwickeln sich in entsprechendem Substrat zumindest deutlich besser. Das betrifft unter

BLÜHENDE FITMACHER SÄEN

Auf neuen Beetflächen, als Nachkultur im Gemüsegarten oder eingestreut in die Blumenrabatte: Gründüngungspflanzen tun dem Boden gut und sehen oft auch noch top aus. Lupinen (*Lupinus*), Wicken (*Vicia*), Borretsch (*Borrago*), Sonnenblumen (*Helianthus*) und Bienenfreund (*Phacelia tanacetifolia*) lockern den Boden, reichern ihn mit Nährstoffen an, beugen Unkrautaufwuchs, Austrocknung, Verschlämmung, Nährstoffauswaschung und Erosion vor. Studentenblumen (v. a. *Tagetes patula*), Kokardenblumen (*Gaillardia*), Sonnenhut (*Rudbeckia*), Mädchenauge (*Coreopsis*) und Ringelblumen (*Calendula*) vertreiben zudem pflanzenschädigende Nematoden.

ROBUSTE RHODODENDREN

In den meisten Gärten liegt der Boden-pH-Wert deutlich höher, als den attraktiven Moorbeetpflanzen lieb ist. Halten Sie darum beim Pflanzenkauf nach sogenannten Inkarho®-Rhododendren Ausschau. Inkarho® ist die Abkürzung für „Interessengemeinschaft kalktoleranter Rhododendronunterlagen". Inkarho®-Rhodos sind herkömmliche Sorten, die auf kalktolerante Wurzelballen veredelt wurden und dank dieser „Unterlagen" auch in normaler Gartenerde gedeihen.

GUTER BODEN – SCHLECHTER BODEN

Damit Hortensienblüten nicht von Blau zu Rosa kippen, benötigen sie Erde und Dünger, der speziell für Hortensien, Rhododendren oder Moorbeetpflanzen ausgewiesen ist. Ebenfalls günstig: Gießen mit Regenwasser, Mulchen mit Nadelstreu, im Frühjahr zwei Esslöffel Alaun (Apotheke) in den Boden einarbeiten.

anderem Hortensien, Ginster (*Genista*, stark giftig), Kamelien (*Camellia japonica*), Fuchsien (*Fuchsia*), Magnolien (*Magnolia*), Petunien (*Petunia*), Zauberglöckchen (*Calibrachoa*), Fleißiges Lieschen (*Impatiens walleriana*), Edel-Lieschen (*Impatiens-neuguinea-Hybriden*) und die meisten Heidekrautarten (*Erica*, *Calluna*) sowie Azaleen und Rhododendren (beides *Rhododendron*) und bei den Kübelpflanzen beispielsweise Zylinderputzer (*Callistemon*) und Zitruspflanzen.

BODENSTÄNDIG BLEIBEN

Auch im Hinblick auf den Boden gibt es attraktive Pflanzen für nahezu jeden erdenklichen Standort. Wer außerdem noch berücksichtigt, dass sich viele Arten in einem gewissen Rahmen durchaus anpassungsfähig zeigen, wird höchstwahrscheinlich dazu neigen, zum eigenen Garten passende Pflanzen auszuwählen. Es gibt grundsätzlich natürlich auch die Möglichkeit, den Gartenboden den persönlichen Pflanzenwünschen anzupassen – im Großen wie im Kleinen. Das ist aber mit nicht unerheblichem Aufwand verbunden. Im Kleinen können Sie beispielsweise Zwiebelblumen, Lavendel (*Lavandula*) und andere Pflanzen, die durchlässigen, mageren Boden bevorzugen, im Pflanzloch auf Sand betten, und ihnen somit das Leben in schwerer, nährstoffhaltiger Erde erleichtern. So wie Sie generell kleinere Beetflächen durch Einarbeiten von Kompost und reichlich gewaschenem Sand (denn der besitzt keine Feinanteile) abmagern und durchlässiger machen können.

Umgekehrt erhöhen großzügige Kompostgaben sowie das Einarbeiten von 0,5–1 kg Bentonit (bestehend aus verschiedenen Tonmineralen) je Quadratmeter bei der Beetvorbereitung die Fähigkeit sandiger Böden, Wasser- und Nährstoffe zu speichern.

Moorbeetpflanzen können Sie entweder gleich in Kübeln mit Moorbeetpflanzen- oder Rhododendronerde ziehen, oder ein doppelt so großes Pflanzloch wie üblich ausheben und dieses mit der Spezialerde befüllen.

Einen ganzen Garten umzukrempeln, etwa um einen artenreichen Magerrasen, eine eindrucksvolle Steppenpflanzung oder einen Kiesgarten à la Beth Chatto anzulegen, ist hingegen ein Vorhaben, für das man sich gut informieren sowie ausreichend Zeit und Nerven einplanen oder sich professionelle Unterstützung holen sollte. Dann jedoch kann das Ergebnis den Aufwand lohnen.

HOCHBEET ANLEGEN

HIER LOHNT SICH SCHICHTARBEIT

Für eine gute Belüftung kommt zunächst eine 30 cm starke Schicht aus grob zerkleinerten Ästen und Zweigen in den Hochbeetrahmen, etwa vom zurückliegenden Hecken- und Baumschnitt. Darauf legen Sie gegebenenfalls die umgedrehten Rasensoden, die Sie vor dem Aufstellen des Hochbeets abgetragen haben und eine 30 cm starke Laubschicht, die Sie ein wenig angießen. Anschließend füllen Sie 30 cm hoch Rohkompost (noch grobstückiger Kompost) ein und zuletzt eine 15 cm starke Lage gut durchgerotteten, feinkrümeligen Reifekompost.

UNABHÄNGIG SEIN.

Traumfänger: Die Gartenplanung

Am Anfang wachsen in einem Garten vor allem viele, viele Fragezeichen ...

So viele Wünsche und so wenig Platz! Doch anstatt zu versuchen, möglichst viel in den begrenzten Raum hineinzupressen, ist es besser, sich auf das zu konzentrieren, was einem wirklich wichtig ist.

„Rosen, Tulpen, Nelken, blühen und verwelken, nur das eine Blümlein nicht, und das heißt Vergissmeinnicht." Das ist ja alles schön und gut, aber was, wenn ich alle vier Blümlein mag? Und außerdem Flieder (*Syringa*). Und Lavendel. Und Glockenblumen und Bart-Iris (*Iris barbata*) und Dahlien (*Dahlia*) und Seerosen (*Nymphea*) und Hechtkraut (*Pontederia cordata*) und, und, und ... Schon die reine Zahl wundervoller Pflanzen kann einen zur Verzweiflung treiben, denn in welchem Garten ist schon Platz für alle Lieblingsblumen – zumal die Liste eben jener im Laufe eines Gärtnerlebens tendenziell immer länger wird. Erschwerend stehen auch noch viele attraktive bauliche Gestaltungselemente und Materialien zur Auswahl. Vom Teich bis zur Trockenmauer, vom Hochbeet bis zum Senkgarten, von der Sitzplatzfrage über die Wegeführung bis hin zur Wahl des Gartenzauns: Je mehr Details von Anfang an mitgedacht werden, desto harmonischer und aussagekräftiger ist das Endergebnis.

Was will ich eigentlich?

Alle Details mitzudenken ist gar nicht so einfach, und der Grund, weshalb fast jeder Gärtner irgendwann einmal mit dem Gedanken spielt, einen Profi mit ins Boot zu holen. Meist wird dieser Gedanke schnell wieder verworfen, weil der Spaß doch zu teuer erscheint. Die Kosten hängen allerdings stark von den eigenen Wünschen und Ansprüchen ab: Selbst die Umsetzung aus Profihand hält sich kostentechnisch in Grenzen, solange sie sich auf das Pflanzliche beschränkt. Was hingegen richtig ins Gewicht fällt, sind befestigte Flächen und Bauwerke, sprich alles, was mit Pflasterarbeiten und Statik zu tun hat. Die Planung allein ist oft gar nicht allzu teuer und kann sich schon insofern lohnen, als sie häufige Neubepflanzungen erspart.

Gerade am Anfang einer Gärtnerkarriere läuft man nämlich Gefahr, viel zu viele Blumen auf viel zu wenig Raum zusammenzustopfen, darunter womöglich einige, die zudem nicht mal zum Standort passen. In der Folge kümmern viele Pflanzen oder gehen ganz ein, die Wirkung gefällt einem nicht, und so wird immer und immer wieder neu- und umgepflanzt, ohne dass sich ein befriedigendes Ergebnis einstellt. Das läppert sich über die Jahre ebenfalls ganz schön zusammen. Dieselbe Summe in ein bisschen Unterstützung zu Beginn der Gärtnerkarriere investiert, kann sich vor diesem Hintergrund durchaus lohnen.

Andererseits liegt ja gerade darin der Reiz des Gärtnerns: im Ausprobieren und Verändern, im Beobachten und Dazulernen. Für die einen mag daher der Kompromiss darin bestehen, nur die Planung in die Hände von Experten zu legen – womöglich sogar nur die grobe Gestaltung des Gartens ohne eine konkrete Pflanzplanung für die Beete. Für die anderen besteht kein Zweifel daran, sich selbst ins Abenteuer Gartenplanung und -entwicklung stürzen zu wollen. Wichtig ist in jedem Fall, die eigene Motivation und die zur Verfügung stehende Zeit richtig einzuschätzen und den persönlichen Wunschzettel auf ein realistisches Maß zusammenzukürzen.

Ein Sitzplatz findet sich auf nahezu jeder Wunschliste. Geschickt geplant, bietet er eine schöne Aussicht und wird gleichzeitig selbst zum Blickfang. Doch auch das Bauchgefühl muss stimmen – vor der endgültigen Auswahl unbedingt Probesitzen.

MOTIVATION

Ein 10 m² großes Beet anzulegen oder ein Hochbeet zu bauen, ist kein ganz kleines, aber dennoch ein überschaubares Projekt. Aber bin ich wirklich willens und in der Lage – auch zeitlich – meine Terrasse selbst zu pflastern, Stützmauern für einen Hanggarten zu errichten oder für ein mediterranes Kiesbeet den kompletten Vorgarten abzumagern? So groß die Begeisterung für ein neues Vorhaben auch ist, es lohnt sich, für bestimmte Bereiche professionelle Unterstützung einzuholen und manchen Plan lieber in mehreren kleinen Schritten umzusetzen. Nichts ist frustrierender, als sich zu übernehmen und entweder gar nicht zum gewünschten Ergebnis zu gelangen oder monatelang auf einer Baustelle zu sitzen, weil einem das Leben mal wieder ungefragt in die Planung hineingepfuscht hat.

PLANEN

Im ersten Planungsschritt legen Sie die grundsätzliche Gestalt des Gartens fest. Dabei hilft es, sich folgende Fragen zu stellen: Wie beeinflusst die Umgebung Ihren Garten, wo möchten Sie einen Ausblick erhalten, wo etwas verdecken? Sollen bestimmte Materialien, Pflanzenarten oder auch ein konkreter Stil aufgegriffen werden? Einen Hinterhof mit umgebender roter Ziegelmauer beispielsweise wird man anders planen als einen Garten mit angrenzenden Fachwerkhäusern oder einen, der den Blick auf glitzernde Hochhausfassaden lenkt. Wo fühlen Sie sich auf Anhieb besonders wohl, wo gefällt Ihnen die Aussicht besonders gut? Dort sollten Sitzplätze eingeplant werden. An welchen Stellen könnte der Garten noch Akzente vertragen, etwa in Form eines attraktiven Gehölzes, und welchen Habitus sollte dieses haben? Erst, wenn diese groben Merkmale feststehen, legen Sie fest, wo Beete entstehen und wie die Beetgrenzen verlaufen sollen. All das zunächst einmal in Papierform oder am Rechner zu planen, ist in jedem Fall empfehlenswert, schließlich soll der Garten ein harmonisches Ganzes darstellen und ein ganz bestimmtes Flair verströmen.

Bei der Umsetzung können Sie dann Schritt für Schritt vorgehen: Sie müssen nicht von jetzt auf gleich den ganzen Garten umbuddeln und bepflanzen; beginnen Sie mit einem Beet, das Ihnen besonders am Herzen liegt, etwa weil es direkt an den Hauptsitzplatz anschließt oder Sie vom Küchenfenster jeden Tag darauf blicken werden. Nach und nach erweitern Sie die Beetflächen dann, dadurch vermeiden Sie unnötigen Stress und profitieren von den Erfahrungen, die Sie zwischenzeitlich gesammelt haben.

ZEITMANAGEMENT

Beete anzulegen, ist die eine Sache, sie dauerhaft zu pflegen, die andere. Auch hier ist es wichtig, seine Grenzen zu kennen. Nicht umsonst sind viele herausragende Gärten salopp gesagt fest in Rentnerhand beziehungsweise liegen in den Händen von Gartenfreunden, deren Kinder bereits flügge geworden sind. So sehr der Begriff vom „pflegeleichten Garten" auch in Mode gekommen ist: Jeder Garten macht Arbeit und nimmt Zeit in Anspruch. Ausgenommen vielleicht jene Pflanzengräber aus Unkrautvlies, weißem Kies und ein paar Gräsern, bei denen sich trefflich diskutieren lässt, ob sie noch als Gärten zu bezeichnen sind. Für die meisten Pflanzenfans macht die Gartenarbeit ja auch gerade den Reiz des Gärtnerns aus – etwas mit eigenen Händen erschaffen, sich kümmern, es hegen und pflegen und sich am Ergebnis freuen. Dennoch kann die Freude leiden, wenn die Zeit für die Pflege im Alltag fehlt und man entweder nur noch unter Stress in den Garten geht oder bestimmte Arbeiten zwangsweise ruhen, man so oder so aber unzufrieden mit dem Ergebnis ist.

Wer sich beispielsweise eine klassische Mixed Border mit Prachtstauden wünscht, an der eine jede

Ein Blumen-Hartriegel (Cornus florida fo. rubra) ist ein prägendes Gartenelement und wirkt am besten vor einem ruhigen Hintergrund und in Kombination mit Wasserflächen.

Pflanze ihren zugewiesenen Platz hat, wird mehr Zeit investieren müssen, als jemand, der eine naturnahe Gestaltung im Sinn hat, in der Pflanzen auch mal wandern dürfen. Entsprechend sollten sich die Beetgrößen auch an der persönlichen Freizeitgestaltung orientieren: Mixed Border in Kombination mit wenig Zeit zum Gärtnern? Gerne, dann aber lieber nur eine kleinere Rabatte einplanen, und den Rest des Gartens mithilfe von Gehölzen und Bodendeckern abwechslungsreich, jedoch weniger pflegeintensiv gestalten.

Wer übrigens kleine Erinnerungen braucht, was wann im Garten zu tun ist, wird im *Service* AB SEITE 152 fündig.

KLARE PRIORITÄTEN SETZEN

Wie kommen Wünsche und Realität am Ende zusammen? Die Sache ist eigentlich ganz einfach: durch gnadenloses Zusammenkürzen. Das ist sicherlich nicht die leichteste Übung, andererseits aber oft einfacher als gedacht. Denn zunächst dürfen Sie hemmungslos in Ideen schwelgen. Sammeln Sie einige Tage oder Wochen lang alles, was Ihnen zum Thema Garten zwischen die Finger oder vor die Linse kommt. Und zwar nicht nur Pflanzen und konkrete Gestaltungsbeispiele, sondern auch bauliche Elemente, Gartenmöbel, Vogeltränken, Pavillons, was immer Ihnen überaus begehrenswert erscheint. Blättern Sie dazu in Gartenbüchern, -zeitschriften und -katalogen, surfen Sie im Internet, besuchen Sie Gärtnereien, Gartencenter und vielleicht ein Gartenfestival oder nutzen Sie einen „Tag der offenen Gartenpforte" in Ihrer Region. Danach beginnt das Sortieren und zwar am besten wortwörtlich: Lieblingsfotos und Beispiele von Internetseiten werden ausgedruckt und zusammen mit Ausschnitten aus Zeitschriften und Katalogen auf einem Tisch ausgebreitet. Nun können Sie Grüppchen bilden: Welche Pflanzen oder Elemente sind unverhandelbar und sollen unbedingt in den Garten? Worauf könnten Sie gut verzichten? Welche Wünsche scheitern voraussichtlich aus Platz- und/oder Kostengründen? Gibt es für diese Wünsche kleinere oder kostengünstigere Alternativen, mit denen Sie gut leben könnten? Falls ja, umso besser, falls nein, dann weg damit! Filtern Sie Ihre Sammlung zudem nach Gartenstilen: Die mediterran angehauchte Pflanzamphore gefällt Ihnen gut, aber ansonsten überwiegen Elemente romantischer Landhausgärten? Das bietet Kürzungspotenzial.

Nach und nach reduziert sich auf diese Weise die anfangs riesige Ideensammlung auf das, was Ihnen wirklich wichtig ist. Und es kristallisiert sich eine eigene Handschrift mit ersten konkreten Gestaltungselementen heraus: Ein Blumen-Hartriegel (*Cornus kousa*), ein kleiner Wandbrunnen oder eine Kletterrose standen zuvor vielleicht gar nicht auf dem persönlichen Wunschzettel, nehmen nun aber einen zentralen Platz in der Gestaltung ein. Und stehen die ersten prägenden Elemente fest, fügt sich der Rest mit zunehmender Leichtigkeit.

Hangstütze, Gartengrenze, Platz für Blütenpflanzen, Rückzugsraum für Tiere: Eine Trockenmauer erfüllt viele Funktionen gleichzeitig.

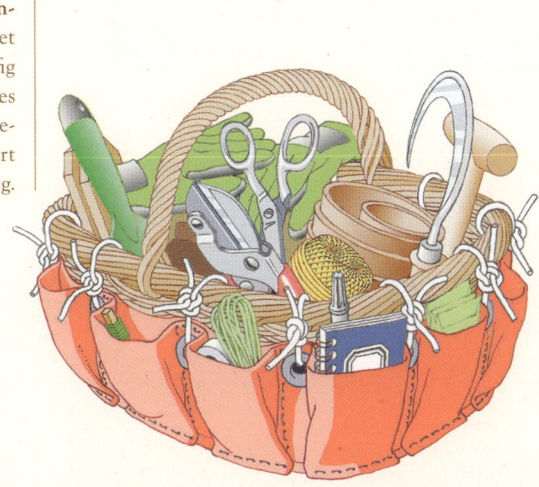

Ein selbst genähtes **Gartenutensilo** bietet Platz für häufig genutztes Arbeitsmaterial und spart manchen Weg.

UND CUT!

Gut Ausschneiden oder Finger weg.

Wenn es ein wirklich unverzichtbares Gartenwerkzeug gibt, dann eine gute Schere. Denn natürlich kann man im Garten einfach alles wachsen lassen, wie es will. Gelegentlich mal einen Cut zu machen, lohnt sich aber.

Bei Buchs, Lorbeer und anderen Formgehölzen ist ganz klar, weshalb zur Schere gegriffen wird. Aber warum gehört auch im Blumengarten das Schnippeln zum täglichen Handwerk? Das hat verschiedene Gründe. Zum einen ist die Schere das unkomplizierteste und zugleich auch ein hundertprozentig umwelt- und gesundheitsschonendes Pflanzenschutzmittel: Blattlausbesetzte Triebspitzen, mehltaubereifte Pflanzenpartien, von Grauschimmel (*Botrytis cinerea*) befallene Rosenblüten – in vielen Fällen genügt ein Schnitt und das Ärgernis ist behoben oder man hat es zumindest in der Ausbreitung begrenzt. Zum anderen nimmt der Gärtner mit den beiden Klingen Einfluss sowohl auf die Pflanzengestalt als auch auf vieles, was die zahlenmäßige Blütenbildung und den Zeitpunkt der Blüte betrifft.

Schneiden macht Spaß

Viele Schnittmaßnahmen sind kein Muss, sondern ein Kann – aber so simpel, dass es schade wäre, auf die tollen Effekte zu verzichten, die sich mit ihnen erzielen lassen. Also mutig drauf los, insbesondere Stauden nehmen Schnittfehler kaum krumm und bieten spätestens im nächsten Jahr eine neue Chance.

ICH WILL: MEHR BLÜTEN

Mehr Blüten, eine erhöhte Standfestigkeit, eine längere Blütezeit, wer will das nicht – aber wie erreicht man das? Man regt die Pflanze dazu an, sich häufiger zu verzweigen. Das gelingt, indem man ihre Triebspitze knapp über einem Blattansatz kappt und dadurch sogenannte schlafende Augen weckt. Dies sind sozusagen die Ersatzknospen, die bei genauem Hinsehen oft schon als unscheinbare kleine Knubbel in den Blattachseln oder am Trieb selbst zu erkennen sind. Die Pflanze bildet in der Folge mehr Seitentriebe, wächst buschiger und entwickelt in der Gesamtzahl deutlich mehr Blüten. Dass sie insgesamt niedriger und kompakter bleibt, erhöht zudem ihre Standfestigkeit, was insbesondere bei spätblühenden hohen Stauden wie Sonnenbraut (*Helenium*), Fetthenne (*Sedum*) sowie hohen Phlox- und Astern-Arten ein großer Vorteil sein kann. Das Entspitzen oder Pinzieren, wie das Entfernen der Triebspitze auch genannt wird, kann grundsätzlich sowohl auf Stauden und Sommerblumen als auch auf Gehölze angewendet werden.

Bei Sommerblumen und Stauden können Sie prinzipiell schon sehr früh mit dem Pinzieren starten, denn je häufiger Sie es durchführen – wenn Sie also nach den ersten Triebspitzen auch die nachfolgend gebildeten Seitentriebe entspitzen – desto häufiger verzweigen sich die Pflanzen.

Bei Sommerblumen wie Zinnien (*Zinnia*), Löwenmäulchen (*Antirrhinum*), Männertreu (*Lobelia*) oder Petunien empfiehlt es sich, die Triebspitzen erstmals abzuschneiden oder mit den Fingernägeln auszuknipsen, wenn die Pflanzen in etwa 15 cm hoch sind. Danach können Sie Ihre Schützlinge etwa alle zwei Wochen erneut pinzieren.

Auch bei Kübelpflanzen wie Zylinderputzer, Bleiwurz (*Plumbago*), Fuchsien oder Gewürzrinde (*Cassia*) sollten Sie nach der Winterruhe nicht allzu lange abwarten. Sobald sich frische Triebe mit mehreren Blattpaaren (zwei bis drei sollten schon vorhanden sein) gebildet haben, können Sie die Triebspitze entfernen und diesen Vorgang alle zwei bis vier Wochen wiederholen. Achtung, die Blütengehölze im Garten können nicht so einheitlich behandelt werden, sie werden in verschiedene *Schnittgruppen* eingeteilt. SEITE 57.

Sonnenbraut profitiert gleich zweifach von einem Rückschnitt: Hohe Sorten wachsen kompakter und bleiben standfester. Darüber hinaus verschiebt sich der Blühbeginn der gestutzten Pflanzen nach hinten – der Sommer geht in die Nachspielzeit.

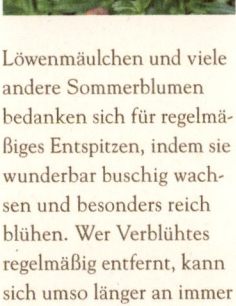

Löwenmäulchen und viele andere Sommerblumen bedanken sich für regelmäßiges Entspitzen, indem sie wunderbar buschig wachsen und besonders reich blühen. Wer Verblühtes regelmäßig entfernt, kann sich umso länger an immer neuen Blüten erfreuen.

ICH WILL: DIE BLÜTEZEIT VERLÄNGERN

Durch fortlaufendes Entspitzen verschiebt sich natürlich die Blütezeit nach hinten, aber die längere Wartezeit lohnt sich! Außerdem kann genau diese Verschiebung sogar gewollt sein, das gilt insbesondere für viele Staudenarten. Bei Stauden wird das einmalige Pinzieren auch als Vorblüteschnitt bezeichnet. Immer häufiger ist auch der Begriff *Chelsea Chop* zu hören, der aber genau dasselbe meint. Er geht schlicht darauf zurück, dass der Vorblüteschnitt in etwa im Zeitraum durchgeführt wird, in dem in Großbritannien die berühmte Chelsea Flower Show stattfindet.

Als Faustregel für den Vorblüteschnitt gilt: Schneiden Sie die Pflanzen zwischen Mitte Mai und Mitte Juni um rund ein Drittel zurück – entweder komplett oder aber nur in Teilen. Die letztgenannte Technik, nämlich eine Pflanze nur in den vorderen und seitlichen Partien zurückzuschneiden, verlängert die Blütezeit: Die ungeschnittenen Partien blühen zur gewohnten Zeit, die gekürzten etwa 20 Tage später.

ICH WILL: MICH ZWEIMAL FREUEN

Entspitzen ist nicht die einzige Möglichkeit, die Blütezeit zu verlängern. Bei vielen Staudenarten lohnt sich auch ein baldiger, radikaler Rückschnitt nach der Hauptblüte auf etwa 10 cm. Viele Stauden wie beispielsweise Rittersporn, Steppen-Salbei, Katzenminze, Schafgarbe (*Achillea*), Kaukasusvergissmeinnicht (*Brunnera macrophylla*), Flockenblumen (*Scabiosa*), Nelkenwurz (*Geum*) oder Storchschnabel treiben daraufhin noch einmal durch und blühen nach einigen Wochen ein zweites Mal – ein wenig schwächer, aber immerhin. Sie können die Bildung des zweiten Blütenflors unterstützen, indem Sie die jährliche Düngergabe bei diesen Arten aufteilen (die erste Hälfte zum Frühjahrsaustrieb, die zweite zum Rückschnitt) und nach dem Remontierschnitt eine regelmäßige Wasserversorgung sicherstellen. Ein radikaler Rückschnitt lohnt sich übrigens auch für Arten, deren Laub im Laufe des Sommers unansehnlich wird, wie zum Beispiel für Frauenmantel (*Alchemilla*), Türkischen Mohn (*Papaver orientale*) oder Indianernessel (*Monarda*).

Stauden-Lein ist eine wunderhübsche Füllstaude für romantische und naturnahe Gärten. Bereitwillig schließt sie im Laufe des Sommers entstandene Lücken und erhält sich durch Selbstaussaat auch ganz ohne Zutun des Gärtners.

ICH WILL: SELBSTAUSSAAT VERHINDERN

Prinzipiell kann es überaus erfreulich sein, wenn sich Pflanzen selbst versamen und so dauerhaft den Arterhalt im Garten sichern, insbesondere, wenn es sich um kurzlebige Arten handelt. Es kann aber auch zu viel des Guten werden und dann beugen Sie dem übermäßigen Ausbreiten am besten vor, indem Sie die betreffenden Arten gar nicht erst zur Samenbildung kommen lassen. Stark zur Versamung neigen unter anderem Akelei (*Aquilegia*), Spornblume (*Centranthus*), Fingerhut, Nachtviole, Sonnenhut (vor allem *Rudbeckia fulgida* var. *sullivantii* 'Goldsturm'), Stauden-Lein (*Linum perenne*), Goldrute (*Solidago*), Jungfer im Grünen (*Nigella damascena*) und die Dreimasterblume (*Tradescantia*). Davon abgesehen lohnt es sich aber ganz grundsätzlich, Verblühtes möglichst rasch zu entfernen, denn Pflanzen, die sich die Samenbildung sparen können, stecken ihre Kraft in neue Blüten.

Als Faustregel für Gehölze, hier am Beispiel einer Rose, gilt: Geschnitten wird knapp über einem nach außen zeigenden Auge – keine „Huthaken" stehen lassen! Die Schnittfläche sollte nach innen hin leicht schräg abfallen.

ICH BRAUCHE: SCHARFES GERÄT

Rostige Scheren mögen wunderbar nostalgisch aussehen, sie werden dann aber besser auch nur als Deko eingesetzt. Damit Sie Ihren Pflanzen durchs Schneiden nutzen und nicht schaden, sollten Ihre Scheren sauber, scharf und für den geplanten Einsatzzweck geeignet sein.

Ein regelmäßiges Abbürsten entfernt groben Schmutz, Waschbenzin oder Glasreiniger klebrige Beläge und Stahlwolle angesetzten Rost. Ein paar Tropfen Öl sorgen für gute Beweglichkeit. Ist die Schere mit kranken Pflanzen in Berührung gekommen, sollten Sie sie mit 70-%igem Ethanol desinfizieren. Nachschärfen entfällt bei einigen Scheren, etwa bei vielen Hecken- oder Buchsscheren, andere Scheren können Sie per Schleifstein oder professionell durch den Scherenschleifer zu neuer Leistungskraft verhelfen.

Doch welche Schere benötigt man im Blumengarten überhaupt? In jedem Fall sind eine Haushaltsschere und eine Bypass-Schere empfehlenswert. Mit der Haushaltsschere lassen sich dünne, saftige Stängel am besten abschneiden. Eine Bypass-Schere, deren Klingen wie bei einer Haushaltsschere aneinander vorbei gleiten, durchtrennt verholzte, aber nicht allzu dicke und harte Triebe mit einem sauberen Schnitt. Ambossscheren, bei denen eine Klinge

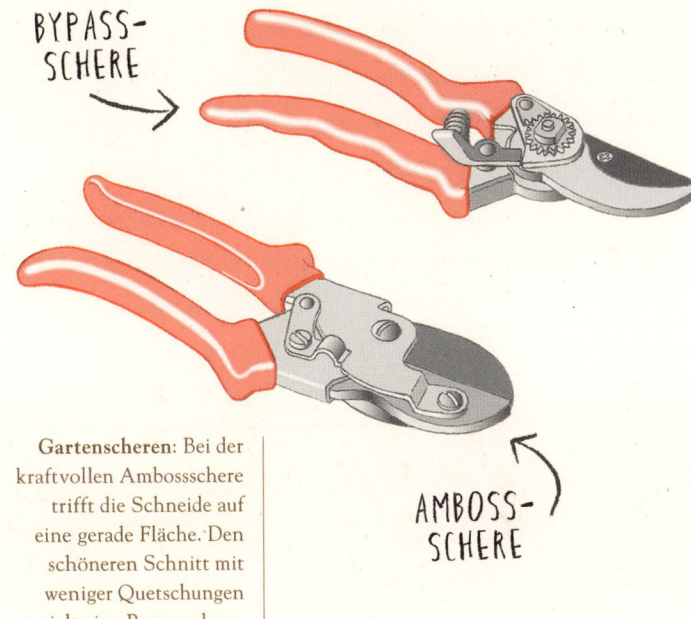

Gartenscheren: Bei der kraftvollen Ambossschere trifft die Schneide auf eine gerade Fläche. Den schöneren Schnitt mit weniger Quetschungen erzielt eine Bypassschere.

auf eine gerade Fläche trifft, schaffen zwar auch dickere Triebe mit relativ geringem Kraftaufwand, quetschen sie aber deutlich stärker. Wer regelmäßig Blütensträucher auszulichten hat, investiert daher besser gleich in eine Bypass-Astschere. Eine Hecken- oder Buchsschere können Sie auch überall dort einsetzen, wo größere Flächen relativ dünner Triebe zu schneiden sind, also auch beim Rückschnitt von Lavendel, Katzenminze und Co.

ICH BRAUCHE: DEN RICHTIGEN ANSATZ

Wenn Sommerblumen und Stauden für eine neue Frisur Schlange stehen, kommt man mitunter gar nicht dazu, sich die einzelnen Triebe anzuschauen, sondern schneidet oft gleich bündelweise, was man zwischen die Finger bekommt. Genaues Hinsehen ist immer dann wichtig, wenn eine Pflanze durch den Schnitt dauerhaft in ihrer Form beeinflusst wird, also bei manchen Klein- und Halbsträuchern, bei Rosen und anderen Sträuchern sowie bei Gehölzen.

Geschnitten wird grundsätzlich über einem nach außen gerichteten Auge (den kleinen Knubbeln am Trieb) oder, falls ein Trieb komplett entfernt werden soll, direkt am Triebansatz. Lassen Sie keine „Huthaken" stehen, denn über solche Stummel können Krankheitserreger in die Pflanze eindringen. Aus demselben Grund sollten Sie nur bei trockener Witterung schneiden, Feuchtigkeit begünstigt insbesondere den Befall mit Schadpilzen. Auf Wundverschlussmittel können Sie auch beim Gehölzschnitt in der Regel verzichten, wichtiger ist ein sauberer Wundrand. Falls Sie also einmal einen dickeren Ast mit der Säge entfernen mussten, lohnt es sich, die ausgefransten Ränder mit einem scharfen Messer nachzuglätten.

ICH BIETE: INDIVIDUELLE BETREUUNG

Bäume und Sträucher unterscheiden sich in einem wesentlichen Punkt von Sommerblumen und den meisten Stauden: Fehler machen sich sofort bemerkbar. Bei Blütengehölzen, die zum falschen Zeitpunkt geschnitten wurden, fällt die Blüte im nächsten Jahr aus. Und mitunter genügt ein einziger entfernter Ast, um ein bis dato wohlgeformtes Gehölz optisch aus dem Gleichgewicht zu bringen – über Jahre hinweg.

Bevor man loslegt, sollte man sich daher zunächst noch einmal das Ziel der Schnittmaßnahmen vor Augen führen: harmonisch aussehende, vitale, reichblühende Gehölze. Um das zu erreichen, werden Äste entfernt, die
- krank oder beschädigt sind,
- zu dicht stehen und dadurch aneinander reiben oder zu wenig Licht und Luft in die Krone lassen,
- überaltert sind und dadurch nur noch spärlich oder nur noch in bestimmten Partien blühen.

Mitunter sollen Gehölze auch schlicht in der Größe beschränkt werden. Die bessere Wahl ist es jedoch meist, schon von vornherein zur Gartengröße passende Arten auszuwählen.

So schneide ich Gehölze

Beim Gehölzschnitt gibt es mehr zu beachten als beim Staudenschnitt, aber er ist allemal zu bewältigen. Vor allem lohnt es sich, regelmäßig zu schneiden, denn am kompliziertesten ist es immer noch, in die Jahre gekommene Exemplare zu entwirren.

FRÜHLINGSBLÜHER SCHNEIDEN

Vor allem frühblühende Gehölze werden direkt nach der Blüte geschnitten und zwar vorzugsweise, indem man einzelne ältere Äste knapp über dem Boden entfernt. Weshalb? Weil sie vor allem am sogenannten einjährigen Holz blühen, also an den Trieben oder Triebabschnitten, die seit dem vergangenen Frühjahr neu hinzugekommen sind.

Auch an den zwei- bis dreijährigen Trieben bilden sie häufig kurze blühende Seitenzweige, am älteren Holz hingegen bleiben sie weitgehend kahl. Ungeschnitten würde die Blütenpracht also immer weiter nach oben und außen wandern – sehr gut zu beobachten an den „Blütenbesen" ungeschnittener Forsythien.

Entsprechend mächtig wirken einzelne Äste und entsprechend schwer tun sich insbesondere Garteneinsteiger damit, einige solcher Äste tatsächlich bodennah zu kappen. Diese Angst ist jedoch unbegründet, wie jeder feststellen wird, der sich durchringt und einen entsprechenden Monsterast entfernt: Der Verlust fällt weniger auf als gedacht und am nächsten Tag nimmt man ihn meist schon nicht mehr wahr.

Außer den ältesten Ästen können Sie einzelne zu dicht stehende Seitenzweige und die beschriebenen „Besen" herausnehmen – und natürlich werden beschädigte, reibende oder kranke Zweige entfernt. Deutlich seltener und zurückhaltender, aber prinzipiell gleich werden Flieder, Felsenbirne (*Amelanchier*) und Bodnant-Schneeball (*Viburnum bodnantense*) geschnitten. Beim Flieder entfernen viele Gärtner Verblühtes zudem aus optischen Gründen sofort.

Tipp: Mandelbäumchen (*Prunus triloba*) werden gerne als Hochstamm gezogen, hier dürfen Sie beherzt zu Werke gehen und alle Triebe auf 10 cm Länge einkürzen.

SCHNITTGRUPPEN

Die meisten Ziergehölze lassen sich einer der beiden folgenden Gruppen zuordnen.

ZUR SCHNITTGRUPPE DER FRÜHLINGSBLÜHER GEHÖREN:

- Schneeforsythie (*Abeliophyllum*)
- Felsenbirnen (*Amelanchier*; nur gelegentlich schneiden)
- Zierquitte (*Chaenomeles*; gut schnittverträglich)
- Deutzie (*Deutzia*)
- Federbuschstrauch (*Fothergilla*)
- Forsythie (*Forsythia*)
- Ginster (*Genista*)
- Winter-Jasmin (*Jasminum nudiflorum*)
- Ranunkelstrauch (*Kerria*)
- Kolkwitzie (*Kolkwitzia*)
- Duftjasmin (*Philadelphus*)
- Mandelbäumchen (*Prunus triloba*)
- Blut-Johannisbeere (*Ribes sanguineum*)
- frühjahrsblühende Spiersträucher (*Spiraea arguta*, *S. × cinerea*, *S. × vanhouttei*)
- Flieder (*Syringa*; nur gelegentlich schneiden)
- Bodnant-Schneeball (*Viburnum bodnantense*; gelegentlich schneiden)
- Gefüllter Schneeball (*Viburnum opulus*)
- Weigelie (*Weigela*)

ZUR SCHNITTGRUPPE DER SOMMERBLÜHER GEHÖREN:

- Schmetterlingsstrauch (*Buddleja davidii*)
- Bartblume (*Caryopteris clandonensis*)
- Säckelblume (*Ceanothus*)
- Echter Roseneibisch (*Hibiscus syriacus*)
- Rispen-Hortensie (*Hydrangea paniculata*)
- Schneeball-Hortensie (*Hydrangea arborescens*)
- Buschmalve (*Lavatera thuringiaca*)
- Blauraute (*Perovskia*)
- sommerblühende Spiersträucher (*Spiraea × billardii*, *S. decumbens*, *S. japonica*)

KEINE ANGST VOR FEHLERN, ALLE ARTEN TREIBEN WILLIG WIEDER AUS.
UND VON JAHR ZU JAHR GEHT DIE ARBEIT LEICHTER VON DER HAND.

Blumen-Hartriegel entwickeln ganz von alleine eine malerische Gestalt und blühen auch ohne Schnitt überreich. Setzen Sie die Schere daher nur im Notfall an.

SOMMERBLÜHER SCHNEIDEN

Mit Sommerblühern kommen Sie sogar als Anfänger bestens zurecht: Bei Sommerflieder und Co. kürzen Sie im Februar/März einfach alle im Vorjahr gewachsenen Triebe auf zwei Knospen ein. Das wirkt radikal, aber die Gehölze danken es Ihnen mit kraftvollem Wachstum und unzähligen Blüten. Zusätzlich können Sie einzelne alte Triebe bodennah komplett entfernen.

Beim Echten Roseneibisch (*Hibiscus syriacus*) und bei der Rispen-Hortensie (*Hydrangea paniculata*) bestimmen Sie selbst die Höhe des „Grundgerüsts", auf das zurückgeschnitten wird. Für Rispen-Hortensien wie auch für Sommerflieder hat sich eine Höhe von etwa 70 cm bewährt. Achtung: Die beliebte Roseneibisch-Sorte 'Dharuma' und die seltener gepflanzte 'Praecox' blühen nicht am diesjährigen, sondern am vorjährigen Holz, deshalb sollten hier nur die alten Blüten entfernt werden. Buschmalven (*Lavatera thuringiaca*) und Säckelblumen (*Ceanothus*) werden auf etwa ein Drittel ihrer Wuchshöhe gestutzt. Für Schneeball-Hortensien (*Hydrangea arborescens*) empfiehlt sich ein 20 cm hoher Grundstock. Blauraute (*Perovskia*) und Gamander (*Teucrium*) werden knapp über dem Boden gekappt.

Tipp: Lavendel, Salbei, Katzenminze und Sommer-Heide (*Calluna vulgaris*) können Sie ebenfalls stark einkürzen, mehr als eine Handbreit muss nicht stehen bleiben – sofern Sie von Pflanzbeginn an regelmäßig schneiden, denn altes Holz treibt nicht mehr zuverlässig aus.

ROSEN SCHNEIDEN

Als Orientierungshilfe für den Frühjahrsschnitt dienen die Forsythien: Öffnen sich ihre Blüten, können Sie die Schere zücken. Bei Kleinstrauch-, Beet-, Zwerg-, und Edelrosen werden einige der ältesten Triebe möglichst tief entfernt. Die vitalen jüngeren Triebe kürzen Sie auf 20–40 cm ein (abhängig von der sortenbedingten Wuchsstärke) – das gilt auch für die Triebe von Hochstammrosen. Bei Kaskadenrosen bitte nur einzelne ältere Triebe entfernen.

Strauch- und Kletterrosen werden nur bei Bedarf geschnitten: Zum Verjüngen alle vier bis fünf Jahre die ältesten Triebe entfernen, die übrigen bei Bedarf auf 40 cm zurückschneiden. Bei öfterblühenden Strauchrosen können Sie die Blühfreudigkeit anregen, indem Sie die Vorjahrestriebe auf etwa ein Drittel ihrer Länge einkürzen.

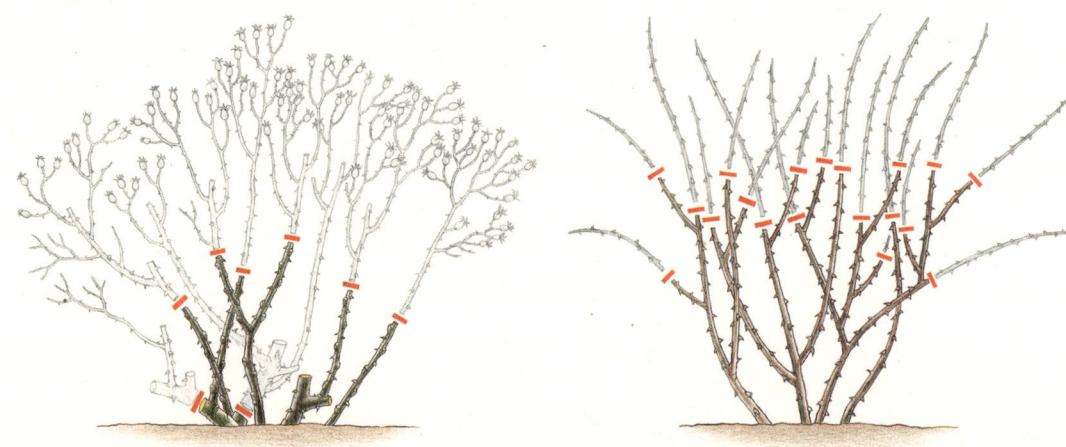

Für die meisten Rosen gilt: Die ältesten Triebe bodennah entfernen, jüngere auf 20–40 cm stutzen. Bei öfterblühenden Strauchrosen (rechts) die Vorjahrestriebe auf ein Drittel einkürzen.

SO SCHNEIDE ICH GEHÖLZE

Bei Bauern-Hortensien entfernen Sie im Februar einige der ältesten Triebe. Verblühtes möglichst knapp kappen, darunter folgen schon neue Blütenknospen.

Während der Blütezeit danken es Rosen, wenn Verblühtes knapp über dem ersten voll ausgebildeten Laubblatt ausgeschnitten wird. (Die obersten Blätter sind meist nicht voll ausgebildet, besitzen also weniger Fiederblätter als die darunter liegenden Blätter.) Übrigens: Auch im Herbst sollten Sie nur Verblühtes entfernen – wenn überhaupt, schließlich bilden viele Rosen attraktive Hagebutten. Ein deutlicher Herbstschnitt ist nicht empfehlenswert, da der Frost von den Triebspitzen her in die Pflanzen eindringt – lange Triebe sind also ein Puffer bei Frostschäden.

BAUERN-HORTENSIEN SCHNEIDEN

Sobald sich Garten- oder Bauern-Hortensien (*Hydrangea macrophylla*) zu einem ansehnlichen Strauch entwickelt haben, profitieren auch sie von einem regelmäßigen Auslichtungs- und Verjüngungsschnitt. Das gilt ebenso für Teller-Hortensien (*H. serrata*) und Eichblatt-Hortensien (*H. quercifolia*). Kein Trieb sollte älter als vier Jahre sein, da dann der Blütenreichtum stark zurückgeht. Nehmen Sie daher jedes Jahr im Februar einige der ältesten Triebe ganz heraus. Ansonsten sollten Sie möglichst nur die alten Blütenstände entfernen und zwar wirklich nur die trockenen Blüten, denn direkt darunter folgen die Blütenanlagen für das aktuelle Frühjahr.

Tipp: Die modernen Garten-Hortensien-Sorten produzieren Blütenknospen am laufenden Band und können dadurch auch jederzeit auf die gewünschte Höhe zurückgeschnitten werden.

ICH MÖCHTE GAR NICHT SCHNEIDEN

Das sind doch mal gute Nachrichten: Viele Gehölze entwickeln sich auch ohne Schnitt fantastisch und werden mit den Jahren immer schöner. Einige, wie die Magnolien, besitzen generell nur wenige „schlafende Augen" an älteren Triebe, aus denen sie jüngere Triebe als Ersatz nachschieben könnten. Entfernen Sie daher nur totes oder krankes Holz.

OHNE SCHNITT

ZUR GRUPPE DER GEHÖLZE, DIE KEINEN SCHNITT BENÖTIGEN, GEHÖREN:

- Schmalblättriger Sommerflieder (*Buddleja alternifolia*)
- Winterblüte (*Chimonanthus praecox*)
- Blumen-Hartriegel (*Cornus florida, C. kousa*)
- Scheinhasel (*Corylopsis pauciflora*)
- Seidelbast (*Daphne*; stark giftig)
- Schneeglöckchenbaum (*Halesia*)
- Zaubernuss (*Hamamelis*)
- Goldregen (*Laburnum*)
- Magnolie (*Magnolia*)
- Zier-Apfel (*Malus*)

EINFACHER GEHT'S NICHT!

DIE HAUPTDARSTELLER

Wir präsentieren: Blütenschönheiten für jede Gelegenheit.

Sie sind wunderschön. Sie haben Charakter. Sie sind unglaublich anpassungsfähig – und bisweilen absolut kompromisslos. Vorhang auf für unsere grünen Protagonisten.

Viele Blütenstars verfügen zwar über ein gesundes Selbstbewusstsein, entpuppen sich aber als überraschend anspruchslos. Einige lassen sich als liebenswert-exzentrisch beschreiben und manche können mit Fug und Recht als Diven bezeichnet werden. Allesamt aber sind auf ihrem Gebiet exzellent und in der Lage, ein langweiliges Stück Grün in ein echtes Blütenparadies zu verwandeln – vorausgesetzt, Drehbuch und Regie stimmen. Bevor das Casting der künftigen Gartenbewohner startet, sollten Sie sich daher möglichst genau darüber klar werden, welche Geschichte Ihr Garten einmal erzählen soll, welche Emotionen Sie wecken möchten, und welche Rollen Sie zu diesem Zweck zu vergeben haben. Die vielleicht wichtigste Erkenntnis: Es muss kein riesiges Staraufgebot sein, bei dem einer den anderen zu übertrumpfen versucht. Viel wichtiger ist ein harmonisches Miteinander aller Akteure – und glaubwürdige Nebendarsteller erhalten nicht umsonst einen eigenen Oscar.

Gehölze

Beim Stichwort Blumengarten ist man gedanklich schon mittendrin im Schwelgen und Auswählen der unzähligen prachtvollen Stauden- und Sommerblumenarten. Das hieße jedoch, den dritten oder vierten Schritt vor dem ersten zu machen. Der erste Schritt besteht darin, dem Garten eine grobe Struktur zu verleihen, ein Gerüst. Ein gut geplanter Garten wirkt schon, bevor überhaupt die ersten Beetbewohner eingezogen sind, allein durch die Proportionen und Strukturen der prägenden Bauwerke und der – natürlich gerne reichblühenden – Gehölze. Diese müssen nicht mal auf dem eigenen Grundstück stehen: Der Kirschbaum im Nachbargarten, die Backsteinfassade der ehemaligen Fabrik gegenüber, der Blick auf die benachbarte Kirchturmspitze oder die Skyline, all das prägt auch den eigenen Garten und sollte entsprechend in die Planung mit einbezogen werden. Dort wo die Nachbargrundstücke schon eine schöne Gehölzkulisse liefern, können Sie sich möglicherweise auf kleinere Sträucher oder auf einige wenige Besonderheiten konzentrieren. Im Neubaugebiet, wo sich außer einigen Kilometern Kirschlorbeerhecken oft nur wenig strukturgebende Gehölze befinden, kann es hingegen auch in einem kleinen Reihenhausgarten lohnend sein, über einen attraktiven Hausbaum nachzudenken. Seine Wirkung wird über Ihren Garten hinaus strahlen.

WIRKUNGSVOLL IN SZENE SETZEN

Gehölze wirken auf verschiedenen Ebenen. Zum einen durch ihren Habitus, also sozusagen ihren Umriss. Dieser kann zum Beispiel schlank-oval sein wie im Fall der Zier-Kirsche *Prunus serrulata* 'Amanogawa', trichterförmig wie beim Echten Roseneibisch, rundlich wie beim Duftjasmin, schirmförmig, wie er bei der Tulpen-Magnolie (*Magnolia soulangeana*) gut zu erkennen ist, oder romantisch überhängend wie es die Hänge-Nelken-Kirsche *Prunus serrulata* 'Kiku-shidare-zakura' oder der Vielblütige Apfel (*Malus floribunda*) so anmutig vormachen. So schön eine alljährliche Blütenfülle sein mag, der Habitus ist weitaus wichtiger, denn er prägt den Garten das ganze Jahr hindurch. Umgekehrt ist ein Gehölz, das selbst im winterlich kahlen Zustand attraktiv aussieht, im blühenden und/oder belaubten Zustand umso herrlicher anzuschauen. Es lohnt sich also, den Habitus bei der Pflanzenauswahl mit zu berücksichtigen. Praktischerweise gibt es von vielen Gehölzen unterschiedliche Spielarten – sei es, weil einige Gattungen wie *Prunus* von Natur aus enorm artenreich sind, sei es, weil gärtnerische Züchtungsbemühungen von Erfolg gekrönt waren oder man durch Zufall auf ein außergewöhnliches Exemplar stieß. Manches Gehölz, das man auf den ersten Blick als zu groß abtun würde, kann in anderer Erscheinungsform sehr wohl auch für kleine Gärten in Frage kommen – weil es dann platzsparend überhängend

Den Trompetenbaum (*Catalpa bignonioides*) sieht man häufig, seine wunderschönen Blüten nicht: Wer es auf die eleganten Blütenglocken abgesehen hat, muss anstelle der platzsparenden Kugelform 'Nana' die größere Originalversion wählen.

Kamelien (*Camellia japonica*) spielen dem Winter einen Streich: Der immergrüne, sauren Boden liebende Zierstrauch aus Ostasien blüht je nach Art und Sorte zwischen September und Mai. Moderne Sorten vertragen bis zu –15 °C.

wächst (oft im Namen erkennbar am Zusatz *pendula*), sich als schlanke Säule gen Himmel schiebt, oder aber kompakte kugelförmige Kronen bildet (ein *nana*, *nanum*, *globosum* oder *compactus* im Namen ist oft ein Hinweis hierauf). Nennen oder beschreiben Sie dem Gärtner beim nächsten Baumschulbesuch, was Sie sich für Ihren Garten wünschen würden, und erkundigen Sie sich gezielt nach platzsparenden Formen oder optisch ähnlichen, aber kleinkronigeren Alternativen.

ÜBER DIE BLÜTEZEIT HINAUS PLANEN

Neben dem Habitus sollten Sie gedanklich auch bei der Form, der Oberflächenbeschaffenheit und der Farbe von Laub und Rinde einen Moment verweilen, denn auch mit ihnen schmücken sich Bäume und Sträucher in der Regel deutlich längere Zeit als mit ihren Blüten. Die Mahagoni-Kirsche (*Prunus serrula*) beispielsweise mag in puncto Blütenpracht von vielen Zier-Kirschen übertroffen werden, denn sie trägt „nur" einfache weiße Blüten. Ihre überaus attraktive Rinde und der malerische, oft mehrtriebige Wuchs überzeugten aber schon so manchen Gärtner. Auch attraktive Früchte und eine schöne Herbstfärbung können den Ausschlag dafür geben, sich am Ende für eine Gehölzart zu entscheiden, die schöne, aber weniger auffällige Blüten hat als eine andere. In jedem Fall sollten sich insbesondere Blütengehölze nicht gegenseitig Konkurrenz machen, sondern miteinander harmonieren, umso mehr, je größer sie sind. Wer insbesondere Bäume und Großsträucher mit unterschiedlichen Blütezeiten miteinander kombiniert, hat außerdem länger etwas von der Blütenpracht.

Der Japanische Blumen-Hartriegel (*Cornus kousa*) überrascht mit hübschen und geschält obendrein essbaren Früchten. Sie sind zwar nicht übermäßig lecker, aber ein nettes Gimmick.

NATÜRLICH SCHÖN

Die Blütengehölze müssen nicht protzig sein. Zurückhaltend in Blütengröße und Wuchs, aber ausgesprochen freundlich im

ALLESKÖNNER KUPFER-FELSENBIRNE

Herrliche weiße Blüten ab April. Ein harmonischer Wuchs ganz ohne Schnittverpflichtungen. Süße Früchte, die sowohl pur als auch verarbeitet ein Genuss sind – und dann auch noch eine fantastische Herbstfärbung. *Amelanchier lamarckii* heißt der schon fast übertrieben geniale und robuste Strauch, der auch als Hochstamm angeboten wird.

Wesen sind beispielsweise die bereits ab Januar blühende Zaubernuss (*Hamamelis × intermedia*), deren gefranste Blütenschöpfe je nach Sorte in Gelb, Orange oder Rubinrot leuchten und verführerisch duften. Der auch ohne Schnitt attraktiv wachsende Kleinstrauch mit der tollen Herbstfärbung verschönert nicht nur Naturgärten, sondern in einem Kübel auch Terrassen und Balkone. Ähnlich vielseitig sind die verschiedenen Arten und Sorten der Felsenbirne, allen voran *Amelanchier lamarckii* SIEHE KASTEN. Ebenfalls ein gern gesehener Bewohner naturnah gestalteter Gärten ist die Kornelkirsche (*Cornus mas*), deren gelbe Blüten sich oft schon im Februar öffnen. Sie schmückt sich ab August mit attraktiven essbaren Steinfrüchten und ist eine wichtige Futterquelle für Insekten und Vögel. Eine Klasse für sich ist die Gattung *Viburnum*. Sie hält für die verschiedensten Blütezeiten und Standorte attraktive Vertreter bereit. Zu den anmutigsten zählen aber eindeutig Bodnant-Schneeball und Duft-Schneeball (*Viburnum farreri*), die ihre so überaus zart erscheinenden und doch ebenso robusten wie intensiv duftenden Blüten oft schon im November öffnen. Ab April kommt mit der Blut-Pflaume (*Prunus cerasifera*) Farbe ins Spiel. Ihre lieblichen Blüten hüllen den auch für kleine Gärten geeigneten Strauch oder Kleinbaum in eine rosarote Wolke, deren Leuchtkraft von dem austreibenden rotbraunen Laub noch verstärkt wird. Die Sorte 'Nigra' fruchtet nur selten, 'Hollywood' trägt reichlich essbare Früchte. Beide passen zu stattlichen Villen ebenso gut wie zu Gärten nach natürlichem Vorbild. Wer nach einem Kleinbaum von klar umrissener Gestalt sucht, wird vielleicht mit der Eberesche (*Sorbus*) 'Dodong' fündig: Im Mai/Juni sind die riesigen weißen Blütendolden schon von Weitem sichtbar, im Herbst erglüht das elegant gefiederte Laub in fantastischem Rotorange und die Vögel freuen sich über die ebenfalls orangefarbenen Beeren. Der insbesondere bei Schmetterlingen beliebte Sommerflieder war zwischenzeitlich etwas in Verruf geraten, da sich der aus Ostasien stammende Strauch massiv aussamt und mancherorts als Bedrohung für die heimische Artenvielfalt angesehen wird. Inzwischen gibt es jedoch Neuzüchtungen, deren Samen nicht keimfähig sind, etwa die 'Chip'-Serie mit unterschiedlichen Farbvarianten.

EXOTISCHE FARBTUPFER

Wow! Es gibt Gehölze, die hauen einen einfach um. Der Gemeine Judasbaum (*Cercis siliquastrum*; braucht anfangs Winterschutz) beispielsweise, der im April über und über mit pinkfarbenen oder reinweißen Blüten übersät ist, die teils direkt aus den Ästen und dem Stamm entspringen. Der Goldregen (stark giftig), der im Mai/Juni seine sonnengelben Blütentrauben entfaltet und blüht, als gäbe es kein Morgen. Oder die Borstige Robinie (*Robinia hispida*, z. B. 'Macrophylla'), über deren leuchtend rosafarbenen Blütentrauben samt filigranem fiederblättrigen Laub die stachelbesetzte Rinde beinahe in Vergessenheit gerät. Sie alle sind echte Knallerpflanzen und geeignet, regelmäßige Staus vor dem Vorgarten zu produzieren, weil gerade noch eilige Passanten staunend stehen bleiben. Der Vorgarten ist für diese mittelgroßen Gehölze grundsätzlich auch kein verkehrter Platz, denn einen Nachteil haben die imposanten Blüher: Es braucht gestalterisches Fingerspitzengefühl, um Begleitpflanzen um die eigentlich konkurrenzlose One-Tree-Show zu arrangieren. Das liegt zum einen an ihrer leuchtenden Blütenfarbe, zum anderen aber auch an dem exotischen Touch, den sie eindeutig haben.

Gehölze, bei denen das Spektakel (und auch die Gehölzgröße) eine Nummer kleiner ausfällt, sind immer noch eine Wucht, lassen sich optisch aber häufig einfacher integrieren. Der Gemeine Erbsenstrauch (*Caragana arborescens*) beispielsweise, von dem es auch die ansprechende Hängeform 'Pendula' gibt, trägt im Mai zitronengelbe Schmetterlingsblüten und im Herbst charakteristische (nicht essbare, aber nur gering giftige) Hülsenfrüchte. Der Rotdorn (*Crataegus laevigata* 'Paul's Scarlet') bildet eine kugelförmige Krone, blüht überreich mit gefüllten Blüten in herrlichem Magenta und eignet sich prima als überaus robuster Hausbaum für kleine Gärten. Im Gegensatz zur reinen Art *Crataegus laevigata* (Zweigriffeliger Weißdorn) bildet er nur wenige Früchte. Beim Trompetenbaum (*Catalpa bignonioides*) ist die kleinkronige Kugelform 'Nana' sehr beliebt – einerseits zu Recht, denn schon die großen herzförmigen Blätter sind äußerst attraktiv. Dennoch verpasst man mit der Kugelform in der Regel das Beste, nämlich die weißen, orchideenartigen *Catalpa*-Blüten, die mit einem zarten purpurfarbenen und gelben Muster versehen sind und in üppigen Rispen zusammenstehenden. Ein echter Blütentraum für mittelgroße Gärten.

Für fantastische Momentaufnahmen im zeitigen Frühjahr sorgt der straff aufrecht wachsende Seidelbast (*Daphne mezereum*, stark giftig): Seine pinkfarbenen, intensiv duftenden Blüten vertreiben ab März jeden Gedanken an Schnee und Eis. Anschließend hält sich das heimische Gehölz dezent zurück, um im Herbst durch leuchtend rote Beeren erneut die Blicke auf sich zu ziehen. Wer Kinder hat, verzichtet besser auf die hochgiftige Pflanze und wählt stattdessen zum Beispiel ein Mandelbäumchen (*P. triloba*). Als kleiner Strauch oder kleinkroniges Hochstämmchen verzückt das schnittverträgliche Gehölz im April mit rosafarbenen Blüten zu frischgrünem Laub, um danach ebenfalls bereitwillig anderen Akteuren die Bühne zu überlassen. Ein phänomenaler Langzeitblüher ist der Echte Roseneibisch: Überreich blühend und in zahlreichen überwiegend mehrfarbigen Sorten erhältlich, schmückt der Zierstrauch Gärten, Balkone, Terrassen und Hinterhöfe von Juli bis in den Oktober hinein.

ERLESENE SCHÖNHEIT

Klarheit. Eleganz. Gelassenheit und Understatement. In der Tat, auch Blütengehölze können solche Botschaften transportieren. Neben den *Magnolien* SEITE 66 sind es vor allem die Blumen-Hartriegel (*Cornus florida*, *C. kousa*), denen man eines mit Sicherheit nicht zur Last legen kann: mangelnden Stil. Die eigentlichen Blüten der breitgefächert wachsenden Kostbarkeiten mit dem etagenartigen Aufbau sind unauffällig, es sind die weißen oder rosafarbenen Hochblätter, die im Mai und Juni alle Blicke auf sich ziehen. Überraschender Zusatznutzen: *Cornus kousa* bildet im Herbst essbare, mehlig-süß schmeckende Früchte die dank ihrer attraktiven roten Schale (vorm Verzehr entfernen) genau wie das herbstlich rot verfärbte Laub weithin sichtbar sind. Wunderschön auch in Kombination mit *Strauch-Pfingstrosen* SEITE 66.

In Gestalt und Blütenfarbe den Blumen-Hartriegeln ähnlich und damit eine schöne Alternative für kleine Gärten ist der Etagen-Schneeball (*Viburnum plicatum* 'Mariesii') mit seinen flach gewölbten Blütendolden. Eine weitere Attraktion für größere Gärten stellt hingegen Nuttalls Blumen-Hartriegel (*Cornus nuttallii*) dar. Auch wenn er in unseren Breiten nur sehr langsam wächst und insgesamt niedriger bleibt als in seiner Heimat, erreicht er doch eine Breite und Höhe von bis zu 6 m. Ebenfalls eine stattliche Erscheinung ist der Taschentuchbaum. Nie waren Schnupftücher zauberhafter als die, mit denen sich *Davidia involucrata* var. *vilmoriniana*, im Mai/Juni schmückt. Sie machen den zunächst pyramidenförmig, später rundkronig wachsenden Baum mit dem herzförmigen Laub zu einem außergewöhnlichen Blickfang. Wunderschön an einem sonnigen, warmen Platz ohne Bodenverdichtungen.

SAUER MACHT LUSTIG: MOORBEETPFLANZEN

Rhododendren und Azaleen sind eine ziemlich klare Angelegenheit: Die einen lieben sie, die anderen empfinden sie als zu steril. Objektiv betrachtet vereinen sie aus Gärtnersicht in jedem Fall gleich eine Reihe hervorragender Eigenschaften: Sie blühen überreich, sind in der Mehrzahl immergrün, lieben absonnige bis schattige Standorte (obwohl viele Arten auch volle Sonne vertragen, wie z. B. die kompakt wachsenden Yakushimanum-Hybriden), benötigen in der Regel keinen Schnitt und sind durch die Arten- und Sortenvielfalt in zahlreichen Größenvarianten erhältlich. Dank der sogenannten *Inkarho®-Rhododendren* SEITE 46, die auch in kalkhaltigem Boden gut gedeihen, fällt einer der wenigen potenziellen Minuspunkte weg, nämlich die Vorliebe für

Blütenhecke: Der Pflanzabstand zwischen den Sträuchern beträgt 0,5–1 m. Versetzt im Zick-Zack gepflanzt ragen sie stärker in den Raum (1,5–2 m Breite), wirken aber natürlicher als einreihige Hecken (1–1,5 m).

> ### VON EXPERTEN EMPFOHLEN
>
> Der Arbeitskreis Gehölzsichtung unterzieht unter anderem Ziergehölze einer mehrjährigen Prüfung an unterschiedlichen Standorten. Im Internet können Sie unter www.gehoelzsichtung.de kostenlos die Ergebnisse abrufen (auf mehrere Rubriken verteilt). Da Gehölzsichtungen naturgemäß längere Zeit in Anspruch nehmen und zudem seltener neue Sorten auf den Markt kommen als etwa bei den Stauden, lohnt auch ein Blick in ältere Sichtungsergebnisse.

saure Böden SEITE 46. Nicht wenige Gärtner sind abgesehen davon für genau diese Eigenschaft sehr dankbar, da sie in ihrem Garten eben jenen sauren Boden vorfinden.

Wer auf der Suche nach weiteren Blütengehölzen ist, die unter diesen Bedingungen prächtig gedeihen, findet gleich eine ganze Reihe von Anwärtern, die einen Rhodogarten zudem auch optisch perfekt ergänzen. Zu diesen „Moorbeetpflanzen" gehören beispielsweise die Lavendelheide (*Pieris japonica*, z. B. 'Forest Flame', 70–80 cm hoch und breit) und die Glanzmispel (*Photinia fraseri*, z. B. 'Red Robin', bis 150–300 cm hoch und 180 cm breit). Beide tragen hübsche weiße Blüten, die eine im April/Mai, die andere im Mai/Juni. Während die der breitbuschig wachsenden Glanzmispel vor allem durch die Kombination mit den leuchtend roten Triebspitzen wirken, wären die dicht mit Glockenblüten besetzten Rispen der Lavendelheide schon für sich genommen ein echter Hingucker, warten zudem aber ebenfalls mit einem leuchtend roten Austrieb auf. Mit geradezu massiven kompakten Blütenbüscheln in Weiß bis Rosa punktet die Skimmie (*Skimmia japonica*, z. B. die panaschierte Sorte 'Magic Marlot', 40–50 cm

hoch und breit) und zwar, man höre und staune, ein dreiviertel Jahr lang. Zumindest scheint es so, denn die im August erscheinenden Blütenknospen öffnen sich erst im darauf folgenden März/April und stehen mit ihrer erst weißen, dann rosa Färbung echten Blüten in nichts nach. Nach wie vor eher ein Geheimtipp ist die Breitblättrige Lorbeerrose (Kalmia latifolia, z. B. 'Ostbo Red', ca. 90 cm hoch und breit): Der langsam und kompakt wachsende Strauch schmückt sich im Juni mit dichten Büscheln wunderhübscher Blütenglöckchen, doch schon ihre sich ab April entwickelnden Knospen sind ein schöner Anblick. Praktischerweise sind alle genannten Gehölze immergrün und auch ohne Schnitt immerschön. Sommergrün, dafür aber mit glühend roter Laubfärbung im Herbst präsentiert sich die Prachtglocke (Enkianthus campanulatus). Sie wächst im Gegensatz zu den aufgezählten Arten straff aufrecht und blüht im Mai überreich, wobei ihre rosafarbenen Blüten dicht zusammenstehen und etagenartig angeordnet sind.

Von gänzlich anderer Gestalt, sehr anmutig und damit eine wundervolle Ergänzung für alle genannten Arten ist Halesia monticola, der Schneeglöckchenbaum. Der locker aufgebaute sommergrüne Großstrauch oder mehrstämmige Kleinbaum bringt zusammen mit Magnolien, Hartriegeln und Kiefern Struktur in Rhododendrongärten. Im April und Mai ist er mit unzähligen reinweißen duftenden Blütenglöckchen üppig behängt, im Herbst und Winter hingegen mit tropfenförmigen geflügelten Steinfrüchten.

BEWÄHRTE ARTEN FÜR BLÜTENHECKEN

Eine Auswahl – nach Blütezeit geordnet.

PFLANZENNAME	BOTANISCHER NAME	BLÜTEZEIT/-FARBE	WUCHSHÖHE (art- und sortenabhängig)
Forsythie	Forsythia × intermedia	III–IV, gelb	0,5–3 m
Zierquitte	Chaenomeles	III–IV, weiß, apricot, rosa, rot	0,5–3 m
Blut-Johannisbeere	Ribes sanguineum	IV–V, purpurrot	1,5–2,5 m
Braut-Spiere	Spiraea arguta	IV–V, weiß	1,5–2 m
Federbuschstrauch	Fothergilla	V, weiß	1,5–2 m
Duftjasmin	Philadelphus coronarius	V–VI, weiß	2–3 m
Kolkwitzie	Kolkwitzia	V–VI, hellrosa	2–3 m
Pracht-Spiere	Spiraea × vanhouttei	V–VI, weiß	2–3 m
Ranunkelstrauch	Kerria japonica	V–VI, goldgelb	1–1,5 m
Weigelie	Weigela	V–VI, weiß, zartgelb, rosa, purpur	1–2,5 m
Großartige Deutzie	Deutzia × magnifica	VI, weiß, rosa	2–3 m

BLÜTENHECKEN SIND DIE VIELLEICHT SCHÖNSTE VARIANTE DER GRUNDSTÜCKSBEGRENZUNG.

GUT GEWACHSEN

Ein Traum! Fantastisch! Einfach überwältigend! Wer sich solche Kommentare von seinen Besuchern erhofft, hat jetzt gute Karten. Wir präsentieren: vier Gehölze mit Starcharakter – und eine Charakterdarstellerin, die endlich einen Oscar verdient hat.

MAGNOLIE

Ab März öffnet die Stern-Magnolie (im Bild, *Magnolia stellata*) ihre reinweißen bis rosafarbenen Blüten. Sie passt gut in kleine Gärten, genau wie die Purpur-Magnolie (*M. liliiflora*, z. B. 'Betty', 'Jane', 'Susan', 'Nigra'). Ihre magentafarbenen Lilienblüten sind weniger frostempfindlich als der ebenfalls ab April erblühende Klassiker, die Tulpen-Magnolie (*M. soulangeana*). Prunkstücke für große Gärten sind Yulan-Magnolie (*M. denudata*) und Immergrüne Magnolie (*M. grandiflora*). Rhododendronerde ins Pflanzloch geben und Rhododünger verwenden.

STRAUCH-PFINGSTROSE

Paeonia × suffruticosa, *P. rockii*, *P. delavayi*, *P. lutea*, diese Namen verzücken Päonienfans weltweit. Im Gegensatz zu den Stauden-Pfingstrosen sind sie hierzulande relativ selten anzutreffen. Das mag auch am Preis (ab 30 Euro aufwärts) liegen, doch sie sind jeden einzelnen Euro wert mit ihrem malerisch-knorrigen Wuchs, dem filigran geschlitzten Laub und den so überaus luxuriösen, teils gefüllten und bis zu 25 cm großen Blüten. Was sie brauchen: Sonne bis Halbschatten, durchlässige Erde und ihre Ruhe, dann werden Blütenträume wahr.

GEHÖLZE 67

FLIEDER

Strauch oder Kleinbaum mit herrlich duftenden Blütenrispen, die nach der Blüte entfernt werden sollten. Edel-Flieder (*Syringa vulgaris*; nach „wurzelechten" Sorten fragen!) blüht im Mai/Juni, verträgt Trockenheit und Kalkböden. Preston-Flieder (*S. × prestoniae*) öffnet seine Blüten im Juni/Juli, ist frostverträglicher und perfekt für etwas feuchtere, saure bis neutrale Böden. Dort und sogar im Topf gedeiht auch der nur 1,5 m hohe *S. × meyeri* 'Palibin' (Mai/Juni). Um alte Flieder zu verjüngen, im Herbst auf 30–50 cm stutzen.

BAUERN-HORTENSIE

Hydrangea macrophylla war schon vielen Trends unterworfen, entsprechend groß ist die Sortenvielfalt: Die Blütenrispen können ball- oder tellerförmig sein, weiß, rosa, dunkelrot oder – konsequent mit Rhododendronerde und -dünger versorgt – leuchtend blau. Echte Hingucker sind mehrfarbige Sorten. Züchtungen wie 'Schloss Wackerbarth' (im Bild) schaffen es tatsächlich, alle (!) Farben harmonisch in einer Blüte zu vereinen. Moderne Sorten wie 'Diva fiore', 'Double Star' oder 'Endless Summer' blühen den ganzen Sommer hindurch.

ZIER-KIRSCHE

Die rosafarbenen Blütenwolken und der Duft sind spektakulär! Für kleine Gärten eignen sich die säulenförmige *Prunus serrulata* 'Amanogawa' und die rundliche *P. kurilensis* 'Brillant' (tolle Herbstfärbung). *P. serrulata* 'Kikushidare-zakura' braucht 4,5 m Platz, wächst dafür aber malerisch überhängend. Sie trägt gefüllte Blüten, genau wie die trichterförmige 'Kanzan'. Als breiter Großstrauch sehr schön ist die halbgefüllt blühende 'Accolade'. Sonne bis lichter Schatten und humoser durchlässiger Boden sind optimal.

Rosen

Vor einigen Jahrzehnten durchlebte die Monarchie im Garten schwere Zeiten. Insbesondere bei den Edelrosen hatte die züchterische Jagd nach der perfekten Rosenblüte in den 1960er- und 70er-Jahren dazu geführt, dass innere Werte wie die Pflanzengesundheit und ein angenehmer Duft nahezu komplett auf der Strecke blieben. Anfang der 80er-Jahre war die Königin der Blumen angezählt. Ihre Abhängigkeit von Pflanzenschutzmitteln, mit denen man versuchte, wenigstens einen Teil der Laubblätter über die Saison zu retten, stieß zunehmend auf Ablehnung. Rosen galten immer mehr Gärtnern als pflegeaufwendig und divenhaft, die einst so beliebten reinen Rosenrabatten als langweilig. Es hätte der Anfang vom Ende einer gärtnerischen Pflanzendynastie sein können, hätte nicht in England gerade noch rechtzeitig ein Umdenken stattgefunden. Der Rosenzüchter David Austin war es, der die Kehrtwende einleitete. Seine Idee: Er wollte die Grazie der sogenannten Alten Rosen, ihre opulenten, oft dicht gefüllten Blüten und ihren überwältigenden Duft mit dem Farbenreichtum und der langen Blühdauer moderner Züchtungen vereinen. Seine Bemühungen waren von Erfolg gekrönt und führten dazu, dass sich immer mehr Rosenzüchter auf die positiven Eigenschaften von Alten Rosen und Wildrosen besannen, darunter auch ihre oft hohe Widerstandskraft gegenüber typischen Rosenkrankheiten. Nostalgische Blüten, Duft und attraktives Laub ganz ohne Pflanzenschutzmittel, dieser Dreiklang bestimmt seitdem wesentlich die Rosenzüchtung und hat dazu geführt, dass die Königin der Blumen heute wieder die Königin der Herzen ist.

Hochstammrosen bestehen aus Beet- oder Edelrosen, die auf Wildrosenstämmchen veredelt wurden, Kaskadenrosen aus aufveredelten Kletter- oder Bodendeckerrosen. Rosen sind Tiefwurzler, Pflanzgefäße müssen mindestens 40 cm tief sein!

ADR-ROSEN: GEPRÜFTE QUALITÄT

Besonders leicht fällt die Rosenliebe, wenn es sich bei der hohen Dame um eine sogenannte ADR-Rose handelt. Bei der „Allgemeinen Deutschen Rosenneuheitenprüfung" (ADR) werden die Rosen drei Jahre lang von Experten aus unabhängigen Prüfungsgärten, dem Bund deutscher Baumschulen (BdB) und Rosenzüchtern auf Kriterien wie Blattgesundheit, Winterhärte, Wüchsigkeit und Reichblütigkeit bewertet – und müssen während dieser Zeit selbstverständlich ganz ohne Pflanzenschutzmittel auskommen. Mehr als 2.000 Rosensorten haben die ADR-Experten bislang unter die Lupe genommen. Weil die Rosen gleichzeitig an elf klimatisch teils sehr verschiedenen Standorten aufgepflanzt werden, können sich Rosenfans deutschlandweit auf die Aussagekraft des ADR-Zertifikats verlassen. Ein weiterer Pluspunkt: Die ADR-Kriterien werden kontinuierlich angepasst, und da die Ansprüche an neue Sorten stetig steigen, kann das ADR-Siegel im Umkehrschluss auch wieder aberkannt werden. Im Jahr 2012 wurden beispielsweise alle Sorten aussortiert, die das ADR-Prädikat vor 1990 erhielten. Dennoch können Sie aus einer erfreulich hohen Zahl ausgezeichneter Rosen wählen: Ende 2016 durften sich immerhin 189 Sorten mit dem Qualitätsprädikat schmücken. Unter www.adr-rose.de können Sie gezielt nach Ihrer Wunschrose suchen und finden Sortenbeschreibungen und Fotos der aktuellen ADR-Sorten.

KLEINE ROSENTYPOLOGIE: EDELROSEN

Langezeit galten die eingangs erwähnten Edelrosen als das Nonplusultra der Rosenwelt. Die „perfekte Rose" wächst straff aufrecht, schmückt sich mit glänzendem dunkelgrünen Laub und trägt schlanke, unverkünstelte Einzelblüten in leuchtenden, seidig schimmernden Farben. Anfänglich wie ein Kussmund geformt, rollen sich die äußeren Rosenblätter im Erblühen oft nach außen hin zusammen, wodurch sie ein spitzes Aussehen erhalten. Ihre Kultiviertheit und ihren Leuchtkraft haben sich die Edelrosen bis heute bewahrt, darüber hinaus haben viele moderne Edelrosen nicht nur ihren Duft wiedergefunden, sie sind auch deutlich robuster als noch vor wenigen Jahren. Einige Züchtungen haben sogar unter

den strengen Blicken der ADR-Prüfer Gnade gefunden. Auch die Blütenformen sind vielfältiger geworden – der Nostalgietrend macht sich mit dicht gefüllten, etwas breiteren Blütenschalen und gewellten Blatträndern auch bei den Edelrosen bemerkbar. Dank ihrer langen Stiele sind Edelrosen nicht zuletzt wunderbare Schnittblumen.
In Sachen Gestaltung gehören reine Rosenrabatten heute weitgehend der Vergangenheit an, das gilt auch für Edelrosen. Mit einer Wuchshöhe von 80–130 cm lassen sie sich sehr gut in Staudenbeete integrieren, wo sie aufgrund ihrer aufrechten Gestalt am besten in der Beetmitte stehen. Ein Pflanzabstand von 40 cm ist empfehlenswert.

BEETROSEN

Die Klassiker für Mixed Borders sind zwischen 50 und 100 cm hoch und bilden, was ihre Blütenform und -farbe angeht, nahezu das komplette Rosensortiment ab. Die Blüten sind deutlich kleiner als die von Strauch- oder Edelrosen, aber nicht weniger eindrucksvoll: Da sie in der Regel in Dolden zusammenstehen, gleicht schon jeder einzelne Trieb einem kleinen Rosensträußchen. In kleineren Gruppen von drei oder fünf Exemplaren kommen die oft den ganzen Sommer hindurch blühenden Beetrosen am besten zur Geltung. 30–40 cm Pflanzabstand sind angebracht, je nach Wuchskraft der jeweiligen Sorte.

STRAUCHROSEN

Sie sind nach Meinung vieler Rosenliebhaber die eigentlichen Königinnen der Blumen. Schon ihre stattliche Gestalt mit einer Wuchshöhe und -breite von 100–200 cm verleiht ihnen eine herrschaftliche Attitüde, ihr wunderbar dichter Wuchs lässt jede Edelrosen vor Neid erblassen und Romantiker finden in den oft halb- oder dichtgefüllten und größtenteils betörend duftenden Blütenschalen die Erfüllung all ihrer Träume. Zumal moderne Strauchrosen längst nicht mehr nur einmal blühen, sondern mehrmals oder sogar durchgehend bis weit in den Herbst hinein. Doch trotz dieser herausragenden Eigenschaften und obwohl sie für eine Solokarriere wie geschaffen scheinen, sind Strauchrosen ausgesprochene Teamplayer, die sich harmonisch in gemischte Stauden- und Rosenbeete einfügen. Auch die Kombination mit einem Rankobelisken kann

VEREDELTE ROSEN

Wildrosen entwickeln oft besonders kräftige Wurzelstöcke. Das macht man sich zunutze und veredelt die eigentlich gewünschte Rosensorte auf eine Wildrosenwurzel. Die Veredelungsstelle, an der beide Teile zusammengewachsen sind, ist knubbelig verdickt und sollte beim Pflanzen gut zwei Finger breit unterhalb der Erdoberfläche liegen. Mitunter treibt der Wurzelstock auch eigene Triebe. Diese steil aufrecht wachsenden Wildtriebe nicht abschneiden, sondern die Ansatzstelle freilegen und sie direkt dort abreißen.

Die Veredelungsstelle ist besonders frostempfindlich. Drohen strenge Winter, wird daher im Herbst Erde um den Pflanzenfuß angehäufelt.

ausgesprochen reizvoll sein. Nicht dass sie es nötig hätten, sich anzulehnen; vielmehr steht den eindrucksvollen Erscheinungen ein filigranes Accessoire gut zu Gesicht – und wenn sich dann auch noch Clematis schmeichelnd herüberneigen … Je nach Wuchsstärke sollte der Pflanzabstand etwa 50–100 cm betragen.

KLEINSTRAUCHROSEN

Sie erfüllen souverän, was ihr Name verspricht. Nur etwa 30–50 cm hoch sind sie Miniaturausgaben der fantastischen Strauchrosen, überreich blühend, gut belaubt und ausgesprochen robust im Wesen. Flächig wachsende Sorten werden mitunter auch als Bodendeckerrosen bezeichnet (obwohl keine über echte Bodendeckerqualitäten etwa im Sinne von Unkrautunterdrückung verfügt) und wirken entsprechend in Gruppen gepflanzt oder in Kombination mit anderen Rosen besonders apart. Andere Kleinstrauchrosen besitzen elegant bogig wachsende Triebe und sind mit ihrem dadurch sehr harmonischen, geschlossenen Wuchs auch als Solisten gut geeignet. Der Pflanzabstand liegt je nach Sorte zwischen 40 und 80 cm. Generell kommen Kleinstrauchrosen von allen Rosen am ehesten für eine Gefäßbepflanzung in Frage.

BODENMÜDIGKEIT: FRUST VERMEIDEN

Damit Rosen schön blühen, sollten sie an einem Platz mit „unbelasteter" Erde wachsen.

Wo eine Pflanze aus der Familie der *Rosaceae* wuchs (zu denen auch viele Obstgehölze gehören), sollten Sie für mindestens zehn Jahre keine neue pflanzen, sie würde kümmern oder sogar absterben. Die sogenannte Bodenmüdigkeit wird wahrscheinlich durch Wurzelausscheidungen und auch durch pflanzenschädigende Nematoden hervorgerufen, ganz klar sind die Ursachen jedoch bis heute nicht. Notfallhilfe: den Boden 1 m breit und tief austauschen.

ENGLISCHE ROSEN

Der Begriff entstand in Anlehnung an die Züchtungsarbeit von David Austin. Er kreuzte moderne Rosensorten mit sogenannten Alten Rosen, denen noch ein deutlicher Wildrosencharakter anhaftet – oft auch als „Historische Rosen" bezeichnet. Heute wird der Begriff Englische Rosen oft synonym mit neueren Wortschöpfungen wie Nostalgie-Rosen oder Romantik-Rosen verwendet und bezeichnet verallgemeinernd öfterblühende Rosensorten (insbesondere Strauchrosen) mit großen halb- oder dichtgefüllten Blütenschalen und gutem Duft. Als grobe Orientierung kann man beim Pflanzabstand von Rosen übrigens die Hälfte der Wuchshöhe rechnen.

KLETTERROSEN

Diese herrlichen Geschöpfe kann man nicht beschreiben, man muss sie erleben! Kletterrosen schmücken Zäune und Rankobelisken, erobern Gartenhäuschen, Pergolen und Spaliere und verhelfen alten Obstbäumen zu einem zweiten Frühling. Grundsätzlich werden zwei Gruppen von Kletterrosen unterschieden. Die „echten" Kletterer, auch Climber genannt, sind von hochaufragender Gestalt und auf Rankhilfen angewiesen, an denen sie sich mit ihren Stacheln festhalten. (Ja, Tatsache, mit ihren Stacheln; eigentlich müsste Dornröschen Stachelröschen heißen.) Mit zunehmender Höhe drohen ihre 2,5–4 m langen Triebe umzukippen, daher sollte man sie in Abständen anbinden. Ganz anders verhalten sich die wüchsigen Ramblerrosen. Dank ihrer langen biegsamen Triebe gelingt den „Wanderern" der Aufstieg auch ohne Unterstützung. Ältere Sorten wie Klassiker 'Paul's Himalayan Musk' (bis zu 10 m lange Ranken) blühen nur einmal, dafür aber überreich, während neuere wie 'Super Excelsa' (ADR-Rose) den zahlreichen öfterblühenden Climbern in nichts nachstehen. Ein deutlicher Unterschied herrscht (noch) im Farbspektrum: Rambler sind eher im pastelligen Farbbereich zuhause, während es Climber auch in leuchtstarken Tönen gibt, etwa die ADR-Rose 'Golden Gate' mit ihren goldgelben halbgefüllten Blüten.

WILDROSEN

Obwohl ihr Name anderes vermuten lässt, benehmen sich Wildrosen ausgesprochen kultiviert. Bibernell-Rose (*Rosa spinosissima*), Essig-Rose (*R. gallica*), Hunds-Rose (*R. canina*), Vielblütige Rose (*R. multiflora*) und die intensiv duftende Wein-Rose (*R. rubiginosa*) beispielsweise wachsen breit, aber sehr harmonisch und sind im Herbst über und über mit herrlich anzuschauenden Hagebutten bedeckt. Sie sollten in keinem Naturgarten fehlen und eignen sich besonders gut für Wildrosen- oder gemischte Blütenhecken, sind aber auch in Einzelstellung mit besonderer Wirkung ein hübscher Anblick. Für Soloauftritte gibt es aber auch noch deutlich besser geeignete Kandidatinnen, die zudem die Rosensaison erheblich verlängern. Bereits im April öffnet die aus China stammende Goldgelbe Rose (*Rosa xanthina* fo. *hugonis*) ihre zarten hellgelben Blütenschalen, im Mai und Juni folgen die öfterblühende Bourbon-Rose (*R.* × *borboniana*), die dicht gefüllte Hundertblättrige Rose (*R. centifolia*) und die für ihren überwältigenden Duft bekannte Damaszener-Rose (*R. damascena*). Wildrosen benötigen deutlich mehr Platz als andere Rosen und kommen daher besonders gut in großen Gärten zur Geltung, sei es als Heckenelement, im Beethintergrund oder an Hausecken. Für Hecken kann ein Pflanzabstand von 0,5 m genügen, in Einzelstellung sollten es aber schon 1–1,5 m sein.

DIE KÖNIGLICHE RESIDENZ

Optimal ist ein sonniger Standort mit humosem Lehmboden, sehr leichte Böden sollten Sie mit Kompost und Bentonit verbessern. Im Frühling freuen sich Ihre Rosen über 2–3 l Kompost pro Quadratmeter, gerne auch eine Hälfte zum Austrieb, die zweite zur Blütezeit. Im Halbschatten kümmern viele Rosen oder gehen ganz ein, Ausnahmen bestätigen jedoch die Regel. Die meisten Wildrosen kommen mit wenigen Sonnenstunden ebenso gut klar wie viele Kletter- und Ramblerrosen. Halbschattenverträglich sind zum Beispiel auch die Beetrosen 'Aspirin-Rose' (weiß mit rosa Schimmer), 'Vinesse' (rosa) und 'Black Forest Rose' (rot), die Kleinstrauchrosen 'Gärtnerfreude' (rot), 'Mirato' (rosa) und 'Schneeflocke' (weiß) sowie die Strauchrosen 'Heidetraum' (rosarot), 'Eden Rose 85' (rosa) und 'Leonardo da Vinci' (dunkelrosa). Je robuster die Sorte, desto eher ist sie auch mit wenigen Sonnenstunden zufrieden. Sie müssen allerdings mit deutlich weniger Blüten rechnen. Grundsätzlich gilt: Gießen Sie Ihre Rosen ohne Brauseaufsatz und nur direkt an den Pflanzenfuß, also in den Wurzelbereich. Alle oberirdischen Pflanzenteile sollten möglichst trocken bleiben, denn Feuchtigkeit begünstigt typische Krankheiten wie Rosenrost, Mehltau und Sternrußtau. Aus dem gleichen Grund ist eine gute Durchlüftung von Vorteil. Pflanzen Sie also lieber etwas weiter als zu eng, bei üppig wachsenden Rosenbegleitern wie Katzenminze oder Salbei sind 50 cm Abstand empfehlenswert.

Blütenhöhepunkt: Juni

1 Storchschnabel 'Rosemoor'
2 Glockenblume 'Grandiflora Alba'
3 Strauchrose 'Soul'
4 Rittersporn 'Royal Aspirations'
5 Stauden-Sonnenblume
6 China-Schilf 'Silberfeder'
7 Kissen-Aster 'Blauer Gletscher'
8 Sterndolde 'Star of Billion'
9 Duftnessel 'Blue Fortune'
10 Nieswurz 'Wester Flink'
11 Sterndolde 'Florence'
12 Phlox
13 Sonnenbraut 'Baudirektor Linné'
14 Steppen-Salbei 'Mainacht'
15 Nieswurz 'The Sultan'
16 Färberkamille 'Sauce Hollandaise'
17 Akelei
18 Lanzettblättriges Mädchenauge
19 Purpur-Fetthenne 'Herbstfreude'
20 Frauenmantel
21 Katzenminze 'Dropmore'

Stauden

Was die Kriterien angeht, die potenzielle Lebensabschnittsgefährten erfüllen sollten, stehen Treue und Verlässlichkeit bei den meisten Menschen ganz oben auf der Liste. Wenn die Partner in spe zusätzlich noch gut aussehen, umso besser.

Was soll man sagen, vor diesem Hintergrund sind Stauden nahezu perfekte Beetgenossen! Die mehrjährigen Pflanzen öffnen ihre attraktiven Blüten zuverlässig über Jahre, mitunter sogar über Jahrzehnte hinweg. Hat man sie nach dem ersten Flor ordentlich zurechtgestutzt, überrascht einen manches Exemplar sogar ein zweites Mal mit prächtigen Blüten – wirklich charmant, da verzeiht man oder frau bereitwillig selbst gelegentlich divenhaftes Benehmen. Wobei das ohnehin die Ausnahme ist: So hoch die Erwartungen vonseiten der Gärtnerschaft sind, umgekehrt erwarten die wenigsten der Blütenstars eine lückenlose Rundumbetreuung, ja, viele tolerieren sogar bereitwillig, dass sie das Beet mit anderen Blütenschönheiten teilen müssen.

Natürlich hat jede Art ihre Befindlichkeiten – die eine mag es schattig und kühl, die andere gerade nicht, der eine Gartenbewohner isst mit Genuss, der andere hat sich eine lebenslange Diät verordnet. Das Praktische: Die Wünsche der meisten Stauden sind bekannt, im Gegensatz zu menschlichen Partnern kann man sich daher so manche Enttäuschung während der Kennenlernphase ersparen.

DIE ALLESKÖNNER

Stauden sind mehrjährige, nicht verholzende Pflanzen und stehen damit zwischen den einjährigen Sommerblumen und den verholzenden Bäumen und Sträuchern. In den Augen der unzähligen Staudenfans vereinen sie das Beste beider Gruppen. In ihrer Farbenpracht und den vielfältigen Blütenformen stehen sie den *Einjährigen* in nichts nach SEITE 86. Während die meisten Einjährigen aber eher schlichte Wuchsformen aufweisen und daher oft eine gewisse Masse erfordern, überzeugen zahlreiche Stauden auch in Einzelstellung – und das nicht nur über wenige Wochen hinweg: Schon im Austrieb sind viele Stauden ausgesprochen attraktiv. Stauden-Pfingstrosen (*Paeonia lactiflora*), Schaublätter (*Rodgersia*) und die Purpur-Zypressen-Wolfsmilch 'Fens Ruby' (*Euphorbia cyparissias*, stark giftig) beispielsweise präsentieren sich zum Saisonbeginn in faszinierenden Rottönen. Die zahlreichen Sorten hoher Fetthenne-Arten (*Sedum spectabile, S. telephium*) gleichen im Austrieb eher wohlstrukturierten Polsterpflanzen. Durch die Erde brechenden Funkien (*Hosta*) wohnt eine unvergleichliche Kraft inne; und auch wenn sie nicht zu den Blütenpflanzen zählen, der Faszination sich allmählich entrollender Farnwedel kann sich niemand entziehen.

BLÜTE TRIFFT BLATT

Auch nach dem Austrieb machen die Laubblätter einen wesentlichen Teil des Reizes vieler Stauden aus, denn sie sind ebenso vielgestaltig wie die Stauden im Ganzen. Es gibt unzählige Varianten: von auf ein Minimum reduzierten (z. B. Argentinisches Eisenkraut, *Verbena bonariensis*), herzförmigen (z. B. Elfenblume) oder filigran gefiederten Blättchen (z. B. Jakobsleiter, *Polemonium*) über schilfartiges (z. B. Taglilie, *Hemerocallis*) oder scharf

ELEGANTE EISBLUMEN

Der Tod steht ihr gut, so ließe sich ironisch auf den Punkt bringen, welche besonderen Qualitäten nicht nur die Hohe Fetthenne (im Bild) besitzt. Auch die Blütenstände von Schafgarbe, Kugeldistel und vielen anderen Stauden sehen selbst im vertrockneten Zustand noch ausgesprochen attraktiv aus – erst recht, wenn sie mit glitzerndem Raureif überzuckert sind. Also, im Herbst bloß nicht abschneiden!

gezacktes Laub (z. B. Mannstreu, *Eryngium*) bis hin zu wuchtigen Blattgiganten wie dem exotisch anmutenden Chinesischen Rhabarber (*Rheum palmatum* var. *tanguticum*, riesige rote Blütenstände). Hinzu kommen Stauden mit dunkel gefärbten Stängeln, mit zarter oder derber, matter oder glänzender Blattoberfläche, mit gelbgrünem, rötlichem oder bronzefarbenem Laub, blaugrauen, silbrig bereiften oder mit zartem Flaum besetzten Blättern SEITE 127 UND 141, mit Panaschierungen (farblich abgesetzten Mustern, z. B. Kaukasusvergissmeinnicht 'Jack Frost') oder einer brillanten Herbstfärbung (z. B. Entenschnabel-Felberich, *Lysimachia clethroides*).

Die Fülle von Blatt- und Blütenformen kombiniert mit den mannigfaltigen Wuchsformen von kompakt bis ausladend, straff-aufrecht bis sanft überhängend, winzig klein bis riesengroß führt zu einer nahezu unbegrenzten Vielfalt an Kombinationsmöglichkeiten und macht die Welt der Stauden so faszinierend wie einzigartig – nicht umsonst ist Staudengärtner ein eigenständiger Ausbildungsberuf.

ZWEIJÄHRIGE BLÜTENPFLANZEN

Eine eigene Gruppe bilden die zweijährigen Pflanzen, die üblicherweise, in Anlehnung an den natürlichen Samenfall, zwischen Juni und August ausgesät werden – im Frühling blühende Arten früher, Sommerblüher später. Im ersten Standjahr entwickeln zweijährige Pflanzen lediglich eine Blattrosette, mit der sie überwintern; erst im zweiten Jahr erfolgt die Blüte, nach der die Pflanzen in der Regel absterben. Da in der Natur aber nichts in Stein gemeißelt ist, sind Ausnahmen gar nicht so selten – was wiederum nicht allzu sehr überrascht, wenn man bedenkt, dass sich innerhalb derselben Pflanzengattung recht häufig sowohl einjährige als auch zwei- und mehrjährige Arten finden. Der Rote Fingerhut

> ### ARBEITSKREIS STAUDENSICHTUNG
>
> Die unabhängigen Experten des Arbeitskreises testen aktuelle Staudensortimente an derzeit 17 Standorten in Deutschland, Österreich und der Schweiz. Dabei müssen sich die Stauden stets an mehreren, in Sachen Boden und Klima teils sehr unterschiedlichen Standorten beweisen – und natürlich ohne Pflanzenschutzmittel auskommen. Unter www.staudensichtung.de kann man die Sichtungsergebnisse abrufen und etwa gezielt nach den am höchsten bewerteten Sorten suchen.

IRIS TEILEN UND PFLANZEN

1. Rhizom aus dem Boden heben.
2. Mit scharfem Messer an den „Einschnürungen" in Stücke schneiden.
3. Blätter dachartig einkürzen.
4. Rhizome flach einpflanzen.

(*Digitalis purpurea*) beispielsweise ist eigentlich zweijährig, er scheint seine begrenzte Lebensdauer mitunter aber schlicht zu vergessen und hat schon manches Mal auch ein drittes Standjahr erlebt. Zur anderen Seite hin sind die Grenzen ebenfalls fließend, bei einer frühen Aussaat ab März blühen, fruchten und vergehen viele Zweijährige noch im Jahr der Aussaat. In ihrem Erscheinungsbild und der Pflanzenverwendung sind die meisten Zweijährigen den Stauden dennoch näher als den Einjährigen: Da sie sich reichlich versamen und viele Nachkommen unmittelbar neben den Mutterpflanzen sprießen, entsteht oft der Eindruck, es handle sich um mehrjährige Arten.

WANDERER DURCH DEN GARTEN

Neben den *einjährigen Sommerblumen* SEITE 86 lieben es auch zahlreiche zweijährige Arten, nach Lust und Laune durch den Garten zu streifen, und mal hier, mal dort Wurzeln zu schlagen. Dieses etwas sprunghafte Wesen kann man sich zunutze machen, denn auf diese Weise entstehen oft überaus attraktive Gartenbilder. Gleichzeitig darf man jedoch keine falschen Hemmungen entwickeln: Wo schon die sich gerade erst entwickelnde Blattrosette einem Nachbarn arg auf den Pelz rückt, ist unverzügliches Jäten angesagt, so man den Nachbarn erhalten möchte – Zweijährige sind echte Kraftprotze und nicht selten vom Wunsch beseelt, große Flächen zu erobern. Zu den unverzichtbaren Arten im Blumengarten gehört beispielsweise die Marien-Glockenblume (*Campanula medium*). Mit ihren pastellfarbenen gefüllten oder ungefüllten Blütenkelchen ist sie ein Klassiker für nostalgische Landhausgärten. Wie viele Zweijährige blüht sie mit etwas Glück im dritten Standjahr erneut. Marien-Glockenblumen lieben einen vollsonnigen Platz genau wie Stockrose (*Alcea rosea*), Goldlack (*Erysimum cheiri*), Island-Mohn (*Papaver nudicaule*), der bei uns heimische Echte Natternkopf (*Echium vulgare*) mit seinen von Rosa zu Blau wechselnden Blüten, der bei Insekten überaus beliebte Muskateller-Salbei (*Salvia sclarea*) und die Gemeine Nachtkerze (*Oenothera biennis*) samt ihrer überwiegend mehrjährigen Verwandtschaft – unter letzterer befinden sich solch zauberhafte Geschöpfe wie die pastellgelbe Duftende Nachtkerze *Oenothera odorata* 'Sulphurea' und die polsterbildende Rosa Nachtkerze (*O. speciosa*). Ebenfalls echte Sonnenanbeter sind die heimische Großblütige Königskerze (*Verbascum densiflorum*) und die Seidenhaar-Königskerze (*V. bombyciferum*). Die besonders farbenprächtigen Sorten der Schwarzen Königskerze (*V. nigrum*) hingegen können auch mehrjährig sein, genau wie die eher zierliche Purpur-Königskerze (*V. phoeniceum*) und die riesenhafte, bis zu 2 m hohe Kandelaber-Königskerze (*V. olympicum*). Vor allem Island-Mohn, Natternkopf, Muskateller-Salbei, Nachtkerze und Königskerze eignen sich ausgezeichnet für naturhafte Gestaltungen, doch auch Stockrosen und Goldlack fügen sich dort harmonisch ein, sofern anstelle spezieller Sorten Wildformen verwendet werden.

Sowohl in der Sonne als auch im Halbschatten gedeihen die wunderbaren Bart-Nelken (*Dianthus barbatus*), Stiefmütterchen und Hornveilchen (*Viola × wittrockiana*, *V. cornuta*) sowie das auch als Maßliebchen oder Tausendschön bekannte Gänseblümchen (*Bellis perennis*), dessen Kulturformen überwiegend zweijährig sind. An halbschattigen Plätzen fühlen sich

Stauden bespielen mühelos sowohl kleine als auch große Bühnen – hier ein raumgreifendes Gestaltungsbeispiel mit Duftnesseln, Scheinsonnenhut, Virginischem Ehrenpreis und einer Dahlie als Gaststar.

neben dem erwähnten Roten Fingerhut, von dem die meisten Gartensorten stammen, auch der in naturnahen Gestaltungen sehr aparte Rostige Fingerhut (*Digitalis ferruginea*) sowie der helle Gelbe Fingerhut (*D. lutea*; mehrjährig) wohl. Der Großblütige (*D. grandiflora*) und der Wollige Fingerhut (*D. lanata*) bevorzugen einen sonnigen Platz – letzterer ist eine wenig verbreitete Schönheit für mediterrane Gestaltungen.

Selbst im vollen Schatten trifft man Akelei und Vergissmeinnicht (*Myosotis*) an sowie die stark duftende Einjährige Mondviole (*Lunaria annua*). Die zunächst frischgrünen, dann pergamentartig-silbrigen Fruchtstände bescheren der entgegen ihrem Namen zweijährigen Pflanze auch nach der Blüte bewundernde Blicke, genau wie ihrem mehrjährigen Pendant, der Ausdauernden Mondviole (*L. rediviva*). Wer den Ausbreitungsdrang mancher zweijährigen Pflanze begrenzen möchte, sollte verwelkte Blütenstände und erste Fruchtansätze regelmäßig abschneiden.

STAUDEN VERWENDEN

Einjährige Sommerblumen sind hübscher Flitterkram, bunte Gute-Laune-Garanten, wunderbare Lückenfüller und geeignet, jedem Garten den letzten Schliff zu verleihen. Stauden aber sind das Herz des Gartens, wie Gehölze seinen Rahmen bilden.

Die klassischen Englischen Mixed Borders tragen dem Rechnung, indem sie alle drei Gruppen, miteinander verweben, wobei Stauden und (Klein-)Gehölze jedoch meist deutlich höher gewichtet sind. Die verschiedenen Pflanzenarten werden bei dieser Gestaltungsweise nahezu ausschließlich nach optischen Aspekten gruppiert, und zur Aufgabe von Gärtnerin oder Gärtner gehört es, Nachbarn mit unterschiedlichem Durchsetzungsvermögen in Balance zu halten, oder sich um Pflanzen zu bemühen, die aufgrund einer Nährstoffunter- oder -überversorgung schwächeln oder von Schaderregern befallen wurden.

Das Gegenstück sind Pflanzungen, die sich natürliche Standorte zum Vorbild nehmen, und diese durch eine gezielte Pflanzenauswahl und -kombination künstlerisch überhöhen. Hier werden Pflanzen nach ihren Standortansprüchen miteinander vergesellschaftet und z. B. der Boden entsprechend vorbereitet. Obwohl es sich natürlich trotzdem um künstliche Situationen handelt, ist der Pflegeaufwand solcher Pflanzungen oftmals erheblich niedriger – die Arbeit steckt in den Details von Planung, Pflanzenauswahl und Beetvorbereitung. Inspiriert von natürlichen Pflanzengesellschaften entwickelten sich beispielsweise Kiesgärten nach den Vorbildern mediterraner Macchien und Garrigues oder auch nach regionalen Vorbildern mit Steppenheiden- oder Heidecharakter, auch die nordamerikanischen Prärien standen vielfach als Vorlage für faszinierende Staudenpflanzungen Pate. *Steingärten* und Alpinen SEITE 100 orientieren sich ohnehin seit jeher an natürlichen Standorten, wobei sie, ähnlich wie bei Schattenpflanzungen, bereits früh Stauden aus fernen Ländern integrierten.

Mixed Borders zeichnen sich durch die Vielfalt an Kombinationsmöglichkeiten und klare zeitliche Blütenhöhepunkte aus.

MUST-HAVE-STAUDEN

Diese Stauden bringen miserable Wettquoten, denn dass sie früher oder später in den Garten einziehen werden, ist nahezu sicher. Aber da wir ja nicht wetten, sondern ganz im Gegenteil auf sichere Erfolgserlebnisse setzen wollen, ist alles in bester Ordnung, denn die sind mit diesen fünf garantiert.

STORCHSCHNABEL

Ein Garten ohne *Geranium*? Unvorstellbar. Die riesige Gattung hält für nahezu jeden Zweck passende Vertreter bereit, vom Knotigen Storchschnabel (*G. nodosum*) für den vollen Schatten bis zum Grauen Storchschnabel (*G. cinereum*, z. B. 'Ballerina', im Bild) für vollsonnige trockene Plätze. Die Wuchshöhe der etwa 300 Arten und Sorten bewegt sich zwischen 15 und 100 cm, die Blütezeit zwischen Mai und Oktober. Neben reinem Weiß und zahlreichen Rosa- und Violetttönen gibt es viele Sorten mit dekorativer Blüten- und/oder Blattaderung.

STEPPEN-SALBEI

Ob naturnahe Gestaltung oder Prachtstaudenbeet, farbenfroh kombiniert oder vornehm zurückhaltend: *Salvia nemorosa* passt sich bereitwillig an. Die straff aufrechten Blütenkerzen blühen im Mai/Juni und nach einem Rückschnitt noch einmal im September in Weiß, Rosa, Violett oder mystischem Dunkelviolett (im Bild: Sorte 'Ostfriesland'). Zwerg-Sorten wie 'Marcus' werden nur 25 cm hoch, 'Amethyst', 'Caradonna' und 'Tänzerin' erreichen hingegen bis zu 80 cm.

SONNENBRAUT

Diese Braut bekennt Farbe, und wie! Von leuchtendem Goldgelb bis zu loderndem Rostrot sind die oft mehrfarbig geflammten Blüten zu einer Zeit ein Hingucker, da in vielen Gärten Blütenflaute herrscht: Von Juli bis in den September hinein wird durchgeblüht, dank *Chelsea Chop* SEITE 54 gerne auch länger. Gut versorgte, eher feuchte als trockene Gartenböden und volle Sonne kommen *Helenium* (z. B. den exzellenten Sorten 'Rauchtopas' (im Bild), 'Dunkle Pracht' oder 'Rubinzwerg') entgegen, Sorten wie 'Königstiger' gedeihen aber auch im Halbschatten.

BART-IRIS

Sich zwischen den unzähligen ein- und mehrfarbigen, teils gerüschten, teils duftenden Sorten entscheiden – eigentlich unmöglich. Einige der im Mai/Juni blühenden *Iris barbata* blühen im Herbst erneut, aber selbst einmalblühende Sorten überzeugen dank ihrer prachtvollen Blüten und dem charakteristischen Laub. Wichtig: Die Rhizome sollten zur Hälfte aus dem mageren, notfalls mit Sand versetzten Boden herausschauen. Sie breiten sich mit der Zeit aus. Blühen sie nur noch am äußeren Rand des Rhizomkreises, werden sie ausgegraben und mit einem scharfen Messer geteilt.

TAGLILIE

Dass *Hemerocallis*-Blüten nur einen Tag lang halten, fällt absolut nicht auf. An einem vollsonnigen Platz öffnen sich täglich neue (übrigens essbare) Blüten über dem grasartigen Blätterhorst, je nach Arten und Sorte zwischen Mai und Ende September, und zwar bis zu sechs Wochen lang. Neben auffälligen mehrfarbigen, gefüllten oder mit gewellten Blütenrändern auftrumpfenden Sorten gibt es viele mit Wildstaudencharakter, die sich häufig auch mit einem Platz im Halbschatten begnügen.

VOM GLÜCK DES SCHATTENDASEINS

Apropos Schatten. Beim Stichwort Blumengarten stehen in der Regel sonnige Plätze im Vordergrund. Viele Gärten haben aber auch eine Schattenseite. Das ist ja wunderbar, könnte man sagen, schließlich lassen sich die vielgewünschten immerschönen und pflegeleichten Beete im Schatten meist wesentlich einfacher schaffen als in der Sonne. Beispielsweise muss in halbschattigen oder schattigen Gartenbereichen meist seltener gegossen werden als bei vergleichbarer Sonnenlage (wohlgemerkt wir reden von typischen Gartensituationen), und da gängige Schattenstauden auffallend häufig geschlossene Wuchsformen aufweisen, wirken auch abwechslungsreiche Beetbepflanzungen meist sehr klar strukturiert und aufgeräumt. Dennoch sind vollschattige Bereiche nicht jedes Gärtners Sache. Mal ganz abgesehen vom persönlichen Geschmack liegt der Grund vielleicht auch in der Tatsache, dass es sich bei den beschatteten Flächen oft nur um schmale Randstreifen im Vorgarten oder entlang von Häuser- und Garagenwänden handelt, was ihre Gestaltung und Würdigung nicht einfacher macht. Anstatt hier ganz auf Pflanzen zu verzichten oder sich fortan über vermoosten Rasen zu ärgern, lohnt es sich, insbesondere unter den Stauden nach Verbündeten für solche zu Unrecht als „Problemstandorte" verpönte Plätze zu suchen. In den folgenden Kapiteln werden Sie immer wieder auf wertvolle Schattenpflanzen stoßen. Wer aber gerade erst mit dem Gärtnern beginnt, wer auf Nummer sicher gehen möchte oder wem das Suchen nach passenden Arten gerade für den ungeliebten Schatten wenig reizvoll erscheint, dem seien die Staudenmischpflanzungen empfohlen, die in den vergangenen zwei Jahrzehnten an gartenbaulichen Forschungseinrichtungen entwickelt wurden.

CONVENIENCE FÜR DEN GARTEN

Anlass für die ersten Versuche war die Suche nach neuen Pflanz- und Pflegekonzepten für das Öffentliche Grün. Die Pflanzungen sollten abwechslungsreich und über das ganze Jahr hinweg attraktiv sein, aber auch nachhaltig im Sinne von Langlebigkeit und geringem Ressourceneinsatz, etwa in Bezug auf Bewässerung und Düngung. Ein weiteres Ziel: Der Pflegeaufwand sollte deutlich unter dem für

KOPF HOCH: STAUDENSTÜTZEN

Opulente Blüten wie sie beispielsweise viele Pfingstrosen zur Schau tragen, fallen nicht nur optisch ins Gewicht, sondern auch tatsächlich. Auch manche hochaufragende Staude ist für eine Stütze dankbar. Schnell selbst gemacht ist ein Gerüst aus gitterartig zusammengebundenen Bambusstäben, in das die Pflanzen einfach hineinwachsen. Alternativ können Sie die zu stützende Pflanze mit Haselruten umstecken und diese mit Kokosstrick verbinden oder dünnere Zweige ins Beet stecken und gitterartig übereinander knicken – sehr hübsch in naturnahen Gärten.

die jahrzehntelang üblichen saisonal wechselnden Rabattenbepflanzungen liegen. Im Ergebnis können heute auch Hobbygärtner zwischen 35 Staudenmischungen wählen (Tendenz steigend), bei denen Stauden, Zwiebelblumen und einige wenige ein- oder zweijährige Pflanzenarten sowohl ästhetisch als auch in puncto Wuchsverhalten und Standortansprüche perfekt aufeinander abgestimmt sind (durchschnittlich 15 bis 20 verschiedene Arten und Sorten). Die Mehrzahl der Mischungen ist auf sonnige und trockene Standorte abgestimmt, manche Mischungen erfordern auch ein vorheriges Abmagern des meist (zu) gut versorgten Gartenbodens. Es stehen aber auch Pflanzkombinationen für schattige Standorte von trocken bis feucht zur Verfügung. Die ausführlichen Arten- und Sortenlisten samt erforderlicher Stückzahlen können Sie auf der Website des *Bunds deutscher Staudengärtner* SEITE 158 kostenlos abrufen. Außerdem finden Sie dort eine Liste von Gärtnereien, in denen Sie die benötigten Pflanzen als fertig geschnürte Pakete beziehen können.

STAUDEN ERHALTEN

Bei manchen Menschen treibt der Jugendwahn ja merkwürdige Blüten, bei Stauden hingegen dürfen Sie getrost eine Verjüngungskur in Erwägung ziehen: Die mehrjährigen Pflanzen haben den Jungbrunnen sozusagen schon eingebaut, man muss ihn nur noch zum Sprudeln bringen – am besten mithilfe eines Spatens.

Vom Staudenteilen spricht man bei dieser unkomplizierten, jedoch hocheffektiven Schönheitsoperation, die ansteht, wenn Stauden in die Jahre gekommen sind. Wann es soweit ist, kann je nach Art ganz unterschiedlich sein. Bei Katzenminze, Scheinsonnenhut (*Echinacea purpurea*), Indianernessel und Flockenblume beispielsweise muss man meist schon nach vier Jahren zum Spaten greifen, bei Astern, Eisenhut (*Aconitum*, stark giftig), Phlox und Glockenblumen nach sechs bis zehn Jahren und bei Bart-Iris, Sonnenbraut und Woll-Ziest (*Stachys byzantina*) kann man gut und gerne zehn Jahre ins Land gehen lassen.

Offensichtliche Erkennungszeichen für eine Überalterung sind eine nachlassende Blühfreudige und eine allmählich verkahlende Pflanzenmitte – die blühenden Triebe wandern sozusagen immer weiter nach außen. Aber auch wenn höhere Pflanzen in ihrer Standfestigkeit nachlassen, generell einen mickerigen Eindruck im Vergleich zu früheren Jahren machen oder schlicht zu groß für den ihnen zugeteilten Platz geworden sind, wird es Zeit für eine Wellnesskur. Als Faustregel gilt: Stauden, die im Sommer oder Herbst blühen, werden im Frühjahr geteilt, Frühlingsblüher hingegen im Herbst.

Unterschiedliche Blatt- und Wuchsformen, dezente Blütenfarben und die unglaubliche Vielzahl an Grüntönen machen den Reiz von Schattenpflanzungen aus.

Das Teilen selbst ist simpel: Pflanze mit einem scharfkantigen Spaten umstechen, Wurzelballen aus der Erde heben und je nach Größe von Hand oder mit dem Spaten in zwei oder mehr Stücke teilen sowie trockene und abgestorbene Pflanzenteile entfernen. Bei Bart-Iris und anderen Pflanzen mit fleischigen Rhizomen anstelle des Spatens eine Grabegabel verwenden. Kein Muss, aber empfehlenswert ist es, sowohl die oberirdischen Teile als auch den Wurzelballen um ein Drittel einzukürzen. Ein Teilstück wird schließlich wieder an den ursprünglichen Platz gepflanzt, die übrigen Stücke kommen an anderen Stellen in die Erde oder werden eingetopft und finden im Freundeskreis oder bei der nächsten Pflanzentauschbörse dankbare Abnehmer. Nach dem Pflanzen oder Topfen kräftig angießen und in den kommenden Wochen nicht austrocknen lassen.

Achtung, Ausnahmen bestätigen die Regel: Pfingstrosen etwa nehmen jede Form der Bodenbearbeitung wirklich übel, also erst recht das Teilen. Es kann einige Jahre dauern, bis sie nicht mehr schmollen und wieder Blüten zeigen. Auch Taglilien, Herbst-Anemonen (*Anemone hupehensis*, *A. japonica*), Kaukasusvergissmeinnicht, Alpenveilchen (*Cyclamen*), Astilben, Funkien, Elfenblumen und einige andere Stauden halten ihre Schönheit mitunter Jahrzehnte aufrecht.

Blütenhöhepunkt: Ende Juli

1 Indianernessel 'Squaw'
2 Sonnenbraut 'Dunkle Pracht'
3 Virginischer Ehrenpreis 'Diana'
4 Drüsige Kugeldistel 'Arctic Glow'
5 Duftnessel 'Black Adder'
6 Fackellilie 'St. Gallen'
7 Gold-Garbe
8 Nickender Felberich
9 Lobelie 'Vedrariensis'
10 Taglilie 'Gentle Shepard'
11 Kokardenblume 'Kobold'
12 Schleierkraut 'Compacta Plena'
13 Zartes Federgras
14 Nelkenwurz 'Princess Juliana'
15 Türkischer Mohn 'Patty's Plum'
16 Amur-Nelke
17 Woll-Ziest 'Big Ears'
18 Katzenminze 'Walker's Low'

Zwiebeln, Knollen and friends

Klein, aber oho: Wenn es Pflanzen gibt, auf die das hundertprozentig zutrifft, dann sind es die Frühlingsblüher. Eis, Schnee und klirrender Frost können sie nicht schrecken – und Gärtnerherzen bringen sie ohnehin zum Schmelzen. So zart und anrührend Schneeglöckchen (*Galanthus nivalis*), Winterlinge (*Eranthis hyemalis*) und Busch-Windröschen (*Anemone nemorosa*) auch aussehen, so bewundernswert robust sind sie doch gleichzeitig, das gilt auch für ihre im Sommer und Herbst blühenden Kollegen.

VON NULL AUF HUNDERT

Sie möchten mit minimalem Aufwand maximale Wirkung erzielen? Dann werden Sie sich mit den sogenannten Geophyten gut verstehen. Während draußen ungünstige Bedingungen herrschen, gönnen sich die cleveren Pflänzchen ein Nickerchen und warten unter der Erde auf bessere Zeiten – um dann umso herrlicher in Blüte zu gehen. Dieses Kunststück gelingt ihnen dank ihrer unterirdisch liegenden Speicherorgane, in denen sie nach Ende der Blühperiode alle noch in den oberirdischen Pflanzenteilen verfügbaren Nährstoffe einlagern.

Unterschieden werden drei Gruppen, nämlich Zwiebel-, Knollen- und Rhizom-Geophyten. Die Mehrzahl der Frühlingsblüher gehört zu den Zwiebelblumen. Bei ihnen ist die Erneuerungsknospe von schuppenförmig übereinanderliegenden Speicherblättern umgeben. Bei Krokussen (*Crocus*), Alpenveilchen und anderen Knollen sind hingegen mehrere Knospen über die Oberfläche verteilt. Rhizome wiederum, wie sie Winterlinge oder Busch-Windröschen ausbilden, sind verdickte, meist waagerecht im Boden verlaufende Speichersprosse.

HELLE KÖPFCHEN

Unterschiedliche Gründe können eine Pflanzenart dazu bewegen, zeitweise in den Untergrund zu gehen – und auch wieder aufzutauchen. Die im Wald beheimateten Frühlingsblüher wie Winterlinge, Schneeglöckchen und Busch-Windröschen beispielsweise müssen mit der Konkurrenz durch Bäume und Sträucher klarkommen, die ihnen im belaubten Zustand Licht, Wasser und Nährstoffe streitig machen. Also konzentrieren sie sich auf eine Zeit, in der zwar schon Bestäuber unterwegs, die Gehölze aber größtenteils noch kahl sind und die Strahlen der Frühlingssonne ungehindert den Waldboden erreichen. Belauben sich die umstehenden Bäume und Sträucher, ziehen die Frühlingsblüher ein und überdauern im Boden bis zum nächsten Frühjahr – friedliche Koexistenz, viele Pflanzen wissen, wie's geht.

> ### ABWEICHENDE PFLANZZEIT
>
> Nicht alles, was klein und runzelig oder zwiebelig aussieht, kommt im Herbst in den Boden. Alpenveilchen werden im Mai gepflanzt. Gut eingewachsen überstehen sie den nächsten Winter dann klaglos. Auch Herbst-Zeitlose und Goldkrokus (*Sternbergia lutea*) wünschen sich einen längeren Vorlauf und werden zwischen August und Mitte September gepflanzt. Alle nicht-frostfesten Geophyten wie Dahlien oder Gladiolen kommen nach den Eisheiligen ins Beet oder werden in Töpfen vorgezogen, die bei Spätfrostgefahr ins Haus wandern.

Schachbrettblume und Traubenhyazinthe sind ein bezauberndes Gespann für den Frühlingsgarten. Wo der Boden nicht zu trocken ist, breiten sie sich mit der Zeit aus.

COOL BEI HITZE UND TROCKENHEIT

Nicht immer ist es die Konkurrenz durch andere Gewächse, die Pflanzen zu Langschläfern macht oder sie mittels Speicherorganen Wasser- und Nährstoffvorräte anlegen lässt. Das zeigt ein Blick auf die im Sommer und Herbst üppig blühenden Geophyten (etwa Gladiolen und Herbst-Alpenveilchen, weitere Arten im *Service* AB SEITE 156, von denen die meisten aus deutlich wärmeren Gefilden stammen. Sie nutzen ihre Speicherorgane, um die in ihren Heimatländern herrschenden Trockenperioden zu überstehen. Je nachdem, wann diese beginnen und enden, erfreuen sie das Gärtnerauge kürzer oder länger mit frischem Laub und attraktiven Blüten. Viele von ihnen sind sehr kälteempfindlich und müssen frostfrei überwintert oder zumindest mit einem Winterschutz versehen werden.

HERRLICH UNKOMPLIZIERT

Winterharte Geophyten sind ideal für Garteneinsteiger: Sie sind schnell gepflanzt, brauchen kaum Pflege und Erfolgserlebnisse sind nahezu garantiert. Sogar die Vermehrung übernehmen viele Arten selbst, indem sie Tochterzwiebeln und -knollen bilden oder sich über Rhizome sogar räumlich ausbreiten, ohne dabei lästig zu werden. Zum Verwildern eignen sich vor allem Wildarten und Sorten, die nur wenig züchterisch bearbeitet wurden. Bei den Tulpen bilden beispielsweise *Tulipa fosteriana*, *T. bakeri*, *T. kaufmanniana* und *T. tarda* mit der Zeit immer dichtere Bestände, während ihre deutlich größeren und prächtigeren Schwestern, etwa die auffälligen Papageien-Tulpen, wesentlich kurzlebiger sind. Sie verschwinden nach wenigen Jahren, falls nicht nachgepflanzt wird.

Die meisten Geophyten, die aus wärmeren Ländern stammen, bevorzugen einen mageren durchlässigen Boden und freuen sich, wenn sie eine 3–5 cm starke Sandschicht ins Pflanzloch bekommen. Viele Arten, allen voran in unseren Breiten heimische Waldbewohner, kommen jedoch auch auf frischen oder sogar feuchten Lehmböden wunderbar zurecht. Zu den letztgenannten zählen zum Beispiel Winterling, Märzenbecher (*Leucojum vernum*), Bärlauch (*Allium ursinum*), Lerchensporn (*Corydalis*), Hundszahn (*Erythronium*), Hasenglöckchen, Schachbrettblume (*Fritillaria meleagris*), Sommer-Knotenblume (*Leucojum aestivum*), Prärielilie (*Camassia*), Gold-Lauch (*Allium moly*) und die stark giftigen, aber wunderschönen Herbst-Zeitlosen (*Colchicum*).

Eine Übersicht über verschiedene Zwiebel- und Knollenpflanzen finden Sie – nach der Jahreszeit ihrer Blüte sortiert – im *Service* AB SEITE 156.

Vergissmeinnicht, Hornveilchen und Tulpen in korrespondierenden Farbtönen, fertig ist der verspielt-romantische Frühlingszauber.

GESTALTEN MIT ZWIEBELN UND CO.

Insbesondere die Frühlingsblüher unter den Geophyten passen zu wirklich jedem Gestaltungsstil, schließlich decken sie nahezu die komplette Farbpalette ab, und gerade im zeitigen Frühjahr sind sie zudem weitgehend konkurrenzlos. Heimische Arten und Zugereiste mit Wildblumencharakter wie das Busch-Windröschen und Winterlinge finden je nach Bodenansprüchen in Bereichen unter Bäumen und Sträuchern, in Blumenwiesen beziehungsweise im Rasen oder auch im Steingarten eine passende Kulisse. Prärie- und Steppenpflanzen wie Prärielilie oder Stern-Gladiole (*Gladiolus murielae*), die zuerst das öffentliche Grün eroberten, längst aber auch in stetig zunehmender Zahl in Privatgärten anzutreffen sind, kommen ebenfalls sehr gut zur Geltung, wenn sich die Gestaltung am natürlichen Standort orientiert. Arten, die wie die Steppenkerze (*Eremurus*) Prachtstaudencharakter besitzen, finden hingegen auch in klassischen Mixed Borders einen Platz. Dort, in Bauerngärten oder in nach Farbthemen gestalteten Beeten machen zudem auffälligere Frühblüher wie schillernde Tulpen, gefüllte Narzissen (*Narcissus*) und Kaiserkronen (*Fritillaria imperialis*) sowie farbenprächtige Sommerblüher vom Fransenschwertel (*Sparaxis*) bis zur Dahlie eine gute Figur.

ERST RECKEN, DANN VERSTECKEN

Bei den Frühlingsblühern heißt es ausnahmslos: nicht kleckern, sondern klotzen! Sieben Winterlinge pro Quadratmeter oder fünf Tulpen im Vorgarten wirken eher bemitleidenswert bis befremdlich, bepflanzen Sie daher im Zweifelsfall lieber eine kleinere Fläche dicht, als eine größere Fläche spärlich.

Berücksichtigen Sie bei der Gestaltung aber auch den einzigen Nachteil, den vor allem die meisten frühblühenden Geophyten mit sich bringen: ihre nur kurzzeitige Anwesenheit. Unmittelbar nach der Blüte bereiten sich viele Arten schon wieder darauf vor, bis zum nächsten Frühjahr in der Versenkung zu verschwinden. Sie verlagern also alle noch verfügbaren Nährstoffe aus den oberirdischen Pflanzenteilen in die Speicherorgane – Laub und Blütenstängel vergilben immer mehr und sterben schließlich ganz ab.

FRECH-FRÖHLICH: ALPENVEILCHEN

Die Fangemeinde wächst, dennoch werden die kleinen Schmuckstücke mit dem überaus attraktiven Laub immer noch viel zu wenig verwendet. Das Vorfrühlings-Alpenveilchen (*Cyclamen coum*, wintergrün) öffnet bereits im Februar seine weißen, rosafarbenen oder violetten Blüten. Das Sommer-Alpenveilchen (*C. purpurascens*, immergrün) blüht von Juli bis in den September hinein, das Herbst-Alpenveilchen (*C. hederifolium*, wintergrün) um einen Monat nach hinten versetzt.

Das unansehnlich werdende Laub abzuschneiden, sollte man sich aber verkneifen, auch wenn es schwerfällt, sonst beraubt man die Pflanzen ihrer Regenerationsmöglichkeit und die nächste Blüte fällt spärlicher oder ganz aus. Verwelktes dürfen Sie hingegen nach Herzenslust ausschneiden, auf diese Weise stecken die Pflanzen keine unnötige Kraft in die Bildung von Samen. (Unnötig deshalb, weil sie sich überwiegend vegetativ vermehren, also indem sie Tochterzwiebeln oder -knollen bilden beziehungsweise über das Rhizomwachstum.)

Die Lösung für einen geordneten Rückzug: Kombinieren Sie nur kurzzeitig in Erscheinung tretende Geophyten mit Stauden, die mit ihrem frischen Austrieb das vergilbende Laub überdecken. In der Sonne sind etwa diverse Storchschnabel-Arten gnädig verhüllende Beetnachbarn, im Halbschatten das Kaukasusvergissmeinnicht und im Schatten die Elfenblume. Besonders imposante Gestalten wie die Kaiserkrone stehen am besten in den mittleren bis hinteren Beetreihen.

ZWIEBELN UND KNOLLEN ZUM HABENWOLLEN

Tulpen, Narzissen und Dahlien bieten eine überwältigende Bandbreite an Formen und Farben, weshalb sie seit Jahrzehnten zu den beliebtesten Zwiebel- und Knollenpflanzen zählen. Der Zier-Lauch wiederum ist der Star der modernen Gartengestaltung – die auch der Montbretie zu neuem Glanz verhalf.

NARZISSE

Die zierlichen *Narcissus cyclamineus* wagen sich im März als Erste aus der Erde. Sie eignen sich ebenso gut zum Verwildern wie die eleganten Dichter-Narzissen (im Bild: *N. poeticus*; reinweiß mit gelbroter Krone) und die gelben Osterglocken (*N. pseudonarcissus*). Die aus diesen beiden Arten hervorgegangenen Sorten bezaubern im Beet mit einfachen, gefüllten und oft mehrfarbigen Blüten in Weiß, Gelb, Orange oder Pastellnuancen. Mit mehreren duftenden Blüten an einem Stiel erfreuen im April/Mai *Narcissus tazetta*, *N. jonquilla* und *N. triandrus*. Narzissen in schweren Böden auf 3–5 cm gewaschenem Sand betten!

TULPE

Früh ab März oder spät bis Ende Mai, klein oder groß, bescheiden oder pompös, divenhaft oder anspruchslos und zum Verwildern geeignet: Die Schönen mit den mal perfekt ovalen, mal spitzen, lilienblütigen oder gefransten, gerne auch gefüllten Blüten können einfach alles. Zudem decken sie nahezu die ganze Farbpalette ab – inklusive fast schwarzer Sorten. Und natürlich gibt es unzählige mehrfarbige, oft spektakulär geflammte Varianten. Sonne und durchlässiger Boden beziehungsweise Sand im Pflanzloch machen *Tulipa* glücklich.

ZWIEBELN UND KNOLLEN **85**

ZIER-LAUCH

Die Zwiebeln der *Allium*-Hybriden 'Ambassador' (im Bild), 'Globemaster' oder der reinweiß blühenden Sorte 'Mount Evereste' sind nicht gerade billig, aber jeden Euro wert. Den kugelrunden Blütenständen mit einem Durchmesser von 15–25 cm, die auf straff aufrechten Stielen über den Beeten schweben, kann in der Zeit von Mai bis Juli absolut nichts die Schau stehlen. Daneben gibt es noch diverse andere Arten und Sorten – deutlich kleiner in Wuchs und Blüte, aber kaum minder begehrenswert. Sie gedeihen in jedem Boden ohne Staunässe.

MONTBRETIE

Sanft geschwungene Triebe mit leuchtend roten, gelben oder orangefarbenen Blüten, darunter sattgrünes grasartiges Laub: *Crocosmien* sind gleichermaßen elegant und fröhlich, werden 60–150 cm hoch und passen in Bauerngärten und Prachtstaudenbeete ebenso gut wie in Steppenpflanzungen. Die im Frühling gesetzten Knollen blühen von Juli bis in den Oktober hinein. Im Spätherbst die Knollen entlauben und mitsamt anhaftender Erde kühl und luftig überwintern. In milden Regionen, 20 cm tief gepflanzt und mit ausreichend Winterschutz, können die Knollen im Beet bleiben.

DAHLIE

Von Juli bis zum ersten Frost bringen die Blütenbälle und -sterne der sonnenliebenden, 70–130 cm hohen Dahlien Farbe und Frohsinn in den Garten. Die keulenförmigen Knollen auf Sand ins Pflanzloch betten – der Strunk des alten Stiels sollte 5 cm unter der Erdoberfläche liegen. Zum Vortreiben ab April in Töpfe pflanzen, sonst nach den Eisheiligen ins Freiland. Der erste Frost lässt die Pflanzen schlagartig schwarz werden und zusammenfallen. Spätestens jetzt die Knollen von Laub und Erde befreien, beschildern und in eine Kiste mit Sand betten. Bei 1–5 °C luftig überwintern.

Einjährige Sommerblumen

Pling. Da tut sich was. Pling, Pling, oh, da auch. Wohin man guckt, ploppen Keimlinge aus der frischen Erdkrume, recken und strecken sich, entfalten ihre ersten Blättchen und scheinen leise vor sich hinzukichern, wenn Gärtnerin und Gärtner ganz hibbelig werden ob der Frage, gesätes Löwenmäulchen oder verhasster Löwenzahn (*Taraxacum*), Kalifornischer Mohn (*Eschscholzia californica*) oder Kletten-Labkraut (*Galium aparine*). Einjährige Sommerblumen sind die Anarchisten des Gartens, sie lassen sich nicht so einfach in ein Schema pressen wie manche Staude. Direkt ins Beet gesät, schüren sie die Spannung, in welcher Zahl sie sich trotz hungriger Vögel, wechselnder Witterung und der umgebenden Pflanzenkonkurrenz durchsetzen werden. Im Gewächshaus oder auf der Fensterbank vorkultiviert, wollen sie aufmerksam betüddelt werden, ehe sie ins Freiland umziehen. Und Arten, die sich von selbst versamen, stellen den Gärtner vor ganz besondere Freuden und Herausforderungen: Sie überraschen von Jahr zu Jahr mit einem neuen Standort, kreieren Pflanzenkombinationen, auf die man selbst nie gekommen wäre, können aber auch rasch überhandnehmen oder andere Arten verdrängen, wenn man nicht ordnend eingreift und das eine oder andere Pflänzchen beizeiten entfernt.

In jedem Fall sind Sommerblumen die perfekte Ergänzung zu Stauden, Zwiebel- und Knollenpflanzen, dankbare Lückenfüller und Platzhalter für ausgefallene oder sich noch entwickelnde Pflanzen, und optimal für alle, die auf Abwechslung stehen. Außerdem liefern sie natürlich das Material für bunte Blumensträuße – und Balkonbepflanzungen ohne einjährige Blühwunder wie Petunien, Zauberglöckchen, Elfenspiegel (*Nemesia strumosa*) und Co. sind schlicht undenkbar.

STAUDENBEGLEITER

Um sich in einer Staudenrabatte physisch und optisch behaupten zu können, sollten Sommerblumen eine gewisse Wuchsstärke mitbringen, insbesondere in die Breite. Zu den Arten, die locker mit ihren mehrjährigen Nachbarn mithalten können, gehört zum Beispiel der Raue Sonnenhut (*Rudbeckia hirta*). Die ein- bis mehrjährige Pflanze wird etwa 80 cm hoch und öffnet ihre mehrfarbigen leuchtend gelben und rotbraunen Blüten von August bis in den Oktober hinein – in solch großer Zahl, dass wirklich niemand Hemmungen haben wird, sich mit Schnittblumen für die Vase einzudecken. Irgendwann wird das Schneiden möglicherweise auch zur Selbstverteidigungsmaßnahme, sonst schickt sich der schmucke Sympathieträger an, per Selbstaussaat den Garten zu übernehmen. Dies gilt ebenso für das fantastische Argentinische Eisenkraut. Seine violetten Blüten tanzen auf bis zu 150 cm

Kein Bauerngarten ohne einjährige Sommerblumen! Die farbenfrohen Schnellstarter schmücken in Form üppiger Sträuße auch die Kaffeetafel und das Haus.

EINJÄHRIGE SOMMERBLUMEN 87

SAMENTÜTCHEN-HALTER

Samentütchen sind Herdentiere, da gilt es, den Überblick über die verschiedenen Aussaattermine zu behalten. Die einfachste Aufbewahrungslösung ist ein Schuhkarton mit selbstgemachten Monats-Registerkarten – eine der originellsten ist ein selbstgebastelter Samentütchenhalter. Die Grundlage bildet ein Holztablett, eine kleine Kiste oder ein schöner auf einer Spanplatte befestigter Bilderrahmen. Darauf die gewünschte Anzahl Briefklemmer befestigen – je nach Modell mit kleinen Nägeln oder Heißkleber – und Etiketten mit den Monatsnamen ergänzen.

Während alle genannten Arten sowohl in der Sonne als auch im Halbschatten gedeihen, wünschen sich Garten-Mittagsblume (*Dorotheanthus bellidiformis*) und Mittagsgold (*Gazania rigens*) Sonne pur. Besonders in Steingärten, aber auch in Kästen und Kübeln auf heißen Südbalkonen kommen diese um die 20 cm hohen Schmuckstücke gut zur Geltung. Die einen bewegen sich im eher pastelligen Farbspektrum, die anderen bringen mit Rot-, Gelb- und Orangetönen samt attraktivem Streifenmuster Wärme in die Gestaltung. Wer in Sachen Farbe noch einen draufsetzen will, wählt Portulakröschen (*Portulaca grandiflora*). Die Pflanzen mit den fleischigen Blättchen blühen in Mischungen schon fast übertrieben bunt in den verschiedensten Tönen von Weiß, Apricot und Rosa über leuchtendes Gelb, Orange und Rot bis hin zu Pink – und das alles in Kombination mit gelben Staubgefäßen. Für alle drei Polsterstauden gilt: Nach den Eisheiligen dürfen die vorkultivierten Pflanzen ins Freiland, wo sie auch sofort mit der Blüte beginnen.

Ebenfalls keine Riesen, dafür aber optisch umso eindrucksvoller sind der Island-Mohn und der Kalifornische Mohn. Beide bringen zahlreiche zarte Blüten in Weiß, Gelb, Rot und Orange oder auch in pastelligen Nuancen hervor. Während der Island-Mohn mit seinem kompakten, rosettenartigen Wuchs ein sehr manierlicher Kompagnon für den vollsonnigen Steingarten ist, breitet sich der Kalifornische Mohn mit seinen filigran geschlitzten Blättchen gerne auch mal über etwas größere Flächen aus und versamt sich zudem reichlich. Wirklich lästig wird er

hohen staksig-bizarren Stielen durch das Beet und verleihen ihm eine flirrende Leichtigkeit. Eigentlich handelt es sich um eine Staude, doch in unserem nassen Winter ist ihr meist kein zweiter Frühling vergönnt – dafür aber ihren Nachkommen. Ein wundervoller Partner sowohl für naturnahe Gestaltungen mit Gräsern und Präriestauden als auch für romantische Beete in pastelligen Tönen. Zu letzteren passen auch die etwa 60 cm hoch werdende Bechermalve (*Lavatera trimestris*) mit ihren weißen oder rosafarbenen Blüten, Schleierkraut (*Gypsophila elegans*; bis zu 80 cm) und Spinnenblume (*Cleome spinosa*, *C. hassleriana*; 30 – 100 cm). Spinnenblumen kommen dank ihrer extravaganten üppigen Blüten mit den fadenartigen Anhängseln auch einzeln in Töpfe und Kübel gepflanzt groß raus, Staudenrabatten bereichern sie durch eine weitere spannende Blütenform und ihre leuchtenden Farben (reines Weiß oder knalliges Pink). Vorkultur lohnt sich, bei Direktsaat sind die Ergebnisse arg unsicher.

SAMEN ERNTEN

Samen, die sich von Grün zu Braun oder Schwarz färben und leicht aus ihrer Hülle lösen, sind reif und können an einem trockenen sonnigen Tag geerntet werden. Grob sieben, falls nötig auf Küchenkrepp nachtrocknen lassen, dann in beschriftete Tütchen aus Papier oder Kaffeefilter füllen und dunkel, kühl und trocken lagern. Angst, den richtigen Zeitpunkt zu verpassen? Gazesäckchen locker um die heranreifenden Fruchtstände binden, so gehen ausfallende Samen nicht verloren.

EISKALT AUSGETRICKST!

Kaltkeimer wie der Klatsch-Mohn (*Papaver rhoeas*) brauchen einen Kältereiz, um keimen zu können. Da den meisten Arten Temperaturen zwischen 4 und 6 °C genügen, kann man sie gezielt in der mittleren Zone des Kühlschrank zum Keimen animieren: In eine Schale mit Erde oder feuchtem Küchenkrepp säen, mit Klarsichtfolie überspannen und zwei Wochen bei Zimmertemperatur aufstellen, dann sechs bis acht Wochen im Kühlschrank deponieren und schließlich bei etwa 12 °C wieder wärmer platzieren.

aber nie, zumal er sich leicht jäten lässt. Vielmehr wissen ihn viele Blumenfreude sehr zu schätzen, denn die eigentlich volle Sonne gewohnte Pflanze blüht oft selbst im Schatten noch gut, schnappt Löwenzahn und Konsorten die Pflasterritzen weg, macht sich ganz wunderbar in Kiesgärten und versteckt die Schutthaufen vom Hausbau gnädig unter einem blühenden Teppich.

Auch das Spanische Gänseblümchen (*Erigeron karvinskianus*) erfreut sich einer beachtlichen Wuchskraft und vieler Fans. Die Freitreppen zahlreicher britischer Herrenhäuser wirken dank der südamerikanischen, bei uns einjährigen Polsterstaude wie mit Blüten bestreut und verleihen strengen Formen eine verspielt-romantische Note. Der Dauerblüher samt sich ebenfalls reichlich aus, ist bei Bedarf aber auch rasch wieder entfernt.

VORZIEHEN BRINGT VORTEILE

Wer seine Balkonkästen und -ampeln nach den Eisheiligen mit wärmeliebenden Balkonblumen wie Verbenen oder Zauberglöckchen bestücken möchte, muss diese beizeiten vorkultivieren, am besten gleich Anfang März. Die Anzucht auf der Fensterbank kann sich aber selbst für Arten lohnen, die prinzipiell auch bei einer Freilandaussaat noch rechtzeitig und sicher keimen. In schneckenreichen Gärten zum Beispiel. Dort sind die Pflanzen bereits über das empfindlichste Stadium hinaus, wenn sie zum ersten Mal „Feindkontakt" haben. Außerdem ist das Vorziehen sozusagen das Gegenstück zum Ausdünnen: Vorgezogene Pflanzen können Sie gezielt verwenden, um Lücken im Bestand zu schließen, und müssen auch nur an dieser Stelle ins Beet steigen. Bei der Freiland- und insbesondere der Selbstaussaat ist es umgekehrt: Sie können erst entspannt abwarten, bis sich die Pflänzchen entwickelt haben, müssen dann aber möglicherweise gleich mehrfach durch die Rabatte balancieren, um zu dicht oder aus Gärtnersicht am falschen Platz stehende Exemplare zu entfernen.

BLÜTENSCHMUCK FÜR BALKON UND TERRASSE

Wer Lust auf Blütenpracht, aber wenig Platz zur Verfügung hat, greift zu bewährten Balkonpflanzen – und erlebt trotzdem manchmal eine Enttäuschung: Wo sind nur die überquellenden Blumenampeln, die Balkonkästen, von

Hanging Basket: Für solch ein Blütenallerlei sollten die Pflanzpartner sich in der Wuchskraft ähneln – oder die weniger wüchsigen Arten müssen bei der Pflanzung einen Wachstumsvorsprung haben.

denen üppige Blütenvorhänge herabwallen, die bepflanzten Kübel, bei denen das Laub vor lauter Blütenfülle nicht mehr zu sehen ist? Damit die Vielblüher ihr Potenzial voll entfalten können, brauchen auch sie ein Mindestmaß an Aufmerksamkeit – und das heißt vor allem ausreichend Wasser und Dünger, letzteren in der Flüssigdüngervariante mindestens einmal, bei voller Blüte ruhig auch zweimal in der Woche. Bei nachlassender Blühfreudigkeit lässt sich die Blütenbildung oft durch einen Rückschnitt gezielt anregen. Den größten Einfluss auf die Reichblütigkeit hat aber der Standort. Die meisten Arten vertragen zwar durchaus Halbschatten, doch nur volle Sonne kitzelt Höchstleistungen aus ihnen heraus. Einige, wie die im Sortenreichtum unübertroffenen Petunien und der zarte, aber leuchtstarke Elfensporn (*Diascia*), reagieren mitunter auch verschnupft auf starken Wind und herabprasselnden Regen und sind daher für geschützte und/oder überdachte Plätze am besten geeignet. Dem optisch ähnlichen Elfenspiegel hingegen macht das wenig aus. Das gilt auch für die an Mini-Petunien erinnernden Zauberglöckchen. Sie können zudem damit punkten, dass man sie nicht ausputzen, also Verblühtes entfernen, muss. Die groß- wie die kleinblütigen Varianten haben allerdings einen sehr hohen Wasserbedarf – das muss man leisten können und wollen, andernfalls ist vielleicht das genügsame, schön buschig-rund wachsende Blaue Gänseblümchen (*Brachyscome*) die bessere Wahl.

Auch über die Wuchskraft der künftigen Balkonbewohner lohnt es sich nachzudenken, zumindest immer dann, wenn Sie eine gemischte Bepflanzung in Kästen oder Ampeln anstreben. Goldtaler (*Asteriscus maritimus*), Husarenknöpfchen (*Sanvitalia procumbens*) und der durstige Zweizahn (*Bidens*) sind überaus dankbare Pflanzen (allesamt mit goldgelben Blüten) und perfekt für jeden, der sich nicht groß kümmern kann. Sie überrollen in ihrem Überschwang weniger wüchsige Arten jedoch im Nu.

SCHATTENBLÜHER FÜR NORDBALKONE

Zu den Pflanzen, die sich im Schatten wirklich wohlfühlen, gehört das Schiefblatt (*Begonia*). Begonien gibt es in zahlreichen Wuchs- und Farbvarianten von reinem Weiß über Rosa, Rot und Orange bis hin zu Gelb und

ZIMMER-GEWÄCHSHAUS

Wärme, Licht und „gespannte Luft" (also hohe Luftfeuchtigkeit) schaffen optimale Keimbedingungen – und genau für die sorgt ein Zimmergewächshaus aus Kunststoff. Vorteile gegenüber einer gespannten Klarsichtfolie: Es sitzt immer richtig, bietet den Sämlingen genug Platz in der Höhe, lässt sich durch Schiebeelemente dosiert belüften und sieht, je nach Modell auch noch richtig gut aus.

Schon ein einfaches Zimmergewächshaus aus Kunststoff erleichtert die Pflanzenanzucht sehr.

sämtlichen Zwischentönen – wobei die Farben oft schon an gewöhnungsbedürftige Neontöne grenzen, aber im vollen Schatten ist Meckern bezüglich intensiver Farben definitiv nicht angesagt. Ein wenig dezenter lassen es das Fleißige Lieschen und das Edel-Lieschen angehen. Die Blüten der bis 50 cm hohen buschig wachsenden Sommerblumen mit dem glänzend grünen Laub leuchten in Weiß, Rot und verschiedenen Rosa- und Violetttönen und blühen ebenfalls überreich.

Nicht übermäßig begeistert, aber auch nicht tödlich beleidigt zeigt sich die Schneeflockenblume (*Sutera cordata*) im vollen Schatten und öffnet auch hier ihre weißen Blütchen, wenngleich in deutlich geringerer Zahl als in der Sonne. Mit ihrem runden Wuchs ist sie ebenfalls ein gefälliger Schmuck für Nordbalkone und -terrassen.

Eine noch recht neue, aber zur Recht schon weithin bekannte Balkonblume ist der Zauberschnee (*Chamaesyce hypericifolia*). Die wie die meisten Wolfsmilchgewächse giftige Pflanze begeistert durch einen gleichmäßig runden, kompakt-buschigen Wuchs und ihre flirrenden weißen Blüten, aber auch durch ihre inneren Werte: hitze- und trockenheitsverträglich, dauerblühend und für vollsonnige, halbschattige und schattige Plätze geeignet – das grenzt wirklich an Zauberei.

BLÜTENSPASS IN XXL

Regelmäßig mit Dünger versorgt, entwickeln sich viele Sommerblumen überaus prächtig. Einige sind besonders geeignet, in größeren Kübeln einen Soloauftritt aufs Parkett, Pardon, die Terrassenfliesen zu legen. Dazu gehören zum einen die Strauchmargeriten (*Argyranthemum frutescens*): Ob klassisch mit weißen Zungenblüten, ganz in Gelb oder knallig in Pink oder Rot, vom halbkugeligen Busch bis zum Hochstämmchen mit runder Krone machen die eigentlich mehrjährigen Pflanzen mit dem silbrig-grünen Laub immer einen aufgeräumten Eindruck. Wer Verblühtes regelmäßig ausschneidet, sichert sich von Juni bis Oktober fortlaufend neue Blütenknospen – Sonne und eine gleichmäßige Wasserversorgung vorausgesetzt. Frostfrei überwintert, wiederholt sich das Blütenspektakel im nächsten Jahr. Das ist prinzipiell auch beim Kapkörbchen (*Osteospermum*) möglich. Die überaus attraktive Südafrikanerin mit dem fleischigen dunkelgrünen Laub trägt entfernt an Gerbera erinnernde Blüten in nahezu allen Farbtönen außer in Grün und reinem Rot. Auch mehrfarbige und Sorten mit löffelförmigen Blütenspitzen stehen zur Wahl. An einem warmen, sonnigen Platz, notfalls auch im Halbschatten, selbst ohne ständiges Gießen ein Dauerblüher.

Chrysanthemen (*Chrysanthemum*) haben sich dank ihrer späten, überreichen Blüte über Jahrzehnte hinweg ihr Publikum bewahrt. Wobei „späte Blütezeit" heute relativ ist, man erhält im Gewächshaus gezogene Exemplare nahezu die ganze Gartensaison über. Die mit einfachen, halb- oder gefüllten Blüten sowie in vielen verschiedenen Farben erhältlichen Spätsommer- und Herbstblüher gedeihen am besten im Halbschatten, kommen aber in der Regel auch im Schatten und an sonnigen Plätzen gut zurecht. Das einzige, was sie wirklich übelnehmen, ist ein Übermaß an Feuchtigkeit – nasse Füße sind ebenso zu vermeiden wie eine zu dichte Pflanzung. Zusammen mit Gräsern und Stauden sind Chrysanthemen Garanten für stimmungsvolle Herbstbilder.

Löwenmäulchen wirken je nach Wuchshöhe (15–120 cm) und Blütengröße elfenhaft-zart oder bombastisch. Bester Schnittzeitpunkt für die Vase: Wenn ein Drittel der Blüten geöffnet ist.

BUNTES FÜR BAUERNGARTEN UND VASE

Insbesondere einige Bauerngartenstauden haben als Nostalgiepflanzen eine beeindruckende neue Karriere begonnen, vielen Einjährigen hingegen steht dieser Schub noch bevor. Der Atlasblume (*Clarkia amoena, C. grandiflora*) beispielsweise, mit ihren azaleenartigen Blüten in verschiedenen Rot- und Rosatönen. Den unverwechselbaren Strohblumen (*Xerochrysum bracteatum*), deren bunte, wie lackiert glänzende Blüten man bereits im frischen Zustand rascheln zu hören vermeint, oder dem ebenso gut als Trockenblume geeigneten, in vielen leuchtenden Farben erhältlichen Strandflieder (*Limonium*). Der Jungfer im Grünen wiederum, dieser bezaubernden Schönheit mit den weißen, rosafarbenen oder himmelblauen Sternenblüten, dem filigranen Laub und den auch getrocknet noch sehr attraktiven Samenkapseln, ist der Relaunch bereits geglückt, genau wie den verführerisch duftenden Levkojen (*Matthiola incana*). Deren gefüllte oder ungefüllte Blüten leuchten je nach Sorte in Pastelltönen oder kräftigeren Nuancen – wie die von *Nigella* vorzugsweise in der Sonne, aber auch im Halbschatten.

Auch Löwenmäulchen, der duftende Zier-Tabak (*Nicotiana alata, N. × sanderae; N. sylvestris* bevorzugt Halbschatten; alle stark giftig) und die je nach Sorte zwischen 30 und 90 cm hohen Sommerastern (*Callistephus*) sind nie ganz aus der Mode gekommen, ebenso wenig die kunterbunten, in zig Farbvarianten, mit einfachen, ungefüllten oder pomponartigen Blüten erhältlichen Zinnien – ihre leuchtenden Farben und ihr robustes Wesen sicherten den im Beet wie in Kübeln zuverlässigen Sommerblühern zu jeder Zeit eine treue Fangemeinde. Interessanterweise gilt das sogar für die einjährigen Salbei-Arten, etwa *Salvia coccinea* oder *S. splendens*, obgleich sie aus der Zeit der gleichermaßen plakativen wie pflegeintensiven Wechselflorrabatten stammen, deren Stern bereits seit Jahrzehnten im Sinken begriffen ist. In fröhliche Bauerngärten integriert, überstanden sie manche Durststrecke und kommen nun in modernen Sommerblumenrabatten zu neuen Ehren – etwa beim Farbthema Schwarzrot, das Salbei und Zier-Tabak mit Mangold, Artischocken, Indischem Blumenrohr und Wunderbaum (*Rhicinus communis*, z. B. 'Carmencita' oder 'Gibsonii Mirabilis'; stark giftig) kokettieren lässt.

WUNDERBARE WUNDERBLUME

Die mit Blüten in verschiedenen Farben überraschenden Wunderblumen (*Mirabilis jalapa*) werden meist kostengünstig aus Samen herangezogen, es sind aber tatsächlich Knollenpflanzen. Im Herbst können Sie die Speicherorgane wie Dahlien ausgraben und frostfrei überwintern – oder bei Kübelhaltung einfach den kompletten Topf frostfrei platzieren.

Zart im Farbton, intensiv im Duft, mit dieser Kombi gewinnen Levkojen die Herzen. Die ab Mai blühenden Nostalgiepflanzen versamen sich reichlich, wenn man sie lässt.

Apropos Knalleffekte. Nicht aus fröhlich-bunten Blumengärten wegzudenken, sind die unzähligen Varianten der Sonnenblume (*Helianthus annuus*). Ob meterhoch mit Riesenblüten oder zu kompakten Zwergen für die Balkonbegrünung geschrumpft, ob in reinem Gelb, glühendem Rot oder mehrfarbig, ob gefüllt oder ungefüllt, ob als optischer Hochgenuss oder – je nach Sorteneignung – auch zum Knabbern der leckeren Kerne angebaut, die Gute-Laune-Pflanzen sind beliebt wie eh und je. Farblich passen sie besonders gut zu anderen leuchtstarken Blühern. Zu denen gehört zweifelsohne auch das Schmuckkörbchen – und zwar nicht in erster Linie das schon beinahe zum Scheinwerfer taugende Gelbe Schmuckkörbchen (*Cosmos sulphureus*), sondern vor allem das famose Fiederblättrige Schmuckkörbchen (*Cosmos bipinnatus*). Dem knalligen Pink, dem zarten Rosa und dem klaren Weiß der traditionellen Sorten haben auch die neueren Züchtungen mit karminroten, halbgefüllten, mehrfarbigen, gefransten oder gerollten Blüten wenig entgegenzusetzen (eine Ausnahme ist die liebreizende zartgelbe Sorte 'Xanthos'). Mädchenhaft und selbstbewusst zugleich setzen sie sich samt frischgrünem Laubkleid in Szene, wobei die Leuchtkraft durch die mittig angeordneten gelben Röhrenblüten noch verstärkt wird. Farblich und in der Blütenform finden sie in der Trichtermalve (*Malope trifida*) eine schöne Ergänzung, einem ebenfalls um die 60–100 cm hohen Malvengewächs mit becherförmigen weißen oder purpurfarbenen Blüten, an deren Grund wie ein grüner Stern die Kelchblätter durchblitzen.

WILDBLUMENWIESE ANLEGEN

Die blütenreiche Rasenalternative spart häufiges Mähen und macht glücklich.

Boden vorbereiten
Die artenreichsten Blumenwiesen wachsen auf mageren Standorten. Wer das nachahmen möchte, muss die Rasensoden abtragen, den Boden lockern und sehr viel Sand einarbeiten. Eine Fettwiesenmischung spart das Abmagern, die enthaltenen ein- und mehrjährigen Arten gedeihen auch auf nährstoffhaltigeren Böden.

Aussäen
Am besten im März, April oder Mai. 2–10 g Saatgut je Quadratmeter reichen meist völlig aus. Den Boden anschließend drei, besser aber vier bis sechs Wochen leicht feucht halten.

Mähen
Eingewachsene Wiesen werden im Juni und im August gemäht – oder Ende September, falls sich die Blumen versamen sollen. Im Aussaatjahr aber schon mähen, sobald die Pflanzendecke geschlossen ist, das hält wüchsige Unkräuter in Schach.

K WIE KULTURFOLGER

In Getreidefeldern sind Kornblume (*Centaurea cyanus*), Kornrade (*Agrostemma githago*), Klatsch-Mohn und Kamille (*Matricaria recutita*) leider selten geworden, im Bauerngarten und Gemüsebeet hingegen kann man sie gezielt ansiedeln und sich im Sommer an den Blüten der anspruchslosen Einjährigen erfreuen. Eine schöne Ergänzung ist auch der azurblaue Gemeine Lein (*Linum usitatissimum*). Die alte Kulturpflanze – aus ihren Stängeln wird die Flachsfaser gewonnen – ist ein ebenso hübscher wie unaufdringlicher Lückenfüller und lockert zudem den Boden. Da keine nahe Verwandtschaft zu den gängigen Gemüsearten besteht, kann sie auch sehr gut breitflächig

UNERSETZLICH: HORNVEILCHEN

Stiefmütterchen (*Viola × wittrockiana*) setzen mit großen und oft sehr plakativen, mehrfarbigen Blüten bunte Farbtupfer, landen aber schnell auf dem Kompost. **Hornveilchen (*V. cornuta*)** sind in Blütengröße und Farbe zurückhaltender, bereiten aber dank Selbstaussaat viele Jahre Freude, blühen oft den Winter durch und sind die perfekte Unterpflanzung für Gehölze in Kübeln.

als Gründüngungspflanze ausgesät werden. Das gilt auch für den Bienenfreund. Die in Teilen Nord- und Südamerikas verbreitete Pflanze ist ebenfalls eine wertvolle Gründüngungspflanze und eine ergiebige Trachtpflanze für Bienen, da die blauvioletten Blüten besonders viel Nektar produzieren. Mit einem Zusatznutzen können auch einige weitere beliebte Bauerngartenpflanzen aufwarten: Die Studentenblumen (vor allem die Sorte 'Single Gold') und, wenngleich in geringerem Maße, die Ringelblume halten durch ihre Wurzelabsonderungen schädliche Nematoden fern. Wie übrigens auch einige Stauden, etwa Kokardenblume, Sonnenhut und Mädchenauge.

KLASSIKER UND NEWCOMER

Die bringen Kästen und Kübel zum Aufblühen.

Schnappmäulchen
Torenia

sonnig

mehrfarbige Blüten in vielen Farbkombinationen; wärmebedürftig, wüchsig

Männertreu
Lobelia

sonnig bis halbschattig

grazile blaue bis violette Blüten, kompakt-kissenförmig bis überhängend wachsend; geringer Nährstoff-, aber hoher Wasserbedarf

Mecardonia

sonnig bis halbschattig

gelbe Blüten, langsam wachsend, auch als Bodendecker geeignet; hitze- und trockenheitsverträglich

Fächerblume
Scaevola

sonnig bis halbschattig

mehrfarbige Blüten in vielen Farbkombinationen; wärmebedürftig, wüchsig

Blaue Koboldblume
Monopsis unidentata

sonnig bis halbschattig

zierliche, aber in großer Zahl erscheinende violettblaue Blüten; mittelstark und kompakt wachsend; wetterfest, nicht austrocknen lassen

Verbenen
Verbena

sonnig bis halbschattig

ein- oder mehrfarbige Blüten in Weiß, Rosa, Rot, Violett, gezähnte dunkelgrüne Blätter; stets leicht feucht halten, aber Staunässe vermeiden

Angelonie
Angelonia

sonnig

Blüten in Weiß, Rosa, Blauviolett, buschig-aufrecht wachsend; hitze- und trockenheitstolerant

Duftsteinrich
Lobularia

sonnig bis halbschattig

bildet dichte Kissen weißer, rosafarbener oder violetter Blütentrauben mit zartem Duft, kompakt-runder Wuchs; Rückschnitt lohnenswert, schön auch als Unterpflanzung

MEHR IST MANCHMAL EINFACH MEHR:
PLÄTZE FÜR BUNTE SOMMERBLUMEN FINDEN SICH IMMER.

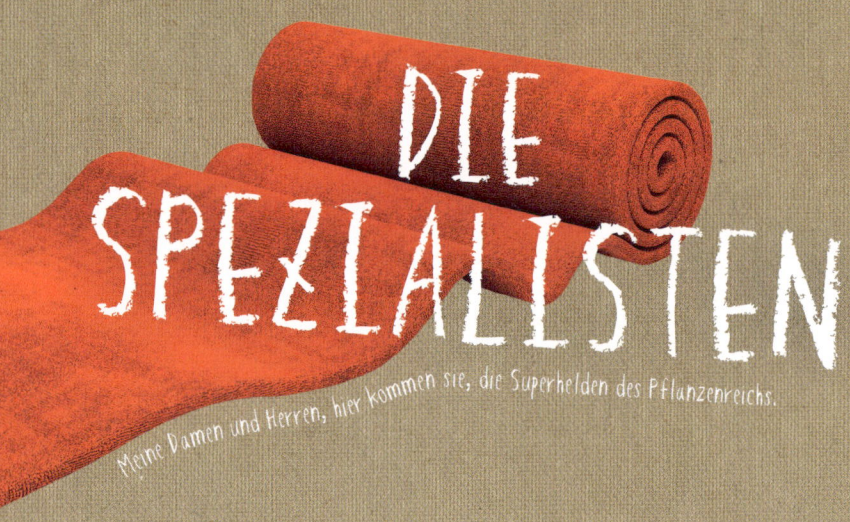

DIE SPEZIALISTEN

Meine Damen und Herren, hier kommen sie, die Superhelden des Pflanzenreichs.

Sie kennenzulernen, ist aufregend, sich in sie zu verlieben kinderleicht – wenigstens ein paar zu sich nach Hause einzuladen unvermeidlich. Hier sind sie, die Stauden für gewisse Flächen.

Es gibt die typischen Beetstauden. Und es gibt die Freaks; die Eroberer und die Mauerblümchen, die Himmelstürmer und Starletts, die duften Typen und die, die immer obenauf schwimmen, auch wenn ihnen das Wasser bis zum Hals steht. Oft sind es positive Zufälle, durch die man sie kennenlernt – ein Mitbringsel, eine Entdeckung beim Pflanzentauschmarkt oder ein Aha-Erlebnis auf einer Reise. Mitunter beginnt die Beziehung zu den etwas anderen Stauden aber auch als wenig begeisterte Zweckpartnerschaft, weil nämlich Spezialisten für vermeintliche Problemstandorte gesucht werden. Nicht selten entbrennt die Liebe zu den zunächst als Notlösung betrachteten Pflanzen dann jedoch umso heftiger, wenn sie es dank ihrer außergewöhnlichen Fähigkeiten schaffen, bislang wenig beachtete Gartenbereiche ins rechte Licht zu rücken. So oder so, grüne Freaks inspirieren zu neuen Ideen und sollten in keinem Garten fehlen.

Bodendecker

Die nackte Erde verbergen, das sollen alle Pflanzen. Einige können es aber besonders gut, und die werden unter dem Begriff Bodendecker zusammengefasst. Die Übergänge zu den Polsterstauden sind fließend: Auch Polsterstauden können große Flächen bedecken, wie das Beispiel des Filzigen Hornkrauts (*Cerastium tomentosum*, z. B. 'Silberteppich') zeigt, sie breiten sich aber meist langsamer aus als Bodendecker, und sind von kissenartigem, klar konturiertem Wuchs.

Bodendecker hingegen umfassen vor allem zwei Wuchstypen: Arten wie das Kleine Immergrün (*Vinca minor*), das dank seiner Wurzeln bildenden Triebe wie mit langen Fingern immer mehr Raum umfasst, und Arten wie das Vorfrühlings-Alpenveilchen, die sich mit der Zeit vermehren und aus einer Vielzahl kleiner Einzelpflanzen größere Teppiche bilden. Die Wuchshöhe der Bodendecker bewegt sich überwiegend zwischen 5 und 40 cm, einige Storchschnabel-, Beinwell-, Funkien- und Knöterich-Arten oder aber auch die filigranen Wald-Astern (*Aster divaricatus*) erreichen aber durchaus 50–70 cm. In Sachen Wüchsigkeit sind alle Temperamente vorhanden, von sich bedächtig, aber beständig ausbreitenden Vertretern bis hin zu Wildfängen, deren Ziel nicht weniger als die komplette Gartenroberung zu sein scheint.

Das 15 cm hohe Kleine Immergrün behält seine glänzend-grünen Blätter das ganze Jahr hindurch und schmückt sich im April und Mai mit violettblauen Blüten. Ein pflegeleichter Bodendecker für den Halbschatten oder Schatten.

Sowohl Polsterstauden als auch Bodendecker können sich harmonisch in abwechslungsreiche Pflanzungen einfügen, sofern man langsam wüchsige Arten nicht mit übergriffigen Nachbarn kombiniert oder letztere beizeiten zurückschneidet oder aber umgekehrt rasant raumgreifende Arten mit konkurrenzstarken Pflanzen kombiniert, die ihnen Einhalt gebieten.

SOKO SONNENBRAND

Viele Pflanzen mögen sonnige Plätze, aber sonnig, heiß und trocken? Da hört der Spaß oft ganz schnell auf. Zum Glück haben sich zahlreiche Polsterstauden auf genau solche Extremstandorte spezialisiert, darunter viele Vertreter der *Steingartenfraktion* SEITE 100. Meist wird einer abwechslungsreichen kleinteiligen Bepflanzung der Vorrang gegeben, mitunter sollen aber auch größere Flächen begrünt oder noch besser beblüht werden, sei es in Hanggärten oder auch im Regenschatten von Gebäuden. Der Polster-Phlox (*Phlox subulata*, *P. douglasii*), niedrige Fetthennen (z. B. *Sedum floriferum* 'Weihenstephaner Gold'), Wolliger Ziest, Grauer Storchschnabel (*Geranium cinereum* 'Ballerina'), Dost (*Origanum vulgare*) und Thymian-Arten (z. B. *Thymus herba-barona*, *T. serpyllum*, *T. × citriodorus*) zeigen hier, was in ihnen steckt. Wohlgemerkt wenn man sie lässt, denn sie können sich auch ganz gut zurückhalten und werden nicht lästig. Insbesondere Dost und Thymian füllen auch Lücken zwischen Gehwegplatten in mediterranen Kiesgärten, viele Thymian-Arten halten sogar gelegentliches Betreten aus.

TEAM GOLDENE MITTE

Wo es sonnig bis halbschattig und der Boden nicht mehr ganz so trocken ist, erweitert sich die Auswahl geeigneter Arten schlagartig. Ein ebenso attraktiver wie robuster Bodendecker, der auch als Rasenersatz propagiert wird, ist die Teppichverbene (Phyla nodiflora). Ihre kleinen rosafarbenen Blütenköpfchen erinnern aus der Nähe an die des Wandelröschens (Lantana camara, stark giftig, als Balkonschmuck sehr beliebt) und duften zart. Kräftig rosa bis pink sind hingegen die von Mai bis in den August hinein erscheinenden Blüten des Scheinwaldmeisters (Phuopsis stylosa, auch Baldriangesicht genannt) – ein wuchskräftiger Bodendecker, dessen dichte Polster sich durch gelegentlichen Rückschnitt jedoch gut begrenzen lassen. Ebenso hübsch wie ausbreitungsfreudig sind auch die wintergrüne Garten-Silberwurz (Dryas × suendermannii) mit ihren großen weißen Blüten über kräftig-grünen derben Laubmatten sowie das filigrane, aber nicht zu unterschätzende Zimbelkraut (Cymbalaria pallida), das besonders in der violett blühenden Variante mit niedlichen Blütengesichtern erfreut.

Als echter Dauerblüher erweist sich die auch als Blauer Bubikopf bezeichnete Teppichlobelie (Pratia pedunculata): Von Mai bis zum ersten Frost bildet sie von blauen Sternchenblüten übersäte frischgrüne Matten, ehe sie den Winter über wieder einen Blick auf den Boden erlaubt. Die Große Sternmiere (Stellaria holostea) hingegen blüht zwar kürzer (April bis Juni), bleibt aber auch in der kalten Jahreszeit ansehnlich grün, genau wie das Weiße Fingerkraut (Potentilla alba × sterilis) und der Kriechende Günsel (Ajuga reptans), der seine glänzenden grünen bis rotbraunen Blätter im Mai und Juni verwegen mit violettblauen Blüten kombiniert. Für kleinere Flächen sind auch Veilchen eine Zierde, allen voran das Pfingst-Veilchen (Viola sororia). Im Größenvergleich ein echter Riese ist hingegen das elegant-bizarre Brandkraut (Phlomis russeliana). Im Juni und Juli schmücken mehrere Etagen hellgelber, wie Donuts um die Stängel liegende Blüten die bis zu 100 cm hohen Triebe. Selbst im trockenen Zustand wirkt die Präriestaude äußerst ansprechend und setzt Akzente im winterlichen Garten. Brandkraut ist aufgrund seiner Wüchsigkeit allerdings eher für große Flächen geeignet, genau wie der in großen Gruppen sehr ansprechende Teppich-Knöterich (Polygonum affine) mit seinen rosaroten Blütenkerzen – auf feuchten Flächen verträgt er auch volle Sonne.

Ebenfalls sehr ausbreitungsfreudig ist die sich stark versamende Braunelle (Prunella grandiflora). Um ihr Einhalt zu gebieten, müssen Sie Verblühtes konsequent ausschneiden, auf größeren Flächen kann auch ein Freischneider zum Einsatz kommen. Auch der Felsen-Storchschnabel (Geranium macrorrhizum) und der Gold-Felberich (Lysimachia punctata) breiten sich gerne aus, genau wie die Wald-Erdbeere (Fragaria vesca), die erst mit weißen Blüten und dann mit aromatischen Früchten bezaubert. Besonders auffällig ist die halbgefüllt blühende Sorte 'Plena'.

SPECIAL FORCES FÜR DEN SCHATTEN

Vollschatten allein ist schon eine echte Herausforderung. Wenn sich die Fläche dann aber auch noch im Wurzelbereich von Bäumen und Sträuchern befindet, heißt es Ohren anlegen – schattig und trocken und Wurzeldruck, das schaffen nur die ganz Harten. Mit leuchtend gelben Blüten warten sowohl die 10 cm hohe Golderdbeere als auch das geniale, 30 cm hohe Teppich-Johanniskraut (Hypericum calycinum) auf – ganz unbescheiden, aber

WALDREBEN ALS BODENDECKER

Clematis werden vorwiegend als Kletterpflanzen eingesetzt, eignen sich aber auch als attraktive Bodendecker. Am schönsten wirken kleinblumige Arten und Sorten, beispielsweise die Großblättrige Waldrebe (C. heracleifolia), die Aufrechte Waldrebe (C. recta), die Ganzblättrige Waldrebe (C. integrifolia) und die Stauden-Waldrebe (C. jouiniana).

Der Teppich-Hartriegel wird gerade mal 20 cm hoch, ist mit dem eleganten Laub und den ab Mai erscheinenden Blüten aber ein aparter Blickfang. Das im Herbst glühend rot verfärbte Laub bleibt in milden Wintern haften.

hochverdient. Das Johanniskraut ist immergrün und punktet auch noch mit einer tollen Herbstfärbung und rotem Fruchtschmuck. Die Gefleckte Taubnessel (*Lamium maculatum*) legt ebenfalls ein gesundes Selbstbewusstsein an den Tag: Über ihrem attraktiv panaschierten Laub erheben sich im Mai/Juni zahlreiche Blüten in zartem Rosa bis kräftigem Violett. Weiß blühende Sorten sowie die hellgelben Blüten der optisch sehr ähnlichen Goldnessel (*Lamiastrum galeobdolon*) bringen zusätzlich Licht ins Dunkel.

Mit der Bodenfeuchte steigt auch im vollen Schatten die Zahl geeigneter Bodendecker. Beliebte und bewährte Arten sind Gedenkemein (*Omphalodes verna*), Pfennigkraut (*Lysimachia nummularia*) sowie einige Elfenblumen (z. B. *Epimedium × perralchicum* 'Frohnleiten', *E. alpinum*, *E. rubrum* 'Galadriel', *E. × versicolor* 'Sulphureum'). Letztere krönen ihr meist wintergrünes attraktives Laub im April/Mai mit grazilen Blüten, die über den Blättern tanzen. Seltener anzutreffen, aber ebenso hübsch wie funktionstüchtig sind der Teppich-Beinwell (*Symphytum grandiflorum*) mit seinen cremefarbenen oder zwischen rosa, violett und himmelblau schwankenden Blütenglöckchen, der ebenfalls zu den Borretschgewächsen zählende Rauling (*Trachystemon orientalis*) und der 30–40 cm hohe Turiner Meister (*Asperula taurina*), sozusagen die größere Variante des Waldmeisters. Die Waldraute (*Trautvetteria caroliniensis*) legt größentechnisch noch eine Schippe drauf: Ihre duftenden weißen Blüten schweben auf bis zu 100 cm Höhe über dem geschlitzten Laub. Ein echter Geheimtipp für moderne Gestaltungen sind die Schmale Lilientraube (*Liriope graminifolia*) und der Teppich-Hartriegel (*Cornus canadensis*). Die Lilientraube bildet mit ihrem wintergrünen grasartigen Laub dichte frischgrüne Flächen, aus denen sich von August bis Oktober mit rosa überhauchten Blütenperlen besetzte Triebe hervorschieben. Der Hartriegel bedeckt den Boden sehr gleichmäßig, ab Juni zieren ihn von weißen Hochblättern umgebene Blüten, danach rote Früchte.

ACHTUNG, WUCHERER!

Um stark wachsende Arten wie Brandkraut, Goldnessel, Golderdbeere, Turiner Meister oder den Teppich-Knöterich erfolgreich in den Garten zu integrieren, gibt es drei Möglichkeiten: Genug Fläche zur Verfügung stellen. Mit ähnlich durchsetzungsstarken Arten kombinieren. Den Ausbreitungsdrang mithilfe einer Rhizomsperre begrenzen. Bei letzterem handelt es sich um eine besonders robuste Folie (die ausdrücklich als Rhizomsperre ausgewiesen sein sollte!), die in den Boden eingegraben wird. Mindestens 5 cm sollten noch herausschauen, um einem Überwachsen vorzubeugen.

DIE HALTEN DICHT!
DIE BESTEN BODENDECKER

Gemeinsam sind wir stark, nach diesem Motto rücken viele Bodendecker nackter Erde und aufkeimendem Unkraut zu Leibe. Unsere fünf hier vorgestellten Spezialisten schaffen es sogar im Alleingang, größere Flächen in blühende Teppiche zu verwandeln, selbst an Extremstandorten.

CHINESISCHE BLEIWURZ

Ceratostigma plumbaginoides, auch Kriechende Hornnarbe genannt, fühlt sich auf vollsonnigen Flächen mit durchlässigem Boden wohl. Der sehr trockenheitsverträgliche Bodendecker wird etwa 25 cm hoch und trägt von August bis in den Oktober hinein leuchtend blaue Blüten. Zusammen mit der prachtvollen roten Herbstfärbung erzielt er eine beeindruckende Wirkung. Wer auf Nummer sicher gehen will, pflanzt im Frühjahr und hält im ersten Jahr Winterschutz bereit.

ZWERG-CHINA-ASTILBE

Selbstbewusst reckt *Astilbe chinensis* var. *pumila* ihre straff aufrecht stehenden Blütenkandelaber gen Himmel. Die nur 20–30 cm hohe Art mit dem attraktiven Laub verträgt für eine Prachtspiere relativ viel Sonne und Trockenheit, ein absonniger bis halbschattiger Platz und frischer Boden sind ihr aber lieber. Sie blüht im August und September, die trockenen Blütenstände sind auch im Winter noch eine Zierde. Tipp: Wer es höher mag, wählt die ebenfalls ausläuferbildende *A. chinensis* var. *taquetii*.

IMMERGRÜN

Das Große Immergrün (*Vinca major*) ist auf großen Flächen ein äußerst dankbarer Bodendecker und „verschluckt" außerdem herabfallendes Laub im Nu. Besonders ansprechend ist die panaschierte Sorte 'Variegata' (im Bild). Die 25–40 cm hohe Art gedeiht sowohl im Halb- als auch im Vollschatten sowie im Wurzelbereich von Bäumen. In rauen Lagen ist Winterschutz sinnvoll, alternativ kommt das noch frostverträglichere Kleine Immergrün (*Vinca minor*) in Frage. Es wird nur 10–15 cm hoch und braucht etwas feuchteren Boden.

GEFLECKTE TAUBNESSEL

Lamium maculatum ist auch vor und nach der Blüte im Mai/Juni ein echter Gewinn, denn der 15–20 cm hohe Bodendecker schmückt sich mit auffällig panaschierten gezähnten Blättern. Der Weiß-Anteil variiert je nach Sorte von einem markanten Mittelstreifen (im Bild: 'Elisabeth de Haas', pink blühend) über silbrig-grün gescheckt ('White Nancy', weiß blühend) bis zu fast weiß mit grünem Rand ('Pink Pewter', rosa Blüten). Verträgt vollen Schatten, auf feuchten Böden aber auch Sonne und ist in milden Wintern wintergrün.

GOLDERDBEERE

Klein, aber oho, auf kaum eine Staude trifft das so zu wie auf *Waldsteinia ternata*. Die gerade mal 10 cm große trockenheitsverträgliche Staude bedeckt umgehend auch größere Flächen mit ihrem erdbeerartigen, wintergrünen Laub und den im April/Mai erscheinenden goldgelben Blüten. Auch mit Wurzeldruck durch Bäume und Sträucher kommt sie bestens zurecht. Auf geschlossenen Flächen lässt die Blühfreude nach, dann einfach etwas auslichten. Prima auch im Team mit Immergrün.

Mauerblümchen

Wer auch immer den Begriff vom scheuen, nichtssagenden Mauerblümchen in die Welt gesetzt hat, Gärtner können es nicht gewesen sein. Mit eisernem Willen stemmen die kleinen, zähen, überwiegend in Gebirgsregionen beheimateten Pflanzen ihre Wurzeln in Felsritzen, krallen sich an Mauervorsprüngen fest, trotzen Wind, Frost und praller Sonne und rufen der Welt ein liebenswert-trotziges „Woll'n wir doch mal sehen!" entgegen. Woher sie die Energie für diesen Kraftakt nehmen, scheint mit Blick auf die bescheidenen Wasser- und Nährstoffansprüche ein Rätsel.

STEINGÄRTEN

Angesichts der bewundernswerten Fähigkeiten vieler Mauerblümchen verwundert es nicht, dass viele Pflanzenfreunde ihnen mit eigenen Steingartenanlagen huldigen. Manchmal mündet die Verehrung sogar in einem Alpinum, in dem mithilfe sorgfältigst zusammengestellter Substratmischungen genau die Bodenstrukturen und pH-Werte der natürlichen Standorte nachgebildet werden.

Alpen-Astern sind zart und zäh zugleich – solange die Erde nicht zu feucht und eher nährstoffarm ist.

GUT ZU WISSEN

Bei Steingartenpflanzen handelt es sich um Spezialisten für Extremstandorte, die in den meist überdurchschnittlich gut versorgten Gartenböden kaum gedeihen. Magere, durchlässige Erde ist Pflicht, der Boden sollte darum je nach Bodenart 20–60 cm tief ausgehoben und durch eine Schotterschicht ersetzt werden. Ein wasserdurchlässiges Vlies oben drauf verhindert, dass später Erde eingewaschen und der Wasserabzug beeinträchtigt wird. Sowohl aus optischen als auch aus praktischen Gründen (besserer Wasserablauf, höhere Sonneneinstrahlung) werden Steingärten meist als hügelige Miniaturlandschaft mit südlicher Ausrichtung angelegt. Zur Ausformung dienen Findlinge, eine Mischung aus je einem Drittel ausgehobener Erde, Splitt sowie gewaschenem Sand, zur Abdeckung und Verschönerung Schotter und Splitt in unterschiedlicher Körnung. Die Erdmischung wie auch die Wahl der verwendeten Gesteinsart(en) hängt wesentlich von den Ansprüchen der gewünschten Pflanzen ab – weshalb ein echtes Alpinum, das verschiedene Standorte abbilden soll, sehr zeit-, arbeits- und kostenintensiv ist. Empfehlenswerte Gesteinsarten sind etwa Granit, Quarzit und Basalt beziehungsweise die in Ihrer Region typischen Gesteinsarten – Findlinge aus regionalen Steinbrüchen sind zudem auch aus ökologischen Gründen empfehlenswert. Gebaut wird von außen nach innen: Zunächst zeichnen Sie die äußere Form des Steingartens mit Findlingen nach, füllen Substrat auf und verdichten es mit den Füßen, dann folgt etwas nach innen versetzt der nächste Steinring, der wiederum mit Erde verfüllt wird, und so geht es weiter, bis die gewünschte Höhe erreicht ist. Vermeiden Sie Hohlräume, da der Steingarten sonst nach den ersten Regengüssen absacken kann und außerdem Wühlmäuse angelockt werden. Wer ohnehin schon Probleme mit Wühlmäusen hat, sollte noch unter dem wasserdurchlässigen Vlies verzinktes Sechseckgeflecht mit 13 mm Maschenweite (Drahtstärke 0,7 mm) platzieren.

Ein entscheidender Kniff für eine gelungene Optik: Legen Sie die Steine nicht lose auf, sondern lassen sie nur ein bis zwei Drittel aus dem Substrat herausschauen, das wirkt natürlicher, insbesondere wenn sich später die ersten Pflänzchen anschmiegen.

MAUERBLÜMCHEN

Trockenmauern erweitern den Pflanzraum in die Vertikale. Sie dienen Eidechsen und Insekten als Unterschlupf und Sonnenterrasse.

EINSTEIGER-PFLANZEN

Steingärtnern ist eine Wissenschaft für sich. Für den Einstieg eignen sich unkomplizierte Pflanzen wie zum Beispiel Blaukissen, Steinkraut, Polster-Seifenkraut (*Saponaria ocymoides*), Immergrüne Schleifenblume (*Iberis sempervirens*), Polster-Phlox, Katzenpfötchen (*Antennaria dioica*) und Leimkraut (*Silene uniflora*, *S. schafta*). Hinzu kommen Storchschnabel (*Geranium cinereum*, *G. renardii*, *G. × cantabrigiense*, *G. sanguineum*), Alpen-Aster (*Aster alpinus*), Kugelblume (*Globularia punctata*), Grasnelke (*Armeria juniperifolia*, *A. maritima*), Hungerblümchen (*Draba*), Kuhschelle (*Pulsatilla vulgaris*) und natürlich zahlreiche Arten und Sorten von Steinbrech (*Saxifraga*), Hauswurz (*Sempervivum*) und Mauerpfeffer (*Sedum*).

Bei den Glockenblumen gibt es gleich eine ganze Reihe blühfreudiger Kandidatinnen (*Campanula carpatica*, *C. cochleariifolia*, *C. garganica*, *C. glomerata*, *C. portenschlagiana*, *C. poscharskyana*, *C. saxifraga*), ebenso in der Familie der Nelken (z. B. *Dianthus alpinus*, *D. gratianopolitanus*, *D. sylvestris*) und für absonnige bis halbschattige Bereiche sind Gänsekresse (*Arabis*), Primeln (*Primula*) und Akelei (z. B. *Aquilegia alpina*, *A. bertolonii*, *A. canadensis*, *A. flabellata* var. *pumila*, *A. pyrenaica*) ein absolutes Muss. Um auch in der Bepflanzung für unterschiedliche Höhenprofile zu sorgen, können Sie die Gestaltung mit Zwerg-Gehölzen auflockern. Neben kleinwüchsigen Nadelgehölzen kommen auch Blütensträucher in Frage, beispielsweise Ginster (*Genista lydia*, stark giftig), Zwergginster (*Chamaecytisus*), Geißklee (*Cytisus*), Azalee, Alpen-Seidelbast (*Daphne alpina*, stark giftig), Felsenbirne (*Amelanchier ovalis*, *A. rotundifolia* 'Helvetica'), Fingerstrauch (*Potentilla fruticosa*), Gamander-Spierstrauch (*Spiraea chamaedryfolia*), Blauraute und Bartblume.

TROCKENMAUERN

Auch hier empfehlen sich eine Südausrichtung sowie ein Unterbau aus Schotter und ein gut durchlässiges Substrat zum Verfüllen zu bepflanzender Fugen. Sich möglichst auf eine Gesteinsart zu beschränken, hat neben optischen auch ganz praktische Gründe: Wenn Hartgesteine wie Granit, Quarzit und Basalt mit Weichgestein wie Kalk- oder Sandstein gemischt werden, kann dies mittelfristig die Stabilität gefährden, denn die Weichgesteine erodieren deutlich schneller.

Eine leichte Neigung verbessert die Standfestigkeit. Soll sich die Trockenmauer nicht an einen Hang oder eine Wand anlehnen, sondern freistehen, wird sie am besten als doppelwandige Mauer geplant. Die Wände neigen sich einander leicht entgegen und werden in der Mitte mit Substrat verfüllt. In puncto Begrünung platzieren Sie die Pflänzchen am besten bereits beim Aufsetzen der Steine zwischen zwei Lagen, im Nachhinein eingesetzt, sinkt die Anwachsrate deutlich.

Tipp: Oberhalb einer senkrecht verlaufenden Fuge finden die Pflanzen mehr Wurzelraum vor und können, wie es ihrer Natur entspricht, nach unten hin einwurzeln.

CLEVERE MINIS

Einige Gärtnereien bieten Jungpflanzen mit Wurzelballen von 3 × 3 cm an – perfekt geeignet, um die Zwischenräume von Trockenmauern, Miniaturgärten in Trögen oder Findlinge mit natürlichen oder gebohrten Löchern zu bepflanzen. Setzen Sie die Pflänzchen insbesondere bei Trockenmauern unbedingt tief genug ein, es genügt, wenn gerade noch die grünen Spitzen herausschauen.

BLÜTENKISSEN ZUM TRÄUMEN

Was für süße Träume uns wohl erwarten würden, betteten wir unser Haupt auf die schönsten Kissen der Welt. Aber daraus wird nichts! Augen auf, heißt die Devise, damit wir nicht am Ende das Beste verpassen – nämlich wie diese fünf Schönheiten Steingärten, Hanglagen, Trockenmauern und Pflanzgefäße in wahr gewordene Gärtnerträume verwandeln.

BLAUKISSEN

Nicht ohne mein Blaukissen! Das würden wohl viele Gärtner unterschreiben, denn ob es malerisch über Mauerkronen hängt oder sich an Treppenaufgänge schmiegt, an *Aubrieta* führt kein Weg vorbei. Gerade mal 5–10 cm hoch kommen die wintergrünen Sonnenliebhaber zwischen April und Mai ganz groß raus, nach einem Rückschnitt oft sogar noch ein zweites Mal. Fans haben die Wahl zwischen Sorten mit einfachen oder gefüllten Blüten in Weiß-, Rosa- oder Violettnuancen, einige besitzen zudem weiß-grün panaschiertes Laub.

STEINKRAUT

Alyssum klingt fast wie ein Niesen – das muss an den geradezu gleißend sonnengelben Blüten liegen, unter denen die je nach Art und Sorte 10–40 cm hohen Polsterstauden im April und Mai nahezu verschwinden. Auch außerhalb der Blütezeit ist das Steinkraut ein echtes Goldstück, zumal es sein graugrünes Laub auch im Winter behält. An einem sonnigen Platz mit durchlässiger Erde gedeiht es am besten. Tipp: Ein Rückschnitt nach der Blüte hält die Pflanzen kompakt und wird oft mit einer Nachblüte belohnt.

MOOS-STEINBRECH

Entgegen seinem Namen zersprengt *Saxifraga arendsii* benachbarte Steine nicht, sondern hüllt sie in ein attraktives Gewand aus frischgrünem, in seiner Dichte fast moosartig erscheinendem Laub, dank dem die 5–15 cm hohen wintergrünen Stauden rund ums Jahr eine Augenweide sind. Unbestrittener Höhepunkt ist die Blütezeit im April und Mai, wenn niedliche weiße, rosafarbene, rote oder gelbe Blüten wie Konfetti auf den grünen Matten funkeln. Die Pflanze mag es halbschattig und nicht zu trocken.

TEPPICH-GLOCKENBLUME

Von Juni bis August, nach Rückschnitt bis in den Oktober hinein, läuten die weißen oder violetten Blütenglocken von *Campanula portenschlagiana* Sturm. An sonnigen bis absonnigen Plätzen mit durchlässiger Erde verbreitet sich die 10–15 cm hohe Staude über Ausläufer immer weiter, ohne dabei lästig zu werden. Ihrem frischen Eindruck zum Trotz verträgt sie nach dem Einwurzeln auch Trockenperioden ausgezeichnet.

POLSTER-PHLOX

So groß die Vielfalt der Phlox-Familie generell, so groß ist sie auch innerhalb der Arten: Weiß, Rosa, Magenta, gestreift oder mit violettblauem Auge, die Blüten von *Phlox subulata* überraschen mit immer neuen Variationen. An einem sonnigen Platz mit durchlässigem trockenem bis frischem Boden blüht die wintergrüne Art von Ende April bis in den Juni hinein überreich. Ein Rückschnitt schützt das Laub vor den bei Phlox gefürchteten Stängel-Älchen und kann zu einer Nachblüte führen.

Kletterpflanzen

Sie verhelfen alten Gartenhäusern und Obstbäumen zu neuem Glanz, verschönern als blühender Sichtschutz Balkone und Terrassen und sorgen als Wandbegrünung nicht nur für ein ausgeglicheneres Kleinklima, sondern auch für Insekten und Vögel – ganz klar, diesen aufstrebenden Talenten muss man eine Chance geben!

SCHNELL SCHÖN

Einjährige Arten sind perfekt für alle, die es abwechslungsreich mögen, denn mit ihnen erhalten Rankhilfen oder Zäune jedes Jahr ein anderes Gesicht. Unter den Einjährigen sind viele äußerst plakative Arten, etwa die Schwarzäugige Susanne (*Thunbergia alata*). Ihre leuchtend gelben oder orangefarbenen, seltener weißen oder pastelligen Blüten mit dem tiefschwarzen Auge könnten einer Kinderzeichnung entsprungen sein. Die Kapuzinerkresse (*Tropaeolum*) setzt ebenfalls auf satte Farben. Die mehrfarbigen Blüten über dem runden Laub erstrahlen meist in Gelb-, Orange- und Rottönen, es gibt aber auch Sorten mit schwarzroten Blüten oder in Pastellnuancen. Laub und Blüten sind zudem ebenso schöne wie leckere Salatbeigaben und die Blütenknospen lassen sich als Kapernersatz verwenden. Auch die Feuer-Bohne (*Phaseolus coccineus*) verbindet das Schöne mit dem Nützlichen, denn auf die roten oder weißen Blüten folgen wohlschmeckende Hülsenfrüchte (Achtung, Blätter und unreife rohe Früchte stark giftig!).

Weniger bekannt, aber ausgesprochen possierlich ist die Schönranke (*Eccremocarpus scaber*), sie trägt Rispen gelber bis roter trichterförmiger Blüten und filigranes dunkelgrünes Laub. In milden Regionen kann sie sogar mehrjährig sein. Romantisch wird es mit Duft-Wicke (*Lathyrus odoratus*) und Glockenrebe (*Cobaea scandens*). Ihre verspielten Blüten in Pastelltönen oder samtigem Violett verströmen zudem ein zartes Parfüm. Ein wirklich fröhliches Naturell haben Prunkwinden (*Ipomoea purpurea*, *I. tricolor*): Ihre mehrfarbigen Trichterblüten sehen in Himmelblau ebenso apart aus wie als Mischung mit weißen, rosafarbenen und violetten Blüten, gestreift, oder mit gewellten Blütenblättern und weißem Rand.

RUHMESKRONE ÜBERWINTERN

Mit ihren extravaganten leuchtenden Blüten sind *Gloriosa rothschildiana* und *G. superba* (stärker gewellte Blütenränder) echte Paradiesvögel. Die tropische (stark giftige) Kletterpflanze wird 1–2 m groß und lässt sich prima im Kübel ziehen. Überwintert im Kübel hell oder dunkel bei 10–18 °C. Mitte Februar hell und warm stellen und die Gießhäufigkeit allmählich steigern, bis die Pflanze ab Mai ins Freie umziehen kann. Beim Umtopfen die Knollen nur ca. 3–5 cm hoch mit Erde bedecken.

Angesichts der exotischen Blüten ist schon so mancher Gärtner für die Ruhmeskrone entflammt.

GUTE AUFSTIEGSCHANCEN

Neben Wildem Wein und Efeu wandern auch Trompetenwinde und Kletter-Hortensie (beide mehrjährig) mithilfe von Haftscheiben oder -wurzeln scheinbar mühelos glatte Häuserwände empor.

Spreizklimmer wie *Kletterrosen* SEITE 70 oder der ebenfalls mehrjährige, an Forsythien erinnernde Winter-Jasmin hingegen nutzen Stacheln oder abstehende Seitentriebe, um sich in die Höhe und die Breite zu hangeln. Für sie sollten die Gitterstreben der Kletterhilfen 40–50 cm weit auseinanderliegen und mindestens 15 cm Abstand zur Wand haben. Gelegentliches Anbinden ist sinnvoll, außerdem können Sie die Triebe in die Stützkonstruktion einflechten.

Echte Ränkeschmiede sind die Waldreben (*Clematis*) und die Kapuzinerkresse. Als sogenannte Blattstielranker ertasten sie mit ihren Blättern geeignete Objekte, um die sie ihre langen Stiele anschließend herumwinden. Da Clematis mehrjährig sind, fallen im Winter konsequenterweise nur die Blätter ab, die Blattstiele bleiben erhalten, damit die Plackerei nicht umsonst war.

Noch einen Schritt weiter gehen Sprossranker wie Schönranke, Glockenrebe und Duft-Wicke: Sie haben gelernt, Blütenstände zu speziellen Halteorganen weiterzuentwickeln. Diese dünnen Stängel strecken sie tastend in die Gegend und wickeln sie um Objekte, die als Rankhilfen taugen. Für rankende Pflanzen sind gitterartige Rankhilfen optimal. Die Gitterweite liegt je nach Art zwischen 5 und 15 cm (nehmen Sie die Länge der Rankorgane als Vorbild), die verwendeten Seile, Stäbe oder Latten können 0,5–1 cm dick sein. Tipp: Netze sind insbesondere für einjährige Ranker eine Alternative zu starren Gerüsten. Sie sind im Nu auf- und wieder abgehängt und schmiegen sich etwa an hässliche Fallrohre gut an. Nur leidlich hübsch, aber eine schnelle Lösung für größere gerade Flächen sind Baustahlmatten.

Zu den Schlingern zählen etwa Geißblatt und Blauregen, der rasant wachsende Schling-Flügelknöterich (*Fallopia baldschuanica*) sowie der Hopfen (*Humulus lupulus*) mit seinen charakteristischen grünen Blüten, bei den einjährigen Kletterpflanzen außerdem Schwarzäugige Susanne, Prunkwinde und Feuer-Bohne. Sie alle winden ihren kompletten Spross um passende Objekte und schrauben sich dadurch in die Höhe. Die meisten Schlinger bewegen sich linksherum aufwärts, Geißblätter und Hopfen allerdings sind Beispiele für Rechtswinder – wichtig zu wissen, wenn Triebe gezielt um eine Kletterhilfe gelegt werden sollen. Querverstrebungen werden nicht genutzt, daher sind senkrecht gespannte (Draht-)Seile sinnvoll. Lassen Sie genügend Platz zwischen Kletterhilfe und Wand, je nach Art etwa 10–30 cm.

RANKHILFE AUS WEIDENRUTEN FLECHTEN

1 Frisch geschnittene Ruten verlieren noch viel Wasser, daher 1–2 Monate an einem luftigen Platz ruhen lassen, das macht sie geschmeidiger und beugt späterem Schrumpfen vor.

2 Einige nicht allzu dünne Ruten im Kreis in einen Kübel mit Erde stecken – dickeres Ende nach unten, Abstand 3–5 Finger breit.

3 Nun biegsame Weidenruten immer abwechselnd vor und hinter die Stecken schieben – abschneiden, falls sie irgendwann zu starr werden. Wo eine Rute endet, wird die nächste eingeschoben.

4 Die Spitzen der senkrechten Ruten fassen und mit einem Stück Kordel oder biegsamen Ruten zusammenbinden. Nach Wunsch weitere Weidenringe oder dünne Ruten als netzartige Struktur kreuz und quer einflechten.

FRISCH GESCHNITTENE WEIDENRUTEN KÖNNEN SIE IN VIELEN STÄDTEN IM JANUAR BEIM NATURSCHUTZVEREIN ODER GRÜNFLÄCHENAMT ANFRAGEN.

JETZT KOMMT DER AUFSCHWUNG!

Diese glorreichen Fünf lassen den Blütenindex in Ihrem Garten deutlich in die Höhe schießen. Auch Hinterhöfe und Balkone profitieren davon, dass Kletterpflanzen nach Höherem streben – mit oder ohne Karriereleiter.

TROMPETENWINDE

Aufstiegshilfen? Darauf pfeift *Campsis radicans*, sie erklimmt Mauern und Fassaden mithilfe ihrer Haftwurzeln auch ganz ohne Unterstützung und zwar bis zu 10 m hoch. Über ihren elegant gefiederten Blättern öffnen sich von Juli bis in den September hinein luxuriöse Trompetenblüten, je nach Sorte in leuchtendem Gelb, Orange oder Rot. Werden die Seitentriebe im März auf 5–10 cm lange Zapfen zurückgeschnitten, blüht die sonnen- und wärmeliebende Pflanze umso reicher. Dankbar ist sie für einen beschatteten Wurzelbereich.

BLAUREGEN

Herzen, Rankhilfen, Fallrohre, die herrliche *Wisteria* erobert alles, schlägt aber gerne mal über die Strenge. Das erwähnte Fallrohr überlebt eine Beziehung zu der im Mai/Juni weiß-, rosa- oder blaublütigen Dame meist nicht – es wird erwürgt. Da sie mit ihren dicken Trieben und der ebenso eleganten wie opulenten Belaubung zudem ein beträchtliches Gewicht entwickelt, kommt sie nur für große, stabile Bauwerke und Rankhilfen in Frage. Ein regelmäßiger Rückschnitt ist sinnvoll, um die Pflanze im Zaum zu halten und die Blütenbildung zu fördern.

KLETTERPFLANZEN

KLETTER-HORTENSIE

Wie, die kann klettern?! Absolut, klettern und blühen, und das auch noch vorzugsweise im Halbschatten und Schatten! Nur eines muss definitiv vorhanden sein, damit sich *Hydrangea petiolaris* bei Ihnen wohlfühlt: ausreichend Wasser. *Hydrangea* bedeutet nämlich „Wasserschlürferin", und der Name ist Programm. Sie wächst anfangs zurückhaltend, dann aber zügig und dank ihrer Haftwurzeln selbstständig bis zu 6 m hoch. Die duftenden weißen Blütenteller erscheinen im Juni/Juli. Bei Bedarf ist ein Rückschnitt auf bis zu 1 m möglich.

JAPANISCHES GEISSBLATT

Dieser Duft! Unter den in Weiß und Gelb oder Rosa schimmernden Blüten von *Lonicera japonica* könnte man stundenlang stehen bleiben – ach was, monatelang, schließlich blüht der an Kletterhilfen bis zu 5 m hoch rankende Schlinger von Juni an bis in den Oktober hinein. Und das sogar lieber im lichten Schatten als in der prallen Sonne, obwohl er bei guter Wasserversorgung auch dort gedeiht. Für eine vitale Pflanze kürzen Sie gelegentlich einzelne Triebe des wintergrünen Schmuckstücks auf 50 cm ein.

WALDREBE

Clematis haben viele Gesichter, von großblumigen Hybriden wie 'Frau Mikiko' (im Bild) bis zu filigranen, äußerst robusten Wildarten wie *C. viticella*, die gut zu naturnahen Gestaltungen passen. Die wüchsigen *C. montana* mit ihren bis zu 12 m langen Trieben begrünen auch große Flächen. Stauden-Clematis wie *C. integrifolia* ziehen im Winter ein; circa 0,4–2 m groß sind sie gut für Kübel oder auch als Bodendecker geeignet. Für nahezu jeden Standort finden sich geeignete Arten.

Kübelpflanzen

Die Sonne scheint vom knallblauen Himmel, das Thermometer hat die 30-Grad-Marke längst überschritten, in der Luft liegt süßer Frangipani-Duft. Unter dem Zylinderputzer mit seinen roten Blütenpuscheln döst lang hingestreckt die Katze und sogar der sonst so emsige Gründaumen hat es sich im Liegestuhl bequem gemacht und lauscht entspannt dem Rauschen des Meeres.

Na gut, das Rauschen stammt in unseren Gefilden vermutlich eher vom entfernt vorbeifließenden Verkehr, aber wer sich Kübelpflanzen sei Dank eine stimmungsvolle Urlaubskulisse geschaffen hat, sieht oder hört über Details großzügig hinweg. Kübelpflanzen sind nicht nur der mobile Garten für alle, deren grünes Wohnzimmer sich auf einen Balkon, eine Dachterrasse oder einen Hinterhof beschränkt, sondern auch geradezu Garanten für das gärtnerische Erfolgserlebnis zwischendurch. Dank der Farbenpracht und dem exotischen Aussehen von Bougainvillee (*Bougainvillea*), Hibiskus und Co. gelingt es selbst absoluten Gartenanfängern im Nu, stimmungsvolle Szenen zu gestalten. Zumal im Zeitalter des Reisens viele Pflanzen oft auch schon mit persönlichen Urlaubserinnerungen verknüpft sind – der gedankliche Kurzurlaub liegt damit in jederzeit greifbarer Nähe.

WER PASST ZU DEM

Unter dem Stichwort Kübelpflanzen werden meist Pflanzen aus wärmeren Gefilden verstanden. Bei der Gestaltung kann man sich an der groben Einteilung in subtropische und tropische Arten orientieren, denn diese stammen meistens aus ähnlichen Regionen oder haben aufgrund ähnlicher klimatischer Bedingungen auch eine ähnliche Optik entwickelt, weshalb sie sehr gut miteinander harmonieren.

Samtige rote Blüten und glänzende dunkelgrüne Blätter sind das Markenzeichen der auch als Dipladenie bekannten Mandevilla, doch auch die rosarot oder reinweiß blühenden Sorten haben viele Fans. Die Pflanzen werden bei 10 °C hell überwintert.

Der Zylinderputzer (*Callistemon*) fühlt sich in Rhododendronerde am wohlsten. Die roten, an Flaschenbürsten erinnernden Blütenstände sind ein echter Hingucker. Den Winter verbringt die exotische Kübelpflanze an einem hellen Platz bei 0–10 °C.

Zu den subtropischen Vertretern (inklusive der mediterranen Arten) zählen unter anderem Oleander, Zylinderputzer, Granatapfel (*Punica granatum*), Bleiwurz, Schmucklilie (*Agapanthus*), Kapmalve (*Anisodenthea*) und diverse Zitruspflanzen. Ihnen allen ist gemein, dass sie das Bisschen Wasser, das sie in ihrer Heimat im Sommer ergattern können, äußerst findig verteidigen: Sie bilden vorzugsweise kleine, schmale, ledrige bis harte Blätter aus, um die Verdunstungsfläche klein zu halten, eine graue oder silbrige Bereifung reflektiert zudem einen Teil der Sonnenstrahlung. Entsprechend kommen sie mit vollsonnigen Plätzen sehr gut klar und verzeihen den Wochenendtrip auch mal ohne Pflanzensitter – das gilt auch für Wandelröschen und Frangipani.

Ganz anders sieht es in den Tropen aus, hier ist es nicht nur tags wie nachts kuschelig warm, es steht auch immer genügend Feuchtigkeit zur Verfügung. Das bringt aus Gärtnersicht Vor- und Nachteile mit sich, denn da in ihrer Heimat kein Wassermangel herrscht, leisten sich viele tropische Schönheiten den Luxus riesiger Blätter und Blüten. Die sind optisch eine Wucht, in pflegetechnischer Hinsicht jedoch auch ein Nachteil, denn da sie viel Wasser verdunsten, müssen sie entsprechend häufig gegossen werden. Dafür entfalten sie ihre Schönheit aber auch noch an halbschattigen Plätzen – bisweilen sogar besser als in praller Sonne. Zu dieser Gruppe zählen unter anderem Bougainvillee, Engelstrompete (*Brugmansia*, stark giftig), Gewürzrinde, Schönmalve (*Abutilon*), Enzianbaum (*Solanum rantonettii*, stark giftig), Tibouchine (*Tibouchina*), Passionsblume (*Passiflora caerulea*) und Hammerstrauch (*Cestrum*). Auch der Hibiskus ist hier einzuordnen, ebenso die rankende Mandevilla (giftiger Milchsaft) mit ihren herrlichen rosaroten oder weißen Trichterblüten und den glänzenden Blättern.

Zitruspflanzen begeistern sowohl durch ihre duftenden weißen Blüten als auch durch ihren aromatischen Fruchtschmuck. Für prachtvoll entwickelte Pflanzen sollten Sie zu Rhododendronerde und Zitrusdünger greifen. Bei 10 °C hell überwintern.

MIT KÜBELPFLANZEN GESTALTEN

Wo man entspannt in der Sonne liegen oder ein Tässchen Kaffee genießen möchte, sorgen blühende Kübelpflanzen nicht nur für einen schönen Anblick, sie verhindern auch ungewollte Einblicke. Dabei müssen Sie bei der Pflanzenwahl in der Gärtnerei nicht zwangsläufig zu den teuren XXL-Varianten greifen: Auf je nach Geschmack rustikalen Holzkisten, Hockern oder Pflanzetageren platziert erhalten auch kleinere Exemplare die notwendige Höhe, um als Sichtschutz zu funktionieren. Außerdem wirken Sie durch die unterschiedliche Höhenstaffelung wesentlich spannender – ein Effekt, den Sie natürlich auch erzielen können, indem Sie unterschiedlich große Pflanzen miteinander kombinieren und beispielsweise Oleander, Granatapfel und Zitronenbäumchen einige Duft-Pelargonien, Mittagsblumen oder Portulakröschen zur Seite gesellen. Während ein solches Topfsammelsurium mediterran gestalteten Sitzplätzen sehr gut zu Gesicht steht und auch in rustikalen Hinterhöfen ausgesprochen charmant wirken kann, bleiben Fans von einer modernen Gestaltungen besser bei der meist schon durch das Gebäude sowie die verwendeten Materialien vorgegebenen klaren Linie. Mit im Zweifelsfall lieber wenigeren, aber eindrucksvollen Pflanzen, die sich durch große, klar konturierte Blüten und Blätter sowie leuchtende Farben auszeichnen, liegen Sie nahezu immer richtig.

Für wirklich schattige Lagen hält sich die Zahl „echter Kübelpflanzen" im Sinne exotisch anmutender Blütenpflanzen in sehr engen Grenzen, aber es gibt sie. Die Fuchsien beispielsweise, die mit ihren leuchtenden mehrfarbigen Blütenglöckchen in Weiß, Rosa, Rot und Blauviolett den Schatten zum Tanzen bringen. Die attraktiven Blüten von Orangenblume (*Choisya ternata*), Klebsame (*Pittosporum tobira*), Duftblüte (*Osmanthus*) und Sternjasmin (*Trachelospermum*) wiederum sind zwar weniger auffällig gefärbt, erhellen das Gemüt aber zusätzlich mit ihrem intensiven Duft. Zusammen mit dank ihrer Frosthärte sogar gartentauglichen Blütengehölzen wie *Kamelien*, *Magnolien* und *Hortensien* SEITE 66 sowie schattenverträglichen Stauden und Sommerblumen blühen somit auch schattige Plätze auf.

RICHTIG DÜNGEN

Langzeitdünger gibt es als Granulat oder als Stäbchen oder Kegel, die man in die Erde drückt. Sie versorgen die Pflanzen für etwa zehn Wochen, die Wirkdauer hängt aber von der Temperatur und der Substratfeuchte ab. Bei nachlassender Blühfreude oder gelben Blätter mit Flüssigdünger nachdüngen. Ein- bis zweimal pro Woche dem Gießwasser zugesetzt, ist er generell eine Alternative. Pflanzen in Rhododendronerde erhalten auch Rhododünger, Zitruspflanzen einen Spezialdünger mit erhöhtem Eisengehalt.

GRUPPENDYNAMIK

Unabhängig vom Gestaltungsstil sollten Sie bei der Gruppierung der Pflanzen dieselben Regeln beachten wie bei Beetpflanzungen, also auf ungerade Zahlen setzen. Bei den vermutlich am häufigsten vorkommenden Dreiergrüppchen bitte keine statische Anordnung in einem gleichwinkligen Dreieck wählen, sondern das dynamischere *spitzwinklige Dreieck* bevorzugen SEITE 144. Besonders harmonisch wirkt es, wenn Sie mehrere solcher Dreiecke miteinander verweben, also etwa in eine Dreiergruppe größerer mediterraner Kübelpflanzen eine Dreiergruppe Duft-Pelargonien integrieren. Klingt kompliziert? Vertrauen Sie auf Ihr Gefühl beim Hin- und Herschieben, diese Form der Zahlenästhetik liegt uns im Blut.

AKZENTE SETZEN

Natürlich können Sie Kübelpflanzen auch ganz bewusst geometrisch anordnen, um Akzente zu setzen. Treppenaufgänge wirken gleich umso eindrucksvoller, wenn sie beiderseits von einer blühenden Garde flankiert werden. In Bauerngärten mit klassischem Wegekreuz kann eine eindrucksvolle Kübelpflanze den Mittelpunkt markieren, und auch innerhalb der vier Einzelbeete oder an den vier äußeren Eckpunkten machen sich größere Exemplare

STRELITZIE: FÜR DRAUSSEN UND DRINNEN

Die Paradiesvogelblume (*Strelitzia reginae*) ist eine ausgesprochen pflegeleichte Kübelpflanze: Ihr Wasser- und Nährstoffbedarf sind gering, sie wird nur selten von Schädlingen befallen und wenn sich die Außentemperaturen auf 0 °C zubewegen, zieht sie einfach als schmucke Zimmerpflanze ins Warme um. Alternativ kann sie aber auch hell und kühl überwintert werden.

sehr gut – bewusst als Kübelpflanze inszeniert oder aber mitsamt Kübel in den Boden eingelassen, um erst im Herbst wieder aus der Versenkung emporzusteigen und ins Winterquartier zu entschwinden.

Ein lauschiger **Sitzplatz** für laue Sommerabende – mit dem nachtduftenden Jasmin (*Jasminum officinale*) sind romantische Stunden garantiert. Hell bei 0–10 °C überwintern.

KLEIDSAME GEFÄSSE

Für einen stattlichen Bougainvilleen-Busch kann man schon ein bisschen was auf den Tisch legen, das Teuerste beim Topfgärtnern sind aber in der Regel nicht die Pflanzen, sondern die Gefäße. Es lohnt sich dennoch, in solche zu investieren, die zu den jeweiligen Pflanzen und dem bevorzugten Gartenstil passen, denn die Gefäße tragen erheblich zur Gesamtwirkung bei. Vor allem Balkongärtner profitieren von leichten Kunststoffgefäßen, die sich dank zunehmender Detailtreue optisch oft kaum von den deutlich schwereren Stein- oder Terrakottagefäßen unterscheiden. Einziger Nachteil: Höheren Gefäßen kann es auf windigen Balkonen an Standfestigkeit mangeln, ihnen verleiht vor Ort eine Füllung mit einigen Backsteinen oder mit Kies das notwendige Gewicht.

Metallgefäße können optisch sehr ansprechend sein, auf Fliesen aber hässliche Rostflecken hinterlassen. Am besten schmale Holzleisten unterlegen, das sorgt unauffällig für den nötigen Abstand. Achtung bei Keramik: Töpfe und Kübel, die nicht ausdrücklich als frostfest gekennzeichnet sind, müssen im Herbst an einen frostfreien Platz umziehen, sonst zerlegt sie die Kälte. Offenporige Materialien wie Ton verdunsten zudem über ihre gesamte Oberfläche Wasser, entsprechend kann die Gießhäufigkeit spürbar ansteigen.

WASSERSTANDSMELDUNG

Unabhängig davon, aus welchem Material die Pflanzenüberkleider bestehen, auf eines sollten Sie beim Kauf unbedingt achten: einen guten Wasserabzug. Einer ungeplanten Hydrokultur gilt es vorzubeugen, denn die feinen Haarwurzeln, über die sich die Pflanzen mit Wasser und Nährstoffen versorgen, beginnen bei Staunässe zu faulen. Übertöpfe ohne Wasserabzugslöcher kommen daher eigentlich nur für überdachte Plätze in Frage, an allen anderen Plätzen müssten Sie penibel darauf achten, überschüssiges Regen- oder Gießwasser zeitnah auszuleeren – und wer kann und will das schon. Eine Drainageschicht kann Wasserabzugslöcher nur im Ausnahmefall ersetzen, in der Regel dient sie als zusätzliche Ablaufabsicherung für Gefäße, die bereits über Löcher im Gefäßboden verfügen SIEHE KASTEN. Bei sehr feuchtigkeitsempfindlichen Gewächsen, etwa vielen Zitruspflanzen, können auch kleine Holzklötzchen oder dekorative Tonfüßchen unten den Töpfen den Wasserabfluss erleichtern. Umgekehrt können Sie sich bei anhaltender Trockenheit einige Gießgänge sparen, wenn Sie von Anfang an auf Gefäße mit integriertem Wasserspeicher setzen. In den ersten Wochen nach dem Bepflanzen sollten Sie noch normal über die Erde wässern, da die Pflanzen erst richtig einwurzeln müssen, danach genügt es meist, das Wasserreservoir bei Bedarf über die vorgesehene Öffnung zu befüllen.

Bei vielen Kunststoffgefäßen müssen Sie die Wasserabzugslöcher selbst bohren, diese Gelegenheit können Sie nutzen, um ein kleines Wasserdepot zu integrieren: Die Löcher nicht in den Boden, sondern einige Zentimeter höher in die Seitenwand bohren. Bis zu den Abzugslöchern Kies oder Blähton als Drainageschicht einfüllen und ein wasserdurchlässiges Vlies als Trennschicht zur Erde auflegen. Bereits vorhandene Pflanzgefäße ohne Wasserreservoir können Sie mit Wasserspeichermatten ausstatten – einfach passend zum Gefäß zurechtschneiden und auf den Boden legen. Nicht ganz billig, aber eine echte Erleichterung ist Wasserspeichergranulat. Es wird einfach in die Blumenerde gemischt und speichert ein Vielfaches des Eigengewichts an Wasser – extrem praktisch auch für Hängeampeln.

GUTER WASSERABZUG FÜR ALLE TOPFBEWOHNER

Blähton ist das Popcorn des Gärtners: Die luftigen Kügelchen ploppen durch einen Brennprozess auf.

Eine Lage Blähton, die mit einem wasserdurchlässigen Vlies von der Erdschicht getrennt wird, verbessert die Belüftung, sorgt dafür, dass die Wasserabzugslöcher frei bleiben und stellt bei geschlossenen Töpfen die einzige Sicherheitsmaßnahme dar, um die Wurzeln vor Staunässe zu schützen. Faustregel: Die Drainageschicht sollte ein Drittel bis ein Fünftel der Topfhöhe betragen.

DAS WIRD EIN PRÄCHTIGER SOMMER!

Diesen Sommer schüttet es wie aus Kübeln – und zwar Glückshormone. Die Aussichten für die kommenden Wochen: eine Gute-Laune-Front zieht auf. Auch die Langzeitprognose verspricht anhaltende Freude. Hier sind unsere Top Five für eine blütenreiche Terrassen- und Balkonsaison.

OLEANDER

Die sonnenverliebte immergrüne Kübelpflanze schmückt sich von Mitte Mai bis Mitte September mit unzähligen fünfblättrigen Blüten, die sich je nach Sorte einfach oder gefüllt, in Weiß, Gelb, Rot oder Pastellnuancen präsentieren. Die schmalen ledrigen Blätter sind dunkelgrün mit deutlich abgesetztem Mittelnerv. Der stark giftige *Nerium oleander* wächst buschig und straff aufrecht. Damit er vital bleibt, jährlich zwei bis drei der ältesten Triebe bodennah entfernen. Überwinterung hell bei 0–10 °C.

SCHMUCKLILIE

Wer es romantisch mag, wird von *Agapanthus* ebenso begeistert sein wie Verfechter der Moderne. Von Juni bis Ende August schieben sich zwischen den festen, horstartig gruppierten Blättern 70–120 cm hohe Triebe mit leuchtend blauen oder weißen Blütenbällen empor. Eine überaus dankbare Staude, die gern sonnig und windgeschützt steht und an einen frostfreien Platz sowohl hell als auch dunkeln überwintern kann.

KÜBELPFLANZEN

FRANGIPANI

Oh herrliche, oh wunderbare Frangipani! Die in ihrer Heimat als Sträucher oder Kleinbäume wachsende Gattung *Plumeria* begeistert mit exotisch anmutenden meist mehrfarbigen Blüten in Weiß, Creme, Gelb, Lachs, Rosa oder Magenta, von denen ein atemberaubender Duft ausgeht. Sonne, Sonne, Sonne lautet die eindeutige Antwort auf die Standortfrage, außerdem ist ein gut durchlässiges Substrat Pflicht, zum Beispiel Kakteenerde. Während der hellen Überwinterung bei 12–15 °C wird das breit-lanzettliche Laub abgeworfen.

FUCHSIE

Von wegen trister Nordbalkon, mit Fuchsien können Sie sich auch hier an leuchtenden Farben erfreuen. Häufig nicken die mehrfarbigen, in Weiß, Rosa, Rot oder Blauviolett gekleideten Blüten Betrachtern von Hochstämmchen, aus Blumenampeln oder Balkonkästen (Pflanzabstand 15 cm) zu – auch in der vollen Sonne, nur der Wurzelballen selbst sollte vor der heftigsten Strahlung geschützt stehen. Erst gießen, wenn die Erdoberfläche vollständig abgetrocknet ist. Überwinterung hell oder dunkel bei 3–10 °C. Übrigens: Im Freiland werden manche Fuchsien meterhoch, im Kübel meist nur bis 1,5 m.

HIBISKUS

Der Chinesische Roseneibisch (*Hibiscus rosa-sinensis*) ist für viele der Inbegriff von Exotik. Charakteristisch sind die riesigen mehrfarbigen Blüten (es gibt auch gefüllt blühende Sorten) mit den neckisch herausragenden Staubfäden und das glänzend grüne Laub. In wärmeren Klimaten stellt der Hibiskus seine Schnittverträglichkeit gerne als Heckenpflanze unter Beweis, in unseren Breiten sind Hochstämmchen beliebt. Hibiskus mag es sonnig, der Wurzelballen sollte aber möglichst im Schatten stehen. Bei 15–20 °C hell überwintern.

Duftpflanzen und Kräuter

Durch einen Duftgarten zu wandeln, ist nicht ohne Risiko: Es stolpert sich schneller mit geschlossenen Augen. Und dass sich diese vor Verzückung schließen, ist unvermeidlich – ein angeborener Reflex bei Gärtnern und Genussmenschen. Schon der Kräutergarten hält von der Agastache über den Lavendel bis zum Zitronen-Thymian (*Thymus × citriodorus*) eine riesige Palette ebenso aromatischer wie attraktiver Pflanzen bereit, die auch Gemüse- und sogar Zierpflanzenbeete erfolgreich aufpeppen. Die vielen reichblühenden Thymian-Arten beispielsweise, das würzige Currykraut (*Helichrysum italicum*) mit seinen goldgelben Blüten über silbrigem Laub, kriechender Rosmarin (*Rosmarinus officinalis*) wie die Sorte 'Santa Barbara', sie alle lieben sonnige, magere Standorte und bieten sich daher als Ergänzung für Trockenmauern, mediterrane Kiesgärten oder als Rasenersatz für moderne Gestaltungskonzepte an.

Für blühende Beeteinfassungen kommen schnittverträgliche Arten wie Lavendel, Katzenminze, Berg-Bohnenkraut (*Satureja montana*) oder die Großblütige Bergminze (*Calamintha grandiflora*) in Frage. Und wer schon einmal ein von blühendem Schnittlauch (*Allium schoenoprasum*) eingerahmtes Beet erlebt hat, möchte das Schauspiel aus leuchtendem Magenta (empfehlenswerte Sorte: 'Forescate') oder strahlendem Weiß ('Elbe') und intensivem Grün bestimmt nicht mehr missen.

AROMASPENDER FÜR JEDEN STANDORT

Im Schatten verbreitet ab März der Bärlauch (*Allium ursinum*) sein intensives Knoblaucharoma und schmückt sich kurz darauf mit ausgesprochen hübschen weißen Kugelblüten. Etwas zarter im Aussehen und dezenter im Duft ist der Waldmeister, der im Mai mit seinen filigranen Blatt- und Blütensternen und dem typischen frisch-herben Duft besticht. Zur selben Zeit blüht auch die Ausdauernde Mondviole. Die nachtduftende Staude ist auch als Silberblatt bekannt, da ihre zunächst grünen Samenstände im Abreifen durchscheinend silbrig werden. Im Sommer verströmen verschiedene Funkien einen lieblichen Duft, etwa die lilienartigen Blüten von *Hosta plantaginea* 'Grandiflora'. Die Oktober-Silberkerze 'Atropurpurea' (*Cimicifuga simplex*) hingegen überrascht mit ihrem Wohlgeruch zu einer Jahreszeit, da die Duftereignisse deutlich weniger werden: Ihre cremeweißen Blütenkerzen öffnen sich vom Spätsommer bis in den Oktober hinein und bilden einen wundervollen Kontrast zu den dunkelroten Stängeln und dem grünroten Laub. Alle genannten Schattenstauden gedeihen selbstverständlich auch an halbschattigen Plätzen, wo sie auf weitere Nasenschmeichler treffen, etwa auf das gut zu Naturgärten passende Mädesüß (*Filipendula ulmaria*) und natürlich das kleine, aber feine Duft-Veilchen (*Viola odorata*).

Die größte Auswahl an Duftstauden herrscht jedoch eindeutig an sonnigen Standorten. Neben den zahlreichen Kräutern fühlen sich hier klassische Bauerngartenpflanzen wohl, beispielsweise Königs- und Madonnen-Lilien (*Lilium regale*, *L. candidum*), Levkojen (ein- bis zweijährig) und der in vielen Sorten erhältliche einjährige Zier-Tabak. Die mit dem Zier-Tabak nahe verwandte Wunderblume SEITE 91, Nelken, Duft-Pelargonien (*Pelargonium crispum*, *P. fragrans*, *P. graveolens*, *P. odoratissimum*) sowie der Goldlack und andere Schöterich-Arten (*Erysimum*) verbreiten ihren Wohlgeruch bereitwillig auch in Töpfen, Kübeln und Kästen auf dem Balkon, der Terrasse oder im

Garten trifft Bank, getreu diesem Motto dürfen Sitzgelegenheit und Pflanzgefäß gerne auch direkt ineinander übergehen. Optimal für Aromaspender auf Nasenhöhe.

DUFTPFLANZEN UND KRÄUTER

Für duftes Flair sorgt das **Kräuterregal** aus einer umgebauten Europalette. Tipp: Durch das begrenzte Volumen trocknet die Erde rasch aus, daher trockenheitsliebende Kräuter bevorzugen.

Hinterhof. Zusätzlicher Vorteil: Nelken sind ohnehin winterhart, die übrigen genannten Arten können Sie im Herbst samt Pflanzgefäß an einen frostfreien Platz stellen und so mehrjährig halten.

Weniger verbreitet, aber ebenfalls wundervolle Dufter sind die mehrjährigen Seidenpflanzen (*Asclepias*). Ihre klar umrissenen Doldenblüten tragen je nach Art zartes bis kräftiges Rosa (*A. incarnata*, *A. speciosa*, *A. syriaca*) oder knalliges Orangerot (*A. tuberosa*, mit Winterschutz ebenfalls mehrjährig) und sind im Kübel ebenso hübsch anzusehen wie als Bestandteil von Präriepflanzungen. Auch die spät blühende und dadurch noch auffälligere *Tuberose* SEITE 157 ist noch eher selten in den Gärten anzutreffen, obwohl sie ob ihres fabelhaften Dufts sogar zur Parfümherstellung verwendet wird. Die Duftende Nachtkerze ist von allen Nachtkerzen vielleicht die mit dem süßesten Aroma, in jedem Fall aber ein Muss für alle Nachtschwärmer und wie die meisten Nachtdufter mit hellen, in diesem Fall zitronengelben Blüten ausgestattet. Schokofans wiederum werden an der Schokoladenblume (*Berlandiera lyriata*) und der Schokoladen-Kosmee (*Cosmos atrosanguineus*) ihre Freude haben: Die gelb beziehungsweise bordeauxrot blühenden Stauden duften tatsächlich intensiv nach Kakao und sorgen auch bei Kindern für verblüffte Blicke. Beide sind für Winterschutz oder eine frostfreie Überwinterung im Kübel dankbar – die Knollen der Schokoladen-Kosmee können auch wie die der Dahlien gehandhabt werden.

DUFTRÄUME SCHAFFEN

Über Geschmack und damit auch über das Empfinden von Gerüchen lässt sich bekanntlich nicht streiten, insofern sollte man sich beim Gestalten mit Duftpflanzen in erster Linie nach den persönlichen Vorlieben richten. Grundsätzlich kommen die unterschiedlichen Charaktere aber am besten zur Geltung, wenn sie mit ausreichend räumlichem Abstand zur duftenden Konkurrenz gesetzt werden – oder in zeitlichem Abstand in puncto Blüte. Alternativ können Sie Ihre Schätze auch nach Duftnuancen gruppieren: Pflanzen mit würzigen Aromen harmonieren ebenso gut untereinander wie solche mit Zitrusnuancen oder blumigem Duft. Arten, die ein sehr schweres Parfum verströmen, können in Gruppen stehend für fantastische Dufterlebnisse sorgen, aber auch zu viel des Guten sein, daher hier am besten Schritt für Schritt herantasten. Welches die persönlichen Lieblingsdufter sind, verraten ausgiebige Schnuppertouren durch Gärtnereien und am Tag der offenen Gärten.

IMMER DER NASE NACH

Die regenfesten Blüten von 'Superstition' überraschen besonders an warmen Tagen mit einem intensiven Duft.

Duftende Sorten finden sich auch bei vielen Stauden, die nicht speziell als Duftpflanzen bekannt sind. Bei den Iris verwöhnen zum Beispiel *Iris barbata-elatior* 'Superstition' und 'Feu du Ciel' den Gärtner mit ihrem Parfum, bei den Taglilien sind unter anderem *Hemerocallis citrina* und *H. flava* hervorzuheben.

EIN HAUCH VON GARDEN NO. 5

Es gibt Düfte, nach denen muss man suchen. Es gibt Düfte, die breiten sich als warmes Glücksgefühl im Bauch aus, noch ehe man sie bewusst wahrnimmt. Und es gibt Düfte, die überwältigen einen vom ersten Moment, erobern unser Denken und Fühlen – voilà, hier kommen sie, unsere Duftwunder.

MAIGLÖCKCHEN

So unschuldig wirkt Convallaria majalis, so verführerisch ist das Parfum der Porzellanglöckchen gleichenden Blüten, dass man kaum glauben mag, wie giftig die im Mai/Juni blühenden Frühlingsboten sind. Auffällig sind Sorten mit rosafarbenen ('Rosea', im Bild) oder gefüllten Blüten ('Plena'), Blütentrauben ('Prolificans') oder mit weißrandigen (z. B. 'Silberconfolis'), panaschierten (z. B. 'Marcel') oder weiß gestreiften Laubblättern (z. B. 'Albostriata'). Letztere ziehen im Sommer ein. Gedeiht an absonnigen bis schattigen Plätzen und bildet durch Ausläufer dichte Bestände.

NACHTVIOLE

Üppig in der Gestalt, kräftig in der Farbe, opulent im Duft, so präsentiert sich Hesperis matronalis. Die je nach Standort 60–150 cm hohe Bauerngartenpflanze mit den von Mai bis Juli erscheinenden violetten Kreuzblüten wächst zwei- bis mehrjährig und samt sich gerne weitschweifig aus. Um ihrem raumgreifenden Wesen Einhalt zu gebieten, schneidet man Verblühtes zeitnah zurück – und regt dadurch gleichzeitig die Bildung weiterer Blüten an. Fühlt sich in der Sonne, aber auch im Halbschatten auf humosen Böden wohl.

DUFTPFLANZEN

WALD-PHLOX 'CLOUDS OF PERFUME'

Diese Sorte von *Phlox divaricata* hat ihren Namen wahrhaftig verdient. Ob allein oder mit der Züchtung 'White Perfum' als weißblütiger Partnerin, die zartblauen Blüten der 40 cm hohen wintergrünen Staude verströmen im April/Mai einen unvergleichlichen Duft. An absonnigen bis halbschattigen Plätzen ist der Wald-Phlox ein aparter Bodendecker. Nach der Blüte leidet die Optik etwas, aber ein Rückschnitt auf 10 cm wirkt Wunder.

DUFTNESSEL

Ihre straff aufrecht stehenden Blütenrispen in Weiß, Rosa, Violett oder Purpur machen die 60–120 cm hohe *Agastache* zum Hingucker, der aromatische Duft und Geschmack insbesondere der Blätter machen sie zur Gaumenfreude, etwa im Tee, in Süßspeisen oder im Kräuteressig. Je nach Art und Sorte bewegt sich das Aroma zwischen Anis und Minze. Wie viele Präriestauden blühen Duftnesseln recht spät, von Juli bis in den Oktober hinein, und schließen damit Blütenlücken im Garten – das schätzen auch Schmetterlinge. Sie lieben Sonne und einen durchlässigen, trockenen bis frischen Boden.

VANILLEBLUME

Ist sein Duft betörend oder schon benebelnd? Auf jeden Fall gehört der auch als Vanilleblume bezeichnete *Heliotropium arborescens* zur ersten Riege der Duftpflanzen. Selbst duftlos wäre er eine Anschaffung wert mit seinen sattvioletten Blütendolden über dem dunkelgrünen derben Laub. Der von Mai bis Oktober blühende Heliotrop wird bei uns oft als Sommerblume gehalten, ist aber eigentlich ein immergrüner Strauch und kann bei 5–10 °C hell überwintert werden. Mag Sonne bis Halbschatten und durchlässiges Substrat.

Geschöpfe des Wassers

Wasser bedeutet Leben, egal wo, und so verändert kein anderes Element die Atmosphäre in einem Garten so stark wie das kühle Nass. Dabei ist die Größe der Wasserquelle zweitrangig. Beliebte Gestaltungselemente, die sich auch in kleinen Gärten gut umsetzen lassen, sind munter vor sich hin sprudelnde Quellsteine, Wandbrunnen oder auch ein kleiner Wasserfall mit vorgelagertem Becken, der zu modernen Gestaltungen sehr gut passt.

Während sich eine Bepflanzung bei einem Wandbrunnen in der Regel erübrigt – hier dümpelt höchstens eine Handvoll Wassersalat (*Pistia* stratiotes) vor sich hin – kann das einem Wasserfall vorgelagerte Becken je nach Größe durchaus die eine oder andere blühende Pflanze aufnehmen. Seerosen mögen allerdings Wellengang und Spritzwasser nicht und verweigern in Nähe eines Wasserfalls oder Springbrunnens mitunter die Blüte.

Prinzipiell finden kleinwüchsige Exemplare jedoch schon in Wasserbecken mit niedrigem Wasserstand Platz, wie auch diverse attraktive Flach- und Tiefwasserpflanzen. Tipp: Nahezu alle Wasserpflanzen mit auffälligen Blüten bevorzugen nährstoffreiches Wasser, besonders für zurückhaltend bepflanzte kleinere Wasserbecken ist daher Spezialdünger ratsam.

TEICHE: GESTALTEN MIT TIEFGANG

Besonders abwechslungsreich und attraktiv sind Teiche nach natürlichem Vorbild, bei denen der Uferbereich mit frischem bis feuchtem Boden allmählich in die erste der drei Wasserzonen überleitet, die 10–20 cm tiefe Sumpfzone. Hier fühlen sich etwa die zartblaue Gauklerblume (*Mimulus ringens*), die Sumpf-Calla (*Calla palustris*) mit ihren edel geformten weißen Hochblättern und verschiedene Schwertlilien-Arten (*Iris laevigata*, *I. kaempferi*, *I. pseudoacorus*) wohl. Und weniger bekannte Schönheiten wie der elegante, recht gut winterharte Kalifornische Eidechsenschwanz (*Anemopsis californica*) treffen auf heimische Arten wie das Sumpf-Vergissmeinnicht (*Myosotis palustris*).

An die Sumpfzone grenzt die etwa 20–60 cm tiefe Flachwasserzone, wo neben den rosafarbenen Blütendolden der Schwanenblume (*Butomus umbellatus*) beispielsweise die weißen, traubenartig zusammenstehenden Blütensterne des Fieberklees (*Menyanthes trifoliata*) ins Auge fallen, ebenso das Breitblättrige Pfeilblatt (*Sagittaria latifolia*) mit seinen aparten weiß-gelben Blüten oder der sonnengelb blühende Zungen-Hahnenfuß (*Ranunculus lingua*).

Als letzte Stufe folgt die Tiefwasserzone. Wer es hier schaffen will, muss verdammt lange Triebe bilden oder in Bewegung bleiben. Den Freischwimmer haben zum Beispiel der mit niedlichen weiß-gelben Blüten aufwartende Froschbiss (*Hydrocharis morsus-ranae*) und die exotische Wasserhyazinthe. Attraktive, fest verwurzelte Zonenbewohner sind unter anderem die wüchsige Seekanne (*Nymphoides peltata*), deren sonnengelbe langgestielte Blüten sich über seerosenähnlichen, aber deutlich kleineren Blättern erheben, und der Wasser-Knöterich (*Persicaria amphibia*) mit seinem rosaroten Blütenähren. Im Frühling und Herbst steigen die bizarren weißen Blütenfächer der

ERFRISCHENDES WASSERSPIEL

Ein Klassiker für alle, die zu wenig Platz für einen Teich oder einfach keine Lust auf die Teichpflege haben, ist ein Wasserspiel aus einem Mühlstein oder einem durchbohrten Findling. Er findet selbst im Vorgarten Platz, macht aus schattigen Ecken verwunschene Plätze zum Träumen und stößt auch bei Vögeln und Insekten auf großen Beifall. Fertige Sets sind selbst für handwerkliche Laien leicht zu installieren. Wer auf Nummer sicher gehen will, nimmt die Pumpe im Spätherbst heraus und überwintert sie frostfrei in einem Eimer Wasser.

Wasserähre (*Aponogeton distachyos*) aus der Tiefe empor. Den Sommer über hingegen erfreuen Seerosen mit ihren Blütenkronen den Betrachter.

Weniger empfindlich als oft vermutet sind Lotosblumen (*Nelumbo*). Sie lieben es zwar warm und sonnig, sind aber auch bei uns winterhart, wenn der Teich tiefer als 1,20 m ist und somit nicht bis auf den Grund zufriert.

CHARAKTER ERHALTEN

Ein Teich belebt den Garten, gleichzeitig ist er jedoch ein optischer Ruhepol – wenn man ihn lässt. Teiche, deren Oberfläche man vor lauter Seerosen kaum mehr erkennen kann oder deren Ufer sehr kleinteilig und bunt bepflanzt sind, verlieren diese Wirkung oftmals. Daher lautet der vielleicht wichtigste Gestaltungstipp: Weniger ist mehr, auch wenn es angesichts der Vielzahl an farbenprächtigen Blütenpflanzen schwerfallen mag.

Setzen Sie die wasseraffinen Geschöpfe so ein, wie sie in der Regel auch in der Natur vorkommen: nämlich als i-Tüpfelchen, denen Gräser und grasartige Gewächse, üppige Blattschmuckpflanzen und kleine Gehölze die Bühne bereiten.

AUFWERTUNG FÜR ABSONNIGE PLÄTZE

Wenig beachtete Gartenbereiche abseits der vollen Sonne bekommen durch Teiche eine geheimnisvolle, edle Komponente. Besonders elegant präsentieren sich Wasserflächen, die von Vertretern der Moorbeetpflanzen umgeben sind. Blumen-Hartriegel, Rhododendren, Azaleen und Lorbeerrosen, Astilben, Bergenien und diverse Primeln (*Primula viallii, P. denticulata, P. japonica, P. beesiana, P. bullesiana*), *Iris versicolor*, Sumpf-Calla und Gauklerblumen, sie alle fügen sich zu einem wunderbaren Stillleben zusammen.

Vor der ruhigen, dunkelgrünen Kulisse von Rhododendron und Co. treten leuchtstarke Farben wie die der Primeln noch deutlicher hervor.

Tipp: Mogeln ist erlaubt, gerade bei kleinen Teichen und Mini-Teichen in Bottichen. Anstelle wüchsiger Rohrkolben-Arten bietet sich etwa der Zwerg-Rohrkolben (*Typha minima*) an. Oder Sie pflanzen ein weniger Feuchtigkeit benötigendes Gras *neben* den Teich.

KLEINES TEICH-1×1

STANDORT
Je kleiner der Teich, desto größer sollte der beschattete Bereich sein.

SAUERSTOFFSPENDER EINSETZEN
Tannenwedel (*Hippuris vulgaris*) oder Krebsschere (*Stratiotes aloides*; frei schwimmend)

WASSER IN BEWEGUNG BRINGEN
Per Springbrunnen, Teichbelüfter und Oxydator (Granulat mit Wasserstoffperoxid, reagiert zu Wasser und Sauerstoff).

BEDECKUNG DURCH TEICHPFLANZEN
Ein Drittel bis maximal die Hälfte der Oberfläche, notfalls ausdünnen

FISCHE
Mindestvolumen des Teichs 2.000 l, Mindesttiefe 1,20 m auf mindestens 1–2 m², gerade bei kleinen Teichen Rotfeder, Goldorfe oder die Kombi aus Bitterling und Gemeiner Teichmuschel bevorzugen; auch spannend: Edel- und Steinkrebs

PFLEGE
Welke Teile von Teichrand- und Wasserpflanzen entfernen; im Herbst Falllaub auffangen oder abfischen, zudem ein bis maximal zwei Drittel des Schlamms am Teichgrund absaugen; alternativ bauen im Fachhandel erhältliche Bakterien den Schlamm ab

WASSER MARSCH!

STILLE WASSER SIND ... SCHÖN

Nicht Fisch sucht Fahrrad, sondern Hecht sucht Kraut lautet das Motto beim Blütenfest im Gartenteich. Auf dieser Seite haben sich einige der bezauberndsten Wasserpflanzen eingefunden – willens wie auch in der Lage, die Wasserflächen Ihrer Wahl mit ihrer Schönheit zu bereichern.

SEEROSEN

Zierlich oder imposant, schalen- oder sternförmig, die Blüten von *Nymphea* krönen jeden Teich. Mittelstark wächst die dunkelrote 'Black Princess', ein Star für große Flächen ist die hervorragende 'Sunny Pink'. Viele Seerosen gedeihen sogar in Kübeln ab einer Wassertiefe von 20 cm und vertragen sowohl Sonne als auch Halbschatten, etwa die cremeweiße 'Walter Pagels' oder *N. tetragona* – allerliebst mit nur 2,5–5 cm großen weißen Krönchen. Sonnig mögen es 'Aurora' (apricot) und 'Perry's Red Dwarf' (rosarot). Wärmeliebende Sorten hell und frostfrei überwintern.

WASSERHYAZINTHE

Tropenfeeling für Zuhause? *Eichhornia crassipes* macht's möglich. So üppig wirken die sanft gewellten glänzenden Blätter und die opulenten, zartvioletten Blütenstände – kaum zu glauben, dass die wärmeliebende Südamerikanerin all das frei schwimmend vollbringt. An einem geschützten vollsonnigen Platz gelangt sie von Juli bis in den September hinein zur Blüte. Sie eignet sich auch für Mini-Teiche für den Balkon und wird hell bei 15–20 °C überwintert oder im Frühjahr neu gekauft.

WASSERPFLANZEN 121

HECHTKRAUT

Pontederia cordata ist eine wunderbare Teichbewohnerin: Im Juli/August stemmt sie kompakte, herrlich violettblaue Blütenrispen aus dem 10–40 cm tiefen Wasser empor und ist dank ihrer herz- bis pfeilförmigen Blätter auch außerhalb der Blütezeit ein attraktiver Schmuck. Sie mag es sonnig, ist für Mini-Teiche geeignet und überwintert an einem frostfreien, hellen Platz oder am mindestens 1,20 m tiefen Teichgrund.

VERSCHIEDENFARBIGE SCHWERTLILIE

Die Blüten der reichblühenden *Iris versicolor* fallen durch Eleganz, Geradlinigkeit und ihren fantastischen Farbmix auf: Der Dreiklang aus leuchtendem Violett, Gelb und Weiß und eine filigrane Maserung sichern der 60–80 cm hohen Sumpf- bis Flachwasserstaude (0–20 cm Wassertiefe) im Juni/Juli bewundernde Blicke. Die Auslese 'Gerald Darby' besticht durch eine noch klarere Zeichnung und einen violett-grünen Blattaustrieb, 'Kermesina' besitzt einen höheren Rotanteil in der Blüte. Alle möchten sonnig stehen.

SUMPFDOTTERBLUME

Caltha palustris ist ein echtes Goldstück: Die glänzenden Blätter der 30–40 cm hohen Sumpf- und Flachwasserstaude (0–10 cm Wassertiefe) sind kaum richtig entwickelt, da öffnen sich die sonnengelben Blüten schon in großer Zahl. Die Hauptblüte liegt im April/Mai, so hält es auch die weiß blühende, 15–25 cm hohe Sorte 'Alba'. 'Multiplex' zeigt ihre gefüllten Blüten hingegen schon ab März und nach einem Rückschnitt oft ein zweites Mal. Alle bilden stattliche Tuffs und gedeihen in der Sonne und im Halbschatten.

Gestaltung: Mein Garten blüht auf

Ob pastellig oder feurig, die Kunst der Beetgestaltung liegt im Detail – und nicht selten im Weglassenkönnen.

Endlich ist es soweit, die grobe Struktur des Gartens steht fest, erste Gehölze haben ihren Platz gefunden, die Sitzplätze stehen kurz vor der Vollendung. Fehlt eigentlich nur noch eines: üppig blühende Blumenbeete.

Gartenanfänger stehen oft erst mal ratlos vor der leeren Fläche: Welche Form sollen die Beete haben, welche Pflanze kommt wohin, welche Farben passen zusammen – wo und wie soll ich anfangen? Andere haben das umgekehrte Problem, denn überall locken neue begehrenswerte Pflanzen – wann ist es genug und wie soll ich bloß aufhören? In beiden Fällen hilft es, einige Grundsätze bei der Beetgestaltung zu kennen, und zu wissen, welche Wirkung bestimmten Farben und Farbkombinationen zu eigen ist. Die Erkenntnis, dass eine bestimmte Pflanze zwar für sich genommen wunderschön aussieht, aber eben nicht im eigenen Garten, mag zwar schmerzlich sein und den dringenden Wunsch nach einem Zweitgarten wecken, macht es aber leichter, sich in der Gärtnerei oder beim Gartenfestival auch mal aufs Gucken zu beschränken.

In Farben schwelgen

Wer schon einmal auf Gartenschauen unterwegs war oder im Rahmen der regionalen „Offenen Gartenpforte" durch den einen oder anderen Privatgarten geschlendert ist, wird eines schnell feststellen: Jede Farbe kann brillant aussehen – oder auch absolut fade. Dennoch hat jeder Mensch ein bestimmtes Farbspektrum, mit dem er sich vermutlich auch zuhause in der Wohnung bereits bevorzugt umgibt. Oft ist die Farbwahl dabei ein Spiegel wesentlicher Charakterzüge: Selbstbewusste, optimistisch gestimmte Energiebündel mögen oft auch im Garten warme starke Farben wie Rot, Gelb und Orange, während sich ein ruhigeres Naturell häufig auch in einer zurückhaltenderen Farbgebung ausdrückt.

Doch natürlich kann auch das genaue Gegenteil der Fall sein, wichtig ist nur, seine persönlichen Farbfavoriten zu kennen – genau wie die persönlichen Lebensumstände, denn selbst ein vor Energie strotzender Mensch ist vielleicht froh, wenn sich die Augen und der Geist nach einem langen Arbeitstag in einem etwas reizärmeren Garten erholen dürfen. Demnach ist alles eine Frage des Temperaments. Grundsatzentscheidungen sind in Sachen Farbwahl anfangs in zwei Punkten gefragt: Warme oder kalte Farben? Kontrast oder Harmonie? Zu den warmen Farben zählen Rot, Gelb und Orange, zu den kühlen Grün, Blau und Violett.

Nah nebeneinander liegende Farben bilden „leise" Übergänge, gegenüber liegende harmonieren auch gut miteinander, wirken aber wie ein Energiestoß.

Die Wirkung von Rot-, Orange- und Gelbtönen hängt vom Blütemonat ab. Im goldenen Herbstlicht ist sie sanfter als in der gleißenden Julisonne.

Als harmonisch werden Farben empfunden, die im Farbenkreis unmittelbar neben- oder nahe beieinander liegen. Eine harmonische Farbgestaltung entspricht dem Grundnaturell der Ausgangsfarbe und wirkt damit entweder eher kühl und beruhigend oder warm, fröhlich und lebendig, insgesamt jedoch eher sanft. Kontraste hingegen machen blitzartig wach, egal, von welcher Grundfarbe sie ausgehen. Sie bringen Spannung in die Gestaltung, können anregend und belebend wirken, aber auch schnell ins Unangenehme, Aggressive kippen. Die stärkste Kontrastwirkung erzielt man durch die Kombination von Farben, die sich im Farbkreis direkt gegenüber liegen.

Je nachdem wie „laut" das Endergebnis sein darf, können Sie die vollen, starken Farben miteinander kontrastieren, zum Beispiel knalliges Orange und leuchtendes Gelbgrün oder schwächere, ins Pastellige gehende Varianten. Übung und viel Fingerspitzengefühl braucht es hingegen, um starke und schwache Farben miteinander zu verbandeln, denn eine solche Kombination lässt das Resultat oft wie mit einem Grauschleier überzogen erscheinen. Wer sich bei farblichen Entscheidungen unsicher ist, testet seine Ideen zur Blütezeit der jeweiligen Pflanzen direkt in der Gärtnerei: Wenn die Kombination im Einkaufswagen überzeugt, darf sie ihre Wirkung auch zuhause entfalten. Großformatige Fotos, etwa auf dem Tabletcomputer, helfen dabei, bestehende Pflanzungen gekonnt zu ergänzen.

Zeitlose Eleganz: die Immerschönen

Farbe im Garten, bei diesem Stichwort fallen einem die unterschiedlichsten Farbtöne und -bezeichnungen ein, nur eine Farbe wird so gut wie nie genannt – Grün. Kein Wunder, Farbe, das klingt vor allem nach Blütenfarbe; Grün aber ist die Farbe der Blätter und erscheint damit in einem Blütengarten auf den ersten Blick zweitrangig. Tatsächlich aber ist das genaue Gegenteil der Fall: Das charakteristische Aussehen jeder einzelnen Art hängt maßgeblich auch von ihren Blättern ab und erst vor einer grünen Kulisse kommen Blütenpflanzen gleich welcher Couleur richtig zur Geltung. Kein Garten, auch kein Blütengarten, kommt daher ohne die vielleicht wichtigste Pflanzengruppe aus, die darum auch hier nicht unerwähnt bleiben darf: die Blattschmuckpflanzen. Zusammen mit den Gehölzen geben sie sowohl einzelnen Beeten als auch dem ganzen Garten eine Struktur, im Falle winter- und immergrüner Stauden sogar ganzjährig, und sie bieten dem Auge wohltuende Ruhepunkte inmitten der Farb- und Blütenfülle. Blattschmuckpflanzen können miteinander harmonierende Blütenfarben verbinden oder zwischen farblich problematischen Nachbarn vermitteln. Filigranes Laub vermag einer plakativen Pflanzung die notwendige Leichtigkeit zu verleihen, während schon wenige horstig wachsende Pflanzen mit breiten Blättern ein flirrendes, in Auflösung erscheinendes Beet erden können.

WERTVOLLES LAUB

Zu den Blattschmuckpflanzen zählen längst nicht nur reingrüne Arten, sondern auch zahlreiche Vertreter mit farbigem Laub. Ist es kräftig gefärbt wie etwa bei vielen Sorten des Purpurglöckchens (*Heuchera*; zusätzlich grazile Blüten im Juni/Juli), dessen Laub mal bronzefarben, mal schwarzviolett, mal in grellem Gelbgrün leuchtet, muss die Pflanze farblich ebenso sorgfältig in die Rabatte eingepasst werden wie jede Blütenpflanze. Schimmern die Blätter hingegen in elegantem Silber wie die des Woll-Ziests (silbrige Blütenstände im Juni), in Blaugrau wie die des Meerkohls (auch Riesenschleierkraut genannt,

Bizarr und elegant zugleich ist das Elfenbein-Mannstreu (*Eryngium giganteum*) ein wertvoller Pflanzpartner, hier für den Blut-Weiderich 'Feuerkerze'.

Crambe cordifolia; weiße Rispenblüten im Mai/Juni) oder wartet das Laub mit einer weiß-grünen oder gelb-grünen Blattzeichnung auf (Panaschierung), sind die Pflanzen als farblich neutrale Begleiter sehr flexibel einsetzbar. Praktischerweise gibt die Laubfärbung auch gleich noch einen Hinweis auf den bevorzugten Standort und passende Begleitpflanzen: Exemplare mit panaschiertem Laub gedeihen meist im Halbschatten am besten, beispielsweise viele Funkien-Sorten oder das Kaukasusvergissmeinnicht 'Jack Frost'. Silbriges Laub weist hingegen auf Sonnenanbeter hin und harmoniert mit warmen Tönen ebenso gut wie mit blau-violetten Farbkombinationen. Innerhalb der großen Gruppe der Gräser finden sich ohnehin für jeden Standort geeignete Arten in den unterschiedlichsten Größen – die darüber hinaus oftmals auch wegen ihrer Blütenstände begehrt sind, man denke nur an das Lampenputzergras (*Pennisetum*) mit seinen fluffigen Blütenständen, das so gut zu romantischen Gestaltungen passt, oder an das Chinaschilf (*Miscanthus*), das in größeren Gärten einen wunderbaren Hintergrund für imposante Blütenstauden wie Wasserdost (*Eupatorium fistulosum*), Stauden-Sonnenblumen (z. B. *Helianthus decapetalus*, *H. microcephalus*) und Sonnenbraut darstellt.

Die weißen Margeritenblüten bringen die nachtblauen Kerzen des Steppen-Salbeis zum Leuchten. Durch den doppelten Kontrast in Farbe und Blütenform entsteht ein aussagekräftiger Blickfang, der sich zum mehrmaligen Einstreuen in die Rabatte anbietet.

Es muss nicht immer reines Weiß sein: Die mal ins Cremeweiße mal ins Hellgelbe spielende Schafgarbe ergänzt sich bestens mit dem silbrigen Laub und den goldgelben Blütenköpfchen der Färberkamille. Ein sanftes Ensemble, das für kräftige Kontraste offen ist.

WEISSE BLÜTEN

Ob Akelei oder Tränendes Herz (*Dicentra spectabilis*), Rittersporn oder Lilien, Phlox oder Glockenblumen: Von fast allen beliebten Gartenpflanzen gibt es Arten oder Sorten mit weißen Blüten. Weiß steht für Frische und Klarheit, Raffinesse und Eleganz, Stilsicherheit und zeitlose Schönheit – und kann je nach Blütenform verspielt und nostalgisch oder puristisch-modern wirken. Vor allem aber passt Weiß nahezu immer und überall – die unbunte Farbe (heißt tatsächlich so) ist für den Garten, was das Kleine Schwarze für die Abendgarderobe ist. Passenderweise sind weiße Blüten abends auch am längsten sichtbar, weshalb viele Nachtdufter weiße Blüten besitzen. An sonnigen Plätzen lässt sich Weiß gerne von der Heiterkeit gelber Blütenpflanzen anstecken, gibt sich edel-gediegen in Kombination mit silbrigem Laub, oder greift vermittelnd ein, wenn bisweilen schwierig zu handhabende Farben wie Magenta aus dem Rahmen zu fallen drohen. Neben rosafarbenen Nachbarn bilden weiße Blüten das Sahnehäubchen, und ausnahmslos alle Blüten gewinnen in ihrer Gegenwart an Leuchtkraft. Vor allem aber bringen weiß blühende Gehölze, Stauden und Sommerblumen Licht in halbschattige und schattige Situationen, ob im Garten oder auf dem Balkon. Und als spürten sie, dass Schattengärtner ihre Präsenz besonders zu schätzen wissen, entfalten sie genau dort, abseits der prallen Sonne, ihre ganze Strahlkraft.

Funkienvielfalt: Eleganz hat viele Gesichter, keine Gattung verdeutlicht das so plakativ wie die Funkien. Vor allem in schattigen Bereichen sind sie absolut unverzichtbar.

Zur blauen Stunde: die Romantischen

Wer den Blues hat, gibt sich einer melancholischen Stimmung hin. Das kann man natürlich auch im Garten, wirklich traurig wäre es aber nur, hier auf zartblaue Blüten zu verzichten, wo doch die Natur solch wunderschöne Exemplare bereithält. Wobei „blau" relativ ist, denn rein blaue Blüten sind extrem selten. Tibet-Scheinmohn (*Meconopsis betonicifolia*) und Enzian (*Gentiana*) kommen der Sache noch am nächsten, auch einige Rittersporn-Sorten (z. B. 'Azurzwerg', 'Merlin', 'Piccolo'), Himmelblaue Prunkwinde (*Ipomoea tricolor*), Lein, Hornnarbe, Jungfer im Grünen, Bartblume und blaue Hortensien leuchten intensiv in den Farben des Himmels und der Meere. Da sie Ausnahmen darstellen, sind sie einerseits umso faszinierender, andererseits stechen sie jedoch extrem hervor und können unangenehm künstlich wirken. Das beste Rezept für gelungene Kombinationen: Orientieren Sie sich am natürlichen Standort der Stauden und setzen Sie beispielsweise Enzian vorzugsweise im Steingarten ein oder die Bartblume im Kiesgarten und nutzen Sie weiß blühende Pflanzen sowie Gräser und andere Blattschmuckpflanzen, um eine optische Pufferzone zu den Beetpartnern herzustellen.

KÜHLE FARBEN – WEITER RAUM

Kleine Gärten profitieren von einer zurückhaltenden Farbgebung und einer ruhigen, nicht zu kleinteiligen Bepflanzung. Insbesondere kühle Farbtöne erschaffen die Illusion von Großzügigkeit und Weite. Eine kleinteilige Bepflanzung, warme Töne oder gar ein bunter Farbmix hingegen lassen die Gartengrenzen optisch näherrücken.

ZARTE BANDE

Die größte Rolle bezüglich der Blütenfarbe spielen Rosa und Violett. Von kräftigen Tönen bis zu Weiß mit einem Hauch von Farbe gibt es unzählige Abstufungen, die sich nicht nur in Sättigung und Helligkeit unterscheiden, sondern vor allem in den Anteilen von Rot und Blau. Das kann es trotz der unglaublichen Vielfalt zur Verfügung stehender Pflanzen erschweren, die passenden Nachbarn zu finden. Wer ganz genau hinschaut, findet aber zum Glück oft wertvolle Anhaltspunkte, denn die wenigsten Blüten sind einheitlich gefärbt. Die Mehrzahl wartet mit Farbverläufen auf, besitzt ein andersfarbiges Auge, ein sich deutlich abzeichnendes Muster oder auch nur eine feine Äderung, oder aber die Blütenfarbe ändert sich vom Knospenstadium bis zum vollständigen Vergehen. Hieran können Sie sich wunderbar orientieren, denn was sich farblich im Kleinen auf ein- und derselben Pflanze abspielt, sieht auch auf das ganze Beet übertragen gut aus.

Die Blüten der Himmelblauen Prunkwinde kommen reinem Blau schon recht nahe. Ihre durchscheinende Blütenmitte belegt die Leuchtkraft, die in der Kombination Weiß-Blau steckt.

ZUR BLAUEN STUNDE: DIE ROMANTISCHEN

SILBRIGER GLANZ
Eine Auswahl für Rabatten und Gefäße.

PFLANZENNAME	BOTANISCHER NAME	BLÜTEZEIT/-FARBE	WUCHSHÖHE
Artischocke	*Cynara cardunculus* u. a. Arten	VIII–IX, blauviolett	150–200 cm
Beifuß	*Artemisia absinthium* 'Lambrook Mist' u. a. Arten und Sorten	VII–IX, hellgelb	50–80 cm
Currykraut	*Helichrysum italicum*	VII–IX, gelb	20–50 cm
Eselsdistel	*Onopordum acanthium* u. a. Arten	VII–IX, violett	200–300 cm
Heiligenkraut	*Santolina chamaecyparissus* u. a. Arten	VII–VIII, gelb	20–50 cm
Hornkraut	*Cerastium tomentosum* 'Silberteppich' u. a. Arten und Sorten	V–VI, weiß	10–20 cm
Katzenpfötchen	*Antennaria dioica* 'Rotes Wunder' u. a. Arten und Sorten	V–VI, rosarot	5–15 cm
Königskerze	*Verbascum bombyciferum* 'Polarsommer' u. a. Arten	VI–VIII, zitronengelb	140–180 cm
Kugeldistel	*Echinops ritro* u. a. Arten	VII–IX, stahlblau	80–120 cm
Mannstreu	*Eryngium giganteum* u. a. Arten	VII–VIII, silber	50–80 cm
Palmlilie	*Yucca filamentosa* u. a. Arten	VII–VIII, cremeweiß	60–120 cm
Perlkörbchen	*Anaphalis triplinervis* 'Silberregen' u. a. Arten und Sorten	VIII–X, weiß	30 cm
Schafgarbe	*Achillea ageratifolia* u. a. Arten	V–VII, weiß	10–15 cm
Sonnenröschen	*Helianthemum*-Hybride 'Henfield Brillant' u. a. Arten und Sorten	V–VII, orangerot	20 cm
Wucherblume	*Tanacetum haradjanii* u. a. Arten	VII–VIII, gelb	10–20 cm
Ziest	*Stachys byzantina* u. a. Arten	VI–VII, rosa	40–60 cm

SONNENLIEBENDE ARTEN MIT SILBRIGEM FLAUM ODER SILBRIGER BIS GRAUER BEREIFUNG AUF DEN BLÄTTERN.

PARTNERVERMITTLUNG

Weiß, Grün und Silber sind Farben, die aus nicht hundertprozentig passenden Partnern doch noch ein funktionstüchtiges Team machen können. Sie sollten aber auch dann nicht im Beet fehlen, wenn Sie Stauden in 20 perfekt zueinander passenden Rosa- und Violetttönen ausfindig gemacht haben: Mehr oder weniger einfarbige Bepflanzungen ermüden das Auge, machen es schwer, Details wie unterschiedliche Blütenformen wahrzunehmen, und haben nur eine geringe Strahlkraft; erst im Wechsel mit klar abgesetzten Tönen beginnen die Farben zu leuchten. Den notwendigen Kontrast kann auch eine weiß lackierte Gartenbank oder ein kleiner Pavillon herstellen. Ein Staketenzaun mit silbriger Patina oder ein sprudelnder Mühlstein, spiegelnde Kugeln, Gehölze mit panaschiertem Laub oder grüne Formgehölze sind ebenfalls gut geeignet, um Abwechslung in die Farbgestaltung zu bringen. Tipp: Buchsbaum war lange Zeit ein fester Bestandteil insbesondere von Gärten, die sich am Englischen Landhausstil orientierten, seit einigen Jahren setzen ihm jedoch Krankheiten und Schädlinge sehr zu. Neupflanzungen sind daher zur Zeit nicht zu empfehlen, es gibt aber diverse attraktive und robuste Alternativen, etwa die Japanische Stechpalme 'Convexa' (*Ilex crenata*), die Buchsblättrige Berberitze 'Nana' (*Berberis buxifolia*) oder auch den Kleinblütigen Rhododendron 'Bloombux' (*Rhododendron micranthum*).

UNVERZICHTBAR FÜR ROSIGE ZEITEN

Mit dem Duft-Schneeball brechen bereits im Winter rosige Zeiten an, und schon alsbald kommen die ersten Zwiebel- und Knollenpflanzen hinzu. Aber Achtung, übertreiben Sie es nicht mit dem Zuckerguss, es gibt zwar rosafarbene Varianten von Krokussen und Balkan- sowie Busch-Windröschen, Hyazinthen und Blaustern, Schneeglanz, Hasenglöckchen und Tulpen, doch sind sie eher Ausnahmen im Farbenspektrum dieser Pflanzengruppe und können im Alleingang sehr künstlich wirken. Verwenden Sie rosafarbene Sorten daher besser als überraschende Ergänzungen.

Der Duft-Schneeball steht noch in voller Blüte, da ziehen Magnolien, Zier-Kirschen und Mandelbäumchen nach. Auch Blütensträucher wie Deutzien, Weigelien, Kolkwitzien und Spireen lassen sich nicht lange bitten und hüllen sich in zarte bis kräftigere Rosatöne – von den im Juni folgenden Rosen gar nicht erst zu sprechen. Für Romantiker führt an Tränendem Herz, Pfingstrose und Fingerhut kein Weg vorbei, auch die hoch aufragenden Stockrosen, die einjährigen Bechermalven, die mehrjährigen Moschus-Malven (*Malva moschata*), die weniger bekannten Präriemalven (*Sidalcea*) und die wie Schmetterlinge durchs Beet flirrenden Blüten der Prachtkerze (*Gaura*) bereichern den Garten mit ihrem angenehm klaren Rosa. Dass es von allen auch weiß blühende Pendants gibt, macht das Gestalten mit ihnen umso einfacher.

Tipp: Anstelle der für Malvenrost anfälligen Stockrosen können Sie auch die robusteren *Alcalthaea* verwenden – Kreuzungen aus Stockrose und Echtem Eibisch (*Althaea officinalis*) – etwa die rosafarbene Sorte 'Parkrondell'.

Aufgrund seiner Wüchsigkeit weniger für ein Tête-à-Tête geeignet, aber wunderschön für eine flächendeckende Langzeit-Liaison ist der Teppich-Wiesenknöterich 'Superbum' (*Bistorta affinis*). Der nahe verwandte Kerzen-Wiesenknöterich 'Roseum' (*B. amplexicaulis*) hingegen bildet kompakte Horste und ist somit eine wertvolle Beetstaude für vertikale Blütenaspekte.

Nelken empfehlen sich je nach Sorte vor allem für den Beetrand, für den Steingarten oder für Töpfe und Tröge, Bart-Nelken dürfen in keinem Bauerngarten fehlen. Die schmucken Kleinode scheinen vom Ehrgeiz besessen, die ganze Palette verfügbarer Rosatöne über Magenta bis hin zu Purpur und samtigem Schwarzrot abbilden zu wollen.

WUNDERSCHÖN IN VIOLETT

Flieder und Schmetterlingsflieder ähneln sich nicht nur im Namen und in der Blütenform, sie decken auch ein ähnliches Farbspektrum ab. Neben einigen rosafarbenen Varianten fallen vor allem die zahlreichen Violetttöne auf, die schon von Weitem ein absoluter Hingucker sind. Die Blütenrispen der Blauraute stellen sich vollkommen anders dar: Bäumchenartig weit auseinandergezogen ist jede Rispe für sich genommen durchscheinend und wenig ausdrucksvoll, ihre Vielzahl und das silbrige Laub machen den Halbstrauch dennoch unentbehrlich für mediterrane

Pflanzungen oder als ungewöhnlichen Rosenbegleiter (viel Sand ins Pflanzloch geben und ausreichend Abstand einhalten). Nicht zu übersehen sind auch die grandiosen Blütenkugeln diverser Zier-Lauch-Arten, die über dem Beet zu schweben scheinen und dadurch eine neue Betrachtungsebene eröffnen. Grazil tänzeln hingegen die beinahe unbelaubten Blütenstände des Argentinischen Eisenkrauts durch die Rabatte. Jede einzelne Blüte ist winzig, zu Schirmchen zusammengefasst und ihrer Leuchtkraft sei Dank ziehen sie aber alle Blicke auf sich.

Keine Prachtstaudenrabatte ohne Bart-Iris – das Ausrufezeichen setzen die vielen zwischen allerliebst und pompös schwankenden Sorten, die brillante Farben mit oftmals luxuriös gerüschten Blüten vereinen. Ob sie in königlichem Purpur oder tiefem Ultramarin schimmern, in zartem Lavendelblau erstrahlen oder sich mehrfarbig in reinem Schneeweiß und lieblichem Veilchenblau präsentieren, mit Iris trifft jeder den richtigen Ton. Spezialistinnen für leuchtendes bis zartes Rosa sind die Bergenien. Die dankbaren Stauden, deren feste, meist wintergrüne Blätter zusätzlich mit einer prächtigen Herbstfärbung punkten können, wurden jahrzehntelang als Schattenpflanzen empfohlen, doch das genaue Gegenteil ist der Fall. Mit Ausnahme der Kaschmir-Bergenie (*Bergenia ciliata*) bevorzugen Bergenien sonnige bis maximal halbschattige Standorte.

FARBE TRIFFT FÜLLE

Zu den wertvollsten Begleitstauden des blauen und violetten Farbbereichs gehören Katzenminze und Steppen-Salbei. Insbesondere der Steppen-Salbei bietet durch seine Sortenvielfalt zahlreiche Kombinationsmöglichkeiten: Während die Blütenkerzen der Sorte 'Amethyst' deutlich in Richtung Purpur tendieren und 'Blauhügel' genau das erfüllt, was sein Name verspricht, glüht 'Caradonna' in einem pulsierenden Schwarzviolett. Sie verleiht der Gestaltung Tiefe und wirkt durch ihre grazilen Blütenstände bei gleichzeitig kompaktem Wuchs ausgesprochen edel. Schlicht und raffiniert zugleich ist etwa die Kombination aus Steppen-Salbei 'Caradonna', 'Schneehügel' und 'Rose Queen' oder 'Amethyst', Lavendel 'Munstead', Ausdauerndem Lauch (*Allium senescens*) und dem silbrigen Strauch-Wermut 'Powis Castle' (*Artemisia arborescens*).

Sachte umtänzeln die schmetterlingsgleichen Blüten der Prachtkerze 'Rosy Jane' die Oregon-Schmuckmalve 'Brillant' (*Sidalcea oregana*).

Auch in der großen Familie der Ehrenpreise (*Veronica*) finden sich viele gartentaugliche Arten und Sorten, darunter der fast reinblaue Große Ehrenpreis 'Knallblau' (*V. teucrium*). Gerade einmal 15–25 cm hoch und doch eine wahre Schönheit von unvergleichlicher Eleganz ist der Ährige Blauweiderich 'Silberteppich' (*Pseudolysimachion spicata*). Die Verführungskraft des mit 20 cm Wuchshöhe kleinsten Vertreters der violetten Würdenträger liegt in seinem silbrigen Laub, das ihn selbst außerhalb der Blütezeit zu einem gefragten Pflanzpartner für sonnige Plätze mit einem durchlässigen Boden macht.

BLÜTENSTERNE

Helle Blüten bringen Licht ins Dunkel, insbesondere, wenn es sich um derart reichblütige Exemplare wie *Clematis montana* var. *rubens* handelt. Die in zartes Rosa gehüllte Schönheit kommt mit nahezu jedem Standort zurecht und ist dabei ausgesprochen robust. Anderer Farbton, größere Blüten oder Duft gefällig? Bitte sehr, das Sortiment der Waldreben lässt keine Wünsche offen.

ATTRAKTIVER ALLROUNDER

Romantiker sind Individualisten und so wollen sich auch viele Blaublüter nicht in ein Schema pressen lassen: Warum sich für eine Farbe entscheiden, wenn doch eine solche Bandbreite zur Verfügung steht? Gärtnerin und Gärtner kann das nur recht sein, denn mit Arten, die bei ähnlichem Wuchs viele verschiedene Nuancen abdecken, fällt das Gestalten umso leichter. Storchschnabel, Lavendel, Phlox und Duftnessel zählen zu denjenigen, die sich gerne in ganz unterschiedlicher Gewandung präsentieren und sich mal in Weiß oder Rosa, mal in Flieder, leuchtendes Violett oder einen der zahlreichen Zwischentöne kleiden. Mit einer riesigen Sortenvielfalt locken mittlerweile auch die Hortensien. Auffällig ist, dass sich der Trend weg von den anno dazumal so beliebten blauen Blüten bewegt, hin zu rosafarbenen Varianten.

Rosa? Welches genau? Nicht doch lieber Magenta, zarte Fliedertöne oder schimmerndes Blauviolett? Wer auf der Suche nach einem passenden Rhododendron ist, braucht Zeit, zu groß ist die Zahl wundervoller Sorten, die sich mal dezent im Hintergrund halten, mal mit brillanter Leuchtkraft punkten. Ähnliches gilt für den Echten Roseneibisch. Ihn gibt es nicht nur in vielen verschiedenen Farbvarianten, seine Sämlinge zeigen häufig auch eine andere Farbe als die Mutterpflanze. An zusagenden Standorten versamt er sich so reichlich, dass er schon beinahe zum Unkraut werden kann, die Jungpflanzen lassen sich aber gut jäten. Einen Winterschutz benötigen übrigens nur junge Sträucher, prinzipiell sind die exotisch anmutenden Gehölze äußerst frosthart, allen voran die blauviolett blühenden Sorten.

Zum Herbst hin nimmt die Zahl rosafarbener und blauvioletter Blütenpflanzen vor allem an sonnigen Standorten deutlich ab, doch auf zwei Gattungen ist Verlass: die Astern und Feinstrahlastern (*Erigeron*). Bereits im Mai und Juni kann man sich an den violetten oder weißen Blüten von Alpen-Astern und Feinstrahlastern erfreuen, gefolgt von den kompakt wachsenden Sommer-Astern (*A. amellus*), den herrlichen, 100–160 cm hoch aufragenden Raublatt-Astern (*A. novae-angliae*), den etwas niedrigeren Glattblatt-Astern (*A. novi-belgii*) und den überaus robusten Kissen-Astern (*A. dumosus*). Die drei letztgenannten Arten sorgen bis in den November hinein kontinuierlich für Blütennachschub. Insbesondere die Raublatt-Astern stehen in der Beetmitte oder im Hintergrund am besten, da ihre Stängel vom Fuß beginnend verkahlen und sich gerne an andere Stauden anlehnen. Mithilfe des *Chelsea Chops* SEITE 54 können Sie die Höhe variieren und die Standfestigkeit verbessern. Alle Astern sollten nicht zu dicht stehen, um Mehltau vorzubeugen, besonders gilt das jedoch für die anfälligeren Glattblatt-Astern.

Es gibt aber durchaus sehr empfehlenswerte Sorten, wie etwa 'Karminkuppel', 'Dauerblau', 'Rosenquarz' und 'Blütenmeer'. Kissen-Astern bilden durch kurze Ausläufer fantastische Blütenteppiche.

BLAUVIOLETTE SCHATTENSPIELE

Eine versteckte Laube, ein Hohlweg, eine Bank unter einem Baum – traute Zweisamkeit sucht man nicht in der prallen Sonne, das scheinen sich auch zahlreiche blaue Blumen gedacht zu haben und leisten ihren Beitrag, um absonnige Bereiche in lauschige Plätze für romantische Begegnungen zu verwandeln. Die Fülle an violetten oder blauen Blüten ist hier vom Frühjahr bis in den Herbst hinein besonders hoch. In das blaue Band des Frühlings, mit dem zahlreiche Zwiebel- und Knollenpflanzen sowohl sonnige als auch schattige Plätze schmücken, stimmen nach und nach beispielsweise Lungenkraut (*Pulmonaria*), Duft- und Pfingst-Veilchen, Kaukasusvergissmeinnicht, Vergissmeinnicht, Akelei und Blauer Lerchensporn (*Corydalis elata*) ein. Clematis durchziehen Bäume und Sträucher mit ihren Ranken, die über und über mit mal liebreizend-natürlichen, mal plakativ-eleganten Blüten besetzt sind. Im Herbst schimmern die dunkelblauen Blütenhelme des stark giftigen, aber überaus attraktiven Eisenhuts im Licht der letzten Sonnenstrahlen. Einen kongenialen Partner finden sie ab Juli/August in den rosa- bis leuchtend pinkfarbenen Blütenschalen der Herbst-Anemonen, die bis in den Oktober hinein das Halbdunkel erhellen. Für zarte Rosatöne bis hin zu leuchtendem Rosarot sowohl in der Sonne wie auch im Halbschatten sorgen außerdem die grazilen Blüten der Sterndolde (*Astrantia*), die duftigen Rispen der Schaumblüte (*Tiarella*), die Riesen-Dolden-Glockenblume 'Loddon Anne' (*Campanula lactiflora*) sowie diverse Sorten von Storchschnabel, Phlox und Prachtspiere.

Blütenhöhepunkt: Juni

1. *Salvia nemorosa* 'Caradonna'
2. *Lavatera olbia* 'Barnsley'
3. *Delphinium*-Belladonna-Hybride 'Bunzlau'
4. *Delphinium*-Belladonna-Hybride 'Moerheimii'
5. *Alchemilla mollis*
6. *Paeonia lactiflora* 'Bunker Hill'
7. *Paeonia lactiflora* 'Dr. h. c. Steffen'
8. *Paeonia lactiflora* 'Jan van Leeuwen'
9. *Delphinium*-Belladonna-Hybride 'Atlantis'
10. *Geranium* × *magnificum* 'Anemoniflorum'

Viva la vida: die Temperamentvollen

Rot. Es gibt wohl keine Farbe mit stärkerer Symbolkraft. Rot ist die Farbe der Liebe, aber auch die der Wut – heißer ungezügelter Wut, so heiß wie das Feuer, für das diese kraftvolle Farbe ebenfalls steht. Rot ist Leidenschaft pur, und entsprechend ist diese Farbe mitunter schwer zu bändigen: Wo unterschiedliche Rottöne aufeinandertreffen sollen, ist diplomatisches Geschick gefragt, beziehungsweise ein gutes Auge, denn Rot kann in zwei gänzlich unterschiedlichen Temperaturen auftreten. Nuancen, die sich um den Grundton Zinnober scharen, sind von warmem, freundlichem Naturell und passen sehr gut zu den nahe verwandten Orangetönen. Der Klatsch-Mohn und einige Sorten des Türkischen Mohns leuchten in diesem sehr angenehmen Rot, z. B. 'Brillant', 'Allegro' und 'Türkenlouis', aber auch die Montbretie *Crocosmia masoniorum* 'Lucifer', die Nelkenwurz *Geum chiloense* 'Feuerball' und 'Mrs. Bradshaw' sowie die Brennende Liebe (*Lychnis chalcedonica*).

TAGLILIEN ZUM TRÄUMEN

Die Bahnwärter-Taglilie entwickelt sich im Halbschatten sogar noch besser als in der Sonne.

Diese herrlichen Stauden blühen nach wenigen Jahren Einwachszeit so überreich, dass die kurze Lebensdauer der Einzelblüten gar nicht auffällt. *Hemerocallis*, von denen es buchstäblich Tausende Sorten gibt, sind ausgesprochen robust, pflegeleicht und wachsen überwiegend horstartig mit elegant überhängenden grasartigen Blättern. Sie bevorzugen nährstoffreichen, eher frischen als trockenen Boden und volle Sonne, einige Sorten gedeihen aber auch im Halbschatten, allen voran die Bahnwärter-Taglilie (*H. fulva*).

Sobald jedoch auch nur ein Hauch von Blau ins Spiel kommt, erhält das Rot eine deutlich kühlere Temperatur, die sich mit warmen Rot- und Orangetönen nicht mehr ohne Weiteres verträgt, sondern sich lieber anderen Kandidaten mit blauem Farbanteil in den Blüten zur Seite gesellt.

Viele Rottöne harmonieren erstaunlich gut mit Violett, vor allem aber mit Pupur – nicht nur in der Blüte, auch Pflanzen mit purpurfarbenem bis beinahe schwarzem Laub stehen Blüten in blaustichigem Rot in der Regel ausgezeichnet. Einige VertreterInnen des roten Lagers entscheiden sich sogar schon von ganz allein für diese ebenso extravagante wie ansprechende Farbkombination, etwa die Dahlie 'Bishop of Llandaf'.

Erschwert wird die farbliche Zuordnung roter Blüten bisweilen dadurch, dass diese sich im Verblühen stark verändern können. Die Blüten der Nelkenwurz 'Red Wings' beispielsweise nehmen mit fortschreitendem Alter einen dezenten Blaustich an – ein Wechsel, der auf jeden Fall Spannung ins Beet bringt.

Seidige Mohnblüten bändeln mit blassblauen Bart-Iris und den herabhängenden Blütentrauben einer weißen Glyzine an. Türkischer Mohn benötigt volle Sonne und trockenen, mageren Boden.

REIZENDE RABATTEN

Als Farbthema in Reinform ist Rot im Garten ausgesprochen selten anzutreffen. Das mag zum einen an möglichen Kombinationsschwierigkeiten liegen und an der schon eher auf- als nur anregenden Komponente, die der Signalfarbe zu eigen ist. Tatsächlich ist es aber auch gar nicht so einfach, überhaupt ausreichend Pflanzen für eine auf Dauer angelegte Rabatte zusammenzutragen. Reines Rot findet sich nämlich vor allem bei den einjährigen Sommerblumen und bei nicht winterharten Zwiebel- und Knollenpflanzen. Hier haben Sie die breite Auswahl: Dahlien, Montbretien, Tulpen, Zinnien, Indisches Blumenrohr, Sommer-Adonisröschen (*Adonis aestivalis*), Kapuzinerkresse, Kardinals-Lobelie (*Lobelia cardinalis*), Feuer-Salbei (*Salvia splendens*), Zier-Tabak, Köcherblümchen (*Cuphea ignea*), Hahnenkamm (*Celosia argentea*) und Geranien vermögen einen Garten im besten Sinne zu entflammen, wenn sie gekonnt eingesetzt werden. Bei den Gehölzen und Stauden erstrahlen neben zahlreichen Rosen- und Zierquitten-Sorten beispielsweise die Schafgarbe 'Feuerland' und die Stockrose 'Mars Magic' in leuchtendem Rot, und es lohnt sich, die Sortimente von Pfingstrosen, Taglilien, Prachtspieren und Nelkenwurz auf passende rot blühende Sorten zu durchforsten.

Am einfachsten gelingt ein rotes Themenbeet, wenn man sich an der von der Natur vorgegebenen Farbkombination mit der höchsten Leuchtkraft orientiert: Rot und Grün. Gräser, vom filigranen Lampenputzergras bis zum breitblättrigen Japan-Goldbandgras (*Hakonechloa macra* 'Aureola'), sind daher wunderbare Begleiter und sorgen zudem für den notwendigen räumlichen Abstand, damit sich die aufsehenerregenden Blütenpflanzen nicht gegenseitig die Schau stehlen. Zusammen mit dunkellaubigen Blattschmuckpflanzen sowie Gehölzen wie Blut-Pflaume oder Perückenstrauch entstehen auf diese Weise moderne Ensembles. Achtung: Vor einem sehr dunklen Hintergrund, etwa einer Eibenhecke, können rote Blüten von der Signal- zur Alarmfarbe werden und einen bedrohlichen Touch entwickeln. Umgekehrt kann grelles Sonnenlicht die Leuchtkraft roter Blüten nahezu zunichte machen, auch das gilt es bei der Auswahl des Standortes zu berücksichtigen. Tipp: Die Fernwirkung roter Blüten wird überschätzt, in der Beetmitte oder im Vordergrund kommen sie am besten zur Geltung.

Was für fantastische Effekte sich schon mit wenigen Pflanzenarten erzielen lassen, beweist dieses Duo: Montbretien der Sorte 'Spitfire' teilen spektakulär das Meer aus sanft umherwogendem Federgras (*Stipa tenuissima*).

SOMMER, SONNE, HEITERKEIT: GELB FÜR JEDE GELEGENHEIT

Schon eine einzelne Sonnenblume am Wegesrand kann die Laune spürbar heben, kein Wunder also, dass gelbe Blüten auch im Garten gern gesehen sind. Und zwar schon von Weitem, denn in Sachen Fernwirkung sind sie nahezu unschlagbar. Das liegt nicht zuletzt an den zumeist überaus plakativen Blüten – viele gelb blühende Stauden und Sommerblumen wählen für die Sonnenfarbe nämlich auch die Sonnenform. Andere bilden Blütenpolster oder -teppiche und lassen dadurch selbst halbschattige Bereiche wie vom Sonnenlicht durchflutet wirken.

Die meisten gelb blühenden Pflanzen tummeln sich im Frühjahr in den Parks und Gärten. Neben und unter Blütengehölzen wie Zaubernuss, Kornelkirsche, Forsythie, Ranunkelstrauch und Fingerstrauch vertreiben Winterlinge und Krokusse, Gelbes Windröschen (*Anemone ranunculoides*) und Schlüsselblumen (*Primula elatior, P. veris*), Amur- und Adonisröschen (*Adonis amurensis, A. vernalis*), Narzissen, Tulpen und Kaiserkronen, Steinkraut und Gämswurz (*Doronicum*) den Winter und treffen sich zum fröhlich-bunten Blütenreigen mit anderen Frühlingsblühern. Ein echter Geheimtipp ist der noch viel zu selten gepflanzte Gelbe Lerchensporn (*Corydalis lutea*), er ist sehr trockenheitsverträglich, kommt mitunter sogar im vollen Schatten noch gut zurecht, trägt wundervoll graziles Laub und blüht von Mai bis in den Oktober hinein ununterbrochen.

JETZT WIRD'S BUNT

Die richtigen Farbharmonien zu treffen, ist im Frühling angesichts der Farbenpracht nicht weiter schwierig – ohnehin ist Gelb eine fantastische Farbe für wirklich bunte Pflanzungen, wie sie in Bauerngärten anzutreffen sind, aber auch moderne Beete schmücken. Romantische Gestaltungen in Pastelltönen profitieren ebenfalls von einem Hauch Sonnenschein: Mit sanftem Pastellgelb schmücken sich im Sommer etwa die Duftende Nachtkerze 'Sulphurea', das Mädchenauge 'Moonbeam' (*Coreopsis*), die Färberkamille-Sorten 'Sauce Hollandaise' und 'E. C. Buxton' (*Anthemis tinctoria*), die Sonnenblume 'Italian White', die extravaganten, etagenweise den Stängel umfassenden Blüten des Brandkrauts sowie diverse Sorten von Stockrose, Schafgarbe, Taglilie, Löwenmäulchen und Königskerze.

Auch Stauden, die mit gelbgrünen Blüten aufwarten, sind dort gern gesehene Gäste. Der Frauenmantel dürfte in Privatgärten mit Abstand am häufigsten zum Einsatz kommen, immer wichtiger werden jedoch trotz ihrer Giftigkeit auch verschiedene Wolfsmilch-Arten, allen voran die Vielfarbige Wolfsmilch (*Euphorbia polychroma*).

Gelb bringt Sonne ins Spiel und vermittelt zwischen sonst schwierig zu kombinierenden Farbtönen: Schafgarbe und Färberkamille versöhnen die rostrote Schafgarbe mit Argentinischem Eisenkraut und Ährigem Blauweiderich.

GOLDSTÜCKE FÜR DEN SCHATTEN

Mit abnehmender Sonnenstrahlung geht auch die Zahl gelb blühender Pflanzen zurück, dennoch stehen insbesondere für den Halbschatten viele attraktive Blütenpflanzen zur Verfügung.

Waldsteinia und Gold-Felberich sind gleichermaßen bekannte und beliebte Bodendecker, verschiedene Elfenblumen vereinen hellgrünes Laub und gelbe Blüten (z. B. *Epimedium koreanum*, *E. pinnatum* subsp. *colchicum*, *E.* × *perralchicum* 'Frohnleiten') und für naturnahe Gestaltungen bieten sich das Greiskraut (*Ligularia*) und das Ochsenauge (*Buphthalmum salicifolium*) an. Weniger bekannt, aber wunderschön sind auch der Japanische Waldmohn (*Hylomecon japonica*) und der Gold-Lauch, auch verschiedene Johanniskraut-Arten blühen im Halbschatten oder sogar Schatten noch wunderschön (*Hypericum calycinum*, *H. hircinum*, *H. androsaemum*).

Tipp: Gelb ist eine wunderbar leuchtende Farbe; um dunkle Ecken aufzuhellen, ist Weiß aber meist besser geeignet – gelbe Blüten vor einem sehr dunklen Hintergrund können die Düsternis noch verstärken.

HIER GEHT DIE SONNE AUF!

Goldlack – hier kombiniert mit dem Zwerg-Kalmus 'Ogon' (*Acorus gramineus*) – ist ein zauberhafter Frühlingsblüher und in vielen modernen Farbtönen erhältlich. Ein sonniger geschützter Platz und durchlässige Erde treiben ihn zu Höchstleistungen, sowohl im Beet als auch in Pflanzgefäßen (dann frostfrei überwintern). Nach der Hauptblüte im Mai/Juni um ein Drittel stutzen.

FREUNDLICHE BEGLEITER

Untereinander sind die meisten Gelbtöne ausgesprochen verträglich, daher sind prinzipiell viele monochrome Kombinationen möglich. Um Langeweile zu vermeiden, sollten Sie dann jedoch wie bei allen Pflanzungen eines Farbbereichs besonderen Wert auf abwechslungsreiche Blatt- und Blütenformen legen. Harmonische Ergebnisse ergeben sich fast von alleine, wenn Sie sich an den natürlichen Standorten der Pflanzen orientieren: Steppenkerze, Königskerze, Junkerlilie (*Asphodeline lutea*), Nachtkerze, Hundskamille (*Anthemis marschalliana*) und Heiligenkraut mögen ähnliche Bedingungen und ähnliche Pflanzpartner, etwa die zahlreichen silbrig belaubten Wermut-Arten. Kommen zusätzlich beispielsweise Blauraute, Lavendel, Thymian und Oregano ins Spiel, gelingt in Nu auch der Übergang zu einer der kontrastreichsten Farbkombinationen: Gelb und Blau. Eine einzige Blauraute kann für Aufruhr in einer mediterranen, von Gelb und Silber dominierten Rabatte sorgen, und das Profil aller Beteiligten schärfen. Auch das Zusammentreffen der vollen, starken Farben muss nicht dem Frühling vorbehalten bleiben (obgleich die Kombination von Sonnengelb und Meerblau zu dieser Jahreszeit natürlicher wirkt): Dem Frohsinn und der Kraft, die von einem Blütenquartett aus goldgelbem Mädchenauge, Ehrenpreis 'Knallblau', Blauweiderich 'Rotfuchs' und Schafgarbe 'Paprika' ausgeht, können sich selbst die größten Farbmuffel nicht entziehen.

ORANGE: FARBE ZUM WOHLFÜHLEN

Es ist nicht nur optisch die perfekte Mischung aus Gelb und Rot, sondern auch emotional von ausgesprochen ausgeglichenem Wesen: Orange ist der wärmste aller Farbtöne. Es verblasst selbst in vollem Sonnenschein nicht, wirkt in Reinform heiter, anregend und belebend (ohne allzu aufregend zu sein) und ins Bronzefarbene und Braune übergehend ausgesprochen gemütlich und anheimelnd.

Als Mischform zwischen Rot und Gelb angesiedelt, ist reines, leuchtendes Orange auch im Beet der perfekte Vermittler zwischen beiden Farben, allerdings gar nicht so leicht aufzutreiben. Wer orangefarbene Gehölze und Stauden sucht, wird beispielsweise innerhalb der großen

Gattungen der Rosen, Fingersträucher, Taglilien und Lilien fündig, mit leuchtendem Beispiel voran geht aber vor allem die so überaus unbeschwert wirkende Nelkenwurz. Ein geniales Farbteam bilden beispielsweise der sonnengelbe gefüllte Hahnenfuß 'Multiplex' (*Ranunculus acris*), orangefarbene Nelkenwurz, violettblau blühende Jakobsbleiter und das niedrig bleibende, gefüllt blühende Schleierkraut 'Compacta Plena'.

Eine Nummer für sich sind auch die überaus prächtig anzusehenden Fackellilien (*Kniphofia*): Einige Sorten wie 'St. Gallen' entflammen in reinem Orange, andere brennen mehrfarbig ab und zeigen von feurigem Rot an der noch geschlossenen Spitze der Blütentriebe bis zu Apricot oder Gelb in den unteren, bereits erblühten Partien fantastische Farbverläufe. In zartem, je nach Sorte deutlich in Richtung Apricot gehendem Orange erglühen die Blütenraketen mancher Steppenkerzen. Einige Sorten der Königskerzen, allen voran 'Cotswold Queen' und die sensationelle 'Clementine', kleiden sich ebenfalls in Apricot, wagen sich aber weit ins Reich der spektakulären Farbkombinationen vor und vereinen eine sehr rosastichige orange Variante mit leuchtend violetten Staubgefäßen – wer daheim seine eigene Chelsea Flower Show feiern möchte: Hierauf kann man aufbauen!

Doch zurück zu reinem Orange, hier bereichern vor allem Zwiebel- und Knollenpflanzen sowie einjährige Sommerblumen Rabatten und Pflanzgefäße. Tulpen wie 'Ballerina' dürfen ganzjährig im Beet verweilen, Montbretien und die zauberhaften, in Kübeln auf dem Balkon herrlich anzusehenden Inkalilien (*Alstroemeria*) in wärmeren Regionen ebenfalls. Dahlien, Gladiolen und Indisches Blumenrohr dagegen sind Saisonkräfte und verbringen ihren Winterurlaub an einem frostfreien Platz. Noch selten im Garten anzutreffen und umso exotischer in ihrer Wirkung sind die in Büscheln zusammenstehenden duftenden Blüten der Knolligen Seidenpflanze (*Asclepias tuberosa*). Geschützt und in gut durchlässigen Boden gepflanzt, ist die horstig wachsende Staude sogar winterfest – im Gegensatz zum

Auge in Auge mit den herrlichsten Blüten: Wo Glänzender Sonnenhut (*Rudbeckia nitida*) und Sonnenbraut Spalier stehen, sind offene Münder garantiert – die beide Präriestauden können mannshoch werden.

VIVA LA VIDA: DIE TEMPERAMENTVOLLEN

NACHHALTIGE NELKENWURZ

Die halbgefüllten Blüten von 'Flames of Passion' öffnen sich im Mai und zur Nachblüte im August.

In welchen Abständen Nelkenwurz verjüngt werden müssen, ist stark sortenabhängig. Da es seit einigen Jahren einen echten *Geum*-Trend und entsprechend viele neue Züchtungen gibt, liegen noch nicht zu allen Sorten Erfahrungswerte vor. Im Schnitt beginnen die Pflanzen nach vier bis fünf Jahren in der Mitte zu verkahlen und sollten geteilt werden. Langlebige Sorten wie 'Carlskaer', 'Werner Arends', 'Prinses Juliana' und 'Flames of Passion' büßen hingegen auch nach zehn Jahren noch nichts an Schönheit ein. Ausgesprochen langlebig sind zudem die Sorten der Bach-Nelkenwurz (*Geum rivale*).

langsam und haben ihren großen Auftritt daher zu einer Zeit, in der den Gärtnern früherer Zeiten außer Astern und Chrysanthemen nicht mehr viel blühte.

Schon mit den unzähligen Sorten der Sonnenbraut allein ließen sich prachtvolle Beete komponieren, schließlich reicht das Farbenspektrum von Gelbgrün über reines Gelb, Orange, Bronze und Rotbraun bis zu leuchtendem Zinnober – und das in der Mehrzahl gleich mehrfarbig, was die Wahl sich anschließender Sorten wesentlich erleichtert. Neben weiteren „Sonnenrädern" wie Stauden-Sonnenblumen (*Helianthus decapetalus*, *H. microcephalus*, *H. salicifolius*, *H. tuberosus*), Gelbem Sonnenhut (*Echinacea paradoxa*), Sonnenauge (*Heliopsis helianthoides*) und dem ebenfalls sehr wandlungsfähigen Mädchenauge (in zartem Zitronengelb ebenso erhältlich wie in reinem Gelb, Goldgelb, mit brauner Zeichnung oder gefüllt) ergänzen Brandkraut, Scheinsonnenhut, Indianernessel und Roter Wasserdost die Palette warmer Spätsommerfarben, die sanft und versöhnlich in den Herbst überleiten.

nicht minder leuchtkräftigen Löwenohr (*Leonotis leonurus*), das im Blütenaufbau an Brandkraut erinnert und als Kübelpflanze besser geeignet ist.

Kurzlebige, aber deutlich pflegeleichtere und in ihrer Farbwirkung ausgezeichnete orangefarbene Würdenträger sind Ringelblumen, Studentenblumen, Kapuzinerkresse, Kalifornischer Mohn, Island-Mohn, Zinnien und Goldlack (z. B. 'Orange Flame').

SPÄTES FARBENFEUERWERK

Warum Gelb, Rot und Orange separieren, wenn man alles auf einmal haben kann? Wie viel Power die drei als Team besitzen, zeigen schon Island-Mohn, Kokardenblume (*Gaillardia* × *grandiflora*, z. B. 'Kobold') oder auch diverse mehrfarbige Sonnenblumen. Ein wahres Farbspektakel können Sie jedoch erleben, wenn Sie sich von der Begeisterung für Präriepflanzen anstecken lassen. Diese vereinen nicht nur eine ganze Fülle herrlicher Gelb-, Rot- und Orangetöne in sich, sie entwickeln sich auch relativ

KÖNIGSKERZE

Echte Leuchtfeuer entzünden Königskerzen im Garten, mal elegant mit attraktivem, rotviolett abgesetztem Blütenauge wie bei der Schwarzen Königskerze, mal bombastisch wie die 180 cm hohe Kandelaber-Königskerze (im Bild). Die hoch aufragenden Sonnenstauden bringen Struktur ins Beet – und wild-romantischen Charme in die Stadt, wenn sie gezielt ausgesät aus unscheinbaren Pflasterritzen sprießen.

Für Fans der Avantgarde: die Exoten

Drama, Baby, so könnte auch das Motto mancher Pflanzkombination lauten. Naturnahe Gestaltung? Gefällige Ton-in-Ton-Ensembles? Sind wunderschön, aber manchmal muss es eben ein bisschen mehr sein. Manchmal ist es die Architektur des Hauses, die geradezu nach einer extravaganten Gestaltung verlangt, manchmal das Umfeld – mit glitzernden Hochhausfassaden oder alten Industriebauten im Rücken wirkt ein rustikaler Bauerngarten doch etwas merkwürdig.

Ganz großes Kino: Das rostige Rot der Bart-Iris 'Quichee' mischt sich in die nachtblaue Szene aus Iris × germanica 'Black Swan', Steppen-Salbei 'Caradonna' und den violetten Königskerzen 'Temptress Purple' und 'Violetta'.

Eine avantgardistische Beetgestaltung verlangt den Planern einiges ab, hat aber auch viel zu bieten. Neben Mut und Experimentierfreude wird durchaus auch eine gewisse Frustrationstoleranz benötigt, falls eine Kombination in der Praxis einmal doch nicht so gut funktioniert wie auf dem Papier. Vor allem aber sollten Sie bereits über gute Pflanzenkenntnisse verfügen oder sich intensiv mit den einzelnen Kandidaten der geplanten Pflanzung beschäftigen: Die erwünschten starken Kontraste in Farbe und Form erfordern häufig eine Kombination von Pflanzen sehr unterschiedlicher Standorte. Auch in ihrer Wüchsigkeit und Lebensdauer unterscheiden sich die Beetpartner mitunter deutlich, sodass man häufiger regulierend eingreifen muss, um die einen Pflanzen in Schach zu halten und die anderen zu fördern oder – im Falle kurzlebiger Stauden und einjähriger Sommerblumen – regelmäßig zu ersetzen. Insgesamt sind moderne Arrangements daher häufig noch pflegeintensiver als durchschnittliche Prachtstaudenrabatten und deutlich pflegebedürftiger als naturnahe Pflanzungen. Wer dazu bereit ist, wird mit kraftvollen Bildern, grandiosem Farbspektakel und bewundernden Blicken belohnt.

HINTERGRUNDARBEIT

Eine sehr wichtige Voraussetzung, um außergewöhnlichen Pflanzkombinationen gerecht zu werden, ist ein ruhiger Hintergrund. Wobei ruhig nicht farblos heißt, im Gegenteil: Eine gepflegte Rasenfläche oder eine frischgrüne Hainbuchenhecke beispielsweise ergänzen Ensembles im vorwiegend kühlen Farbbereich exzellent, feurige Pflanzungen profitieren von imposanten Ziergräsern, die erst mit frischem Grün, später zusätzlich mit sandfarbenen bis bräunlichen Blütenrispen eine aussagekräftige Kulisse bilden. Auch das Material von Bauwerken, Plätzen und Wegen, Gartenmöbeln und Deko-Objekten kann die Wirkung einer Pflanzung maßgeblich beeinflussen und sollte daher von Anfang an aktiv in die Planung einbezogen werden. Großen Anklang unter Gartendesignern findet etwa der unter seiner warm-orangefarbenen Rostschicht sehr witterungsbeständige Cortenstahl. Er passt sich trotz seiner starken Farbe den unterschiedlichsten Kombinationen an und kann eine Pflanzung als rein optisches Element stützen, etwa als Kubus, Stele oder abstraktes Kunstobjekt, aber ebenso gut für funktionale Einrichtungsgegenstände verwendet werden, etwa für Hochbeete, Wasserbecken oder Sichtschutzelemente. Sogar grauer Beton entwickelt in Kombination mit kontrastreichen Pflanzungen ganz neue Qualitäten.

RHYTHMUS BRINGT RUHE

Je spezieller die Farbkombination, desto größer sollten die jeweiligen Pflanzengruppen sein, und desto wichtiger sind Arten mit großen plakativen Blättern und/oder

Formvollendet, unübertroffen in seiner Fernwirkung und unfassbar pflegeleicht avanciert **Zier-Lauch** im Nu zum Star moderner Gärten. Nur Staunässe mag er wie die meisten Zwiebelblumen gar nicht.

Blüten, die Ruhe in die Gestaltung bringen. Wo Arten mit eher lockeren Blütenständen aufeinandertreffen – beispielsweise Herbst-Anemonen auf Argentinisches Eisenkraut oder auf Chinesische Wiesenraute (*Thalictrum delavayi*) – kann es zudem hilfreich sein, verwandte Farbtöne einzusetzen, um ein übermäßiges Flirren zu verhindern. Vor allem aber gilt auch hier der Grundsatz: Rhythmus bringt Ruhe in die Gestaltung. Werden Pflanzenarten und Pflanzmuster regelmäßig wiederholt, verursachen selbst sehr kleinteilig anmutende oder sehr farbenfrohe Pflanzungen nicht automatisch Herzrasen. Davon profitieren zum Beispiel Kombinationen, die sich die Sorten- und Farbenvielfalt vieler Frühlingsblüher zunutze machen – und sehr beliebt sind, da sie lediglich temporär zu einer Jahreszeit für Knalleffekte sorgen, in der man sich nach Farbe und Spektakel sehnt, anschließend aber den Rückzug auf vertrautes, ruhigeres Terrain zulassen. In brillanten Farben glänzt der Vorgarten etwa, wenn Sie eine Zier-Kirsche mit Tulpen in Orange, Rosa, Rot, Weiß und schon beinahe schwarzem Purpur unterpflanzen oder Zier-Lauch mit kräftig rosafarbenen Akelei und Hornveilchen in zartem Blau und Weiß kombinieren. Geradezu luxuriös mutet dagegen die Kombination aus schwarzvioletten und weißen Tulpen mit dunkelviolettem Goldlack sowie den im Vergleich geradezu grellen gelbgrünen Blüten der Palisaden-Wolfsmilch (*Euphorbia characias*, stark giftig) an. Ein Frühlingskracher für Kästen und Kübel sind Gänseblümchen in Purpur, Rosa und Weiß zu orangefarbenen, grün geflammten Tulpen (z. B. 'Orange Princess'). Das satte Purpur und das neutrale Weiß entschärfen dabei die „verbotene Kombination" aus Rosa und Orange.

AUSGEFALLENE FARBKOMBINATIONEN

Überraschend ist das, was man selten sieht – und selten sieht man vor allem, was schwierig zu kombinieren ist. Bart-Iris mit zweifarbig gelben und bräunlich-roten Blüten beispielsweise, wie sie unter anderem 'Supreme Sultan' trägt, bilden einen atemberaubenden Kontrast zu einer kühlen Kulisse in Violett, Purpur und Weiß. Katzenminze (z. B. 'Walkers Low') und Steppen-Salbei (z. B. 'Mainacht') geben Fülle und streben in die Vertikale, die weißen Doldenblüten der Strahlen-Breitsame (*Orlaya grandiflora*) schweben wie leuchtende Ufos scheinbar schwerelos über der Pflanzung, wo sie auf die kräftig gefärbten Blüten des Kugel-Lauchs 'Purple Sensation' (*Allium aflatunense*) treffen.

Eyecatcher sind aber natürlich auch jene Farben, die in der Natur im Allgemeinen oder in unseren Breiten schlicht nicht allzu oft vertreten sind. Absolut grandios ist etwa die Kombination aus dem strahlend blauen Tibet-Scheinmohn, Akelei in Purpur und Schwarzviolett, rosafarbenen Lichtnelken (*Silene dioica*), Hasenglöckchen und den weißen Blütenschirmchen des Wiesen-Kerbels (*Anthriscus sylvestris*).

Schon fast ein Muss für extraordinäre Blütenrabatten sind Pflanzen, deren Blüten und Blätter sich farblich zwischen Apricot und Orange, Bronze und Rostrot, Purpur und

Die bizarren Triebe der Walzen-Wolfsmilch (*Euphorbia myrsinites*) wirken wie von einem anderen Stern. Blühend bildet sie zusammen mit Moos-Steinbrech und Tulpen ein spektakuläres Ensemble für trockene Standorte.

beinahe Schwarz bewegen. Ein Beispiel bieten die geradezu dekadenten, aber farblich nicht ganz einfach zu integrierenden Blüten des Türkischen Mohns 'Patty's Plum'. Irgendwo zwischen Purpur und Bordeaux angesiedelt und mit einem winzig Hauch Braun versehen, sucht er im Beet nach Seinesgleichen und findet sie nicht. Das macht zum Glück überhaupt nichts, denn stattdessen kann man mit weiteren Mohn-Sorten in milderen Violettabstufungen, weißen Blüten wie von Fingerhut oder Glockenblumen und natürlich mit silberlaubigen Pflanzen für Zerstreuung sorgen – wobei nichts über die auch in Habitus und Blattform herausragende Kombination mit Artischocken (Cynara), Kugeldisteln (Echinops) oder Mannstreu geht. Man kann ihn aber auch in eine geradezu magische Beetgestaltung einbinden, in deren Zentrum neben dem Mohn braune und braunorangefarbenen Bart-Iris, Zier-Lauch und Bronze-Fenchel (Foeniculum vulgare 'Rubrum') stehen, während sich im Vordergrund schwarzviolett belaubte Purpurglöckchen, Fuchsrote Segge (Carex buchananii) und rosafarbener Elfensporn tummeln und im Hintergrund weiße Deutzienblüten für die nötige Bühnenbeleuchtung sorgen.

Das rubinrote Lampenputzergras 'Fireworks' und der rotgrüne Palmkohl bringen einen dramatischen Ton in die moderne Saisonbepflanzung.

ZIERPFLANZEN MIT MEHRWERT

In der Blumenrabatte immer noch ungewöhnlich und daher sehr gut für extravagante Pflanzkombinationen geeignet sind attraktive Gemüsearten, vor allem rotstieliger Mangold (z. B. 'Rhubarb Chard'), Rote Garten-Melde (*Atriplex hortensis* var. *rubra*), Palmkohl 'Nero di Toscana', und dunkelviolette Grünkohl-Sorten (z. B. 'Redbor').

KÜHN KOMBINIERT

Hochdramatisch und besonders plakativ sind Pflanzungen, die reines Rot und leuchtendes Orange mit extrem dunklem Laub oder grellem Gelbgrün verbinden. Hierbei kommt Gehölzen eine besondere Rolle zu. Sehr attraktiv sind unter anderem Blut-Pflaume, Holunder (*Sambucus*, z. B. 'Black Beauty', 'Thundercloud' und 'Aurea'), Fächer-Ahorn (*Acer*, z. B. 'Roter Stern', 'Yasemin', 'Dissectum Garnet'), Berberitze (*Berberis*, z. B. 'Atropurpurea', 'Red Chief', 'Superba') und der kompakt wachsende Perückenstrauch (*Cotinus coggygria*, z. B. 'Royal Purple' und 'Golden Spirit').

Der in unseren Breiten einjährige Wunderbaum überzeugt mit rotgrünem bis bronzefarbenem Laub und auffälliger roter Aderung. Auch zahlreiche Dahlien können neben intensiv leuchtenden Blüten dunkles violettgrünes bis schwarzrotes Laub aufweisen.

Das Indische Blumenrohr (wie Dahlien nicht winterhart) mit seinen auffälligen Blütenständen und den nicht minder exotisch aussehenden Blättern hält zudem Sorten mit vielfarbig rötlich oder gelbgrün gestreiftem Laub bereit.

Und auch das Japan-Goldbandgras 'Aureola', diverse Funkien-Sorten, Storchschnabel wie die Sorten 'Blue Sunrise' oder 'Goldmund' und einige Spielarten der bei uns einjährig gezogenen Süßkartoffel (*Ipomoea batatas*) sorgen für gelbgrüne Kontraste. Dazwischen aber entfachen wahlweise Steppenkerzen, Fackellilien, Montbretien, Taglilien, Schafgarbe oder Nelkenwurz sowie grellrote Zinnien, Feuer-Salbei und Kardinals-Lobelie Freudenfeuer der Kreativität.

FÜR FANS DER AVANTGARDE: DIE EXOTEN

GEHEIMNISVOLLES DUNKEL
Eine Auswahl dunkellaubiger Schönheiten.

Günsel
'BRAUNHERZ'
Ajuga reptans
Blütezeit/-farbe: V–VI, violett
Wuchshöhe: 10–15 cm
Standort: sonnig bis schattig

Fetthenne
'KARFUNKELSTEIN'
Sedum-telephium-Hybride
Blütezeit/-farbe: VIII–X, rosarot
Wuchshöhe: 40–50 cm
Standort: sonnig

Oktober-Silberkerze
'BRUNETTE'
Cimicifuga simplex
Blütezeit/-farbe: IX–X, weiß
Wuchshöhe: 140–160 cm
Standort: halbschattig

Wiesen-Kerbel
'RAVENSWING'
Anthriscus sylvestris
Blütezeit/-farbe: IV–VI, weiß
Wuchshöhe: 60–120 cm
Standort: sonnig

Schwarzer Schlangenbart
'NIGER'
Ophiopogon planiscapus
Blütezeit/-farbe: VII–VIII, rosa
Wuchshöhe: 10–20 cm
Standort: halbschattig

Engelwurz
'VICAR'S MEAD'
Angelica sylvestris
Blütezeit/-farbe: VII–IX, braunrosa
Wuchshöhe: 90–120 cm
Standort: sonnig bis halbschattig

Bronze-Felberich
'FIRECRACKER'
Lysimachia ciliata
Blütezeit/-farbe: VI–VIII, gelb
Wuchshöhe: 60–80 cm
Standort: sonnig bis halbschattig

Gefiedertes Schaublatt
'CHOCOLATE WINGS'
Rodgersia pinnata
Blütezeit/-farbe: VI–VII, rosarot
Wuchshöhe: 50–80 cm
Standort: halbschattig

Bartfaden
'HUSKER'S RED'
Penstemon digitalis
Blütezeit/-farbe: VII–VIII, weiß
Wuchshöhe: 80–100 cm
Standort: sonnig

Jakobsleiter
'PURPLE RAIN'
Polemonium yezoense
Blütezeit/-farbe: V–VI + IX, blauviolett
Wuchshöhe: 30–40 cm
Standort: sonnig bis halbschattig

DIE DUNKLE SEITE DER MACHT.

Von Form, Struktur und Rhythmus

Farben sind das Element, das uns beim flüchtigen Darübernachdenken oft am Prägnantesten erscheint. Tatsächlich ist aber viel mehr nötig, damit wir uns überhaupt so entspannt auf die Farbwahrnehmung konzentrieren können. Eine gelungene Pflanzung würde sogar in Schwarz-Weiß funktionieren – woran liegt das?

Eines der wichtigsten Gestaltungsprinzipien besteht darin, klare Hierarchien aufzubauen beziehungsweise zu nutzen, das gilt innerhalb einer Rabatte ebenso wie auf den ganzen Garten übertragen. Diese Hierarchien können unterschiedlicher Art sein. Größere Objekte beispielsweise stehen über kleineren. Klare Linien dominieren freie Formen. Geschlossene Oberflächen, massiv wirkende Materialien und glänzende Objekte werden als stärker empfunden als Objekte mit durchbrochener oder stumpfer Oberfläche oder mit filigraner Struktur. Deshalb kann die ruhige Ausstrahlung einer Mauer, eines Wasserbeckens oder einer klar konturierten Rasenfläche die „Unruhe" einer artenreichen Blumenrabatte auffangen; deshalb können die klar umrissenen Blüten des Sonnenhuts die flirrende Wirkung des Argentinischen Eisenkrauts mildern; deshalb wirkt eine dicht geschlossene Blütenkerze, bei der Blüte an Blüte sitzt, gesetzter als eine locker aufgebaute Blütendolde.

STRUKTUR UND TEXTUR

Die Wirkung einer Pflanze hängt von vielen verschiedenen Faktoren ab, neben der Farbe vor allem von der Blatt- und der Blütenform, dem Habitus, also der „Pflanzenfigur" als Ganzem sowie der Oberflächenbeschaffenheit der verschiedenen Pflanzenteile. Sehr schön lässt sich das an Beispielen aus schattigeren Gartenbereichen verdeutlichen, da derartige Rabatten wesentlich von Details jenseits der Blütenfarbe leben. Funkien etwa setzen schon durch ihre teils stark abweichende Oberflächenbeschaffenheit sehr unterschiedliche Akzente: Die Blätter einiger Arten und Sorten glänzen oder schimmern sanft, während insbesondere das Laub graublauer Sorten oft regelrecht stumpf wirkt und häufig eine farblich nicht abgesetzte, aber das Blatt

ARTISCHOCKE

Artischocken stürzen ambitionierte Gärtner in ein Dilemma: essen oder blühen lassen? „Leider" schmecken die Knospen von *Cynara scolymus* ebenso gut wie die geöffneten violetten Blüten aussehen; aber da die zwei- bis mehrjährigen Pflanzen nicht wenige davon hervorbringen, kann man sich ja auf einen Kompromiss einlassen. Ein sonniger Platz mit trockenem bis frischem Boden ist perfekt – übrigens auch für die nahe verwandten Kardy (*Cynara cardunculus*). Die wilde Schwester der Artischocke ist deutlich frosthärter (bis –17 °C) und ebenso attraktiv. Wer sie kosten möchte, muss sich allerdings entscheiden, denn bei Kardy verzehrt man die fleischigen, gerne zum Bleichen zusammengebundenen Blattstiele.

deutlich strukturierende Aderung aufweist. Gemein sind den meisten Funkien allerdings eher breite herz- bis pfeilförmige Blätter und ein horstähnlicher kompakter Wuchs, der ihnen in ihrer Gesamtheit eine runde Form verleiht. Dennoch unterscheiden sie sich deutlich etwa von vielen ebenfalls rund wachsenden Ziergräsern. Die Blätter einer Segge beispielsweise sind schmal und fein und bilden dadurch einen schönen Kontrast zu den vergleichsweise massiven Funkien. Vollenden könnte man den Dreiklang durch einen höheren Farn, der ebenfalls rundlich im Wuchs ist, durch seine Trichterform und die vollkommen unterschiedliche Belaubung – zarte, oft mehrfach gefiederte Blätter an eleganten Wedeln – aber trotzdem eine völlig andere Wirkung erzielt. Auch Frauenmantel mit seinen lockeren, gelbgrünen Blütenständen und den gewellten rundlichen Blättern, auf denen morgens dekorative Tauperlen glänzen, und der die Vertikale betonende, dank filigranem dunkelgrünen Laub schon weit vor der Blüte gefällige Eisenhut sorgen für Abwechslung.

GESTALTUNGSANSÄTZE

Es gibt viele verschiedene Techniken, um ein Beet ansprechend zu gestalten. Wo viel Platz zur Verfügung steht, können sich die verschiedenen Pflanzenarten in größeren Gruppen, Blocks oder Bändern („Drifts") aneinanderschmiegen, so mit wenig Aufwand größere Flächen schließen und den Eindruck von Weite und Großzügigkeit unterstreichen. Nicht umsonst kommen einige der bekanntesten Vertreter dieser Gestaltungsweise aus den USA, sie ist an die Pflanzengesellschaften der Prärie angelehnt. Entsprechend sind wichtige Pflanzenarten etwa Mädchenauge, Sonnenbraut, Indianernessel, Prachtscharte, Virginischer Ehrenpreis (*Veronicastrum virginicum*), Gelenkblume (*Physostegia virginiana*), Roter Wasserdost, Prärie-Mädesüß (*Filipendula rubra*), Rutenhirse (*Panicum virgatum*) und Tautropfengras (*Sporobolus heterolepsis*). Auch Duftnessel, Kerzen- und Schlangen-Knöterich, Mannstreu, Brandkraut und Zottiger Ziest (*Stachys officinalis*) eignen sich sehr gut für diese Pflanzweise. Der Blütenhöhepunkt solcher Rabatten liegt im Hoch- und Spätsommer und damit in einer Periode, in der sonst in vielen Gärten eher eine Blütenflaute herrscht. Grund genug, diese Arten generell häufiger in die Gestaltung einfließen zu lassen – zumal sie selbst im verblühten Zustand noch hübsch anzusehen und somit auch den Winter über wichtige Strukturbildner sind. Da die einzelnen Arten in Driftpflanzungen weitgehend gleichberechtigt auftreten, ist Abwechslung in Farbe und Blütenform wichtig.

Blütenhöhepunkt: Juni

1 *Dryopteris filix-mas*
2 *Digitalis purpurea*
3 *Anemone* 'Honorine Jobert'
4 *Geranium*
5 *Anemone* 'Serenade'
6 *Polygonatum biflorum*
7 *Epimedium*
8 *Helleborus* 'White Spotted Lady'
9 *Dicentra spectabilis* 'Alba'
10 *Hosta* 'Captain Kirk'
11 *Aquilegia*
12 *Brunnera macrophylla* 'Jack Frost'
13 *Corydalis* 'Blue Summit'
14 *Hosta* 'Baby Bunting'
15 *Liriope muscari* 'Moneymaker'
16 *Bergenia ciliata*
17 *Carex oshimensis* 'Evergold'
18 *Hosta* 'Bressingham Blue'
19 *Athyrium niponicum* 'Metallicum'

4 m

1,50 m

Wer eine als angenehm empfundene Raumgestaltung genauer analysiert, wird auf eine Vielzahl spitzwinkeliger Dreiecke stoßen.

MIT RHYTHMUS

Früher bestanden klassische Rabatten aus vielen verschiedenen Pflanzenarten, die vor allem nach ihrer Farbwirkung kombiniert wurden, ohne jedoch einen bestimmten Rhythmus erkennen zu lassen. Am ehesten waren Gemeinsamkeiten oft noch in der Blütenform und im Habitus zu erkennen – Rittersporn, Fingerhut und Königskerze beispielsweise zeichnen sich alle durch eine schlank-aufstrebende Gestalt aus und besitzen somit einen gewissen Wiedererkennungseffekt. Heute setzen viele Planer bewusst auf Rhythmus und Wiederholung, denn diese Elemente der Gartengestaltung lassen selbst kontrastreiche Kombinationen Ruhe und Harmonie ausstrahlen.

Ein Mittel, um rhythmische Pflanzungen zu erzeugen, ist die Bildung von Pflanzengrüppchen, die sich in unregelmäßigen Abständen im Beet wiederfinden – entweder in immer derselben Art beziehungsweise Sorte oder aber in Arten und Sorten von sehr ähnlicher Gestalt doch mit unterschiedlichen Blütenfarben. Für einen eher aufgeräumten, repräsentativen Effekt werden einige wenige Prachtstauden-Grüppchen in eine geschlossene Decke gleichmäßig verteilter Füllstauden eingebettet. Abwechslungsreicher und spannungsvoller wirkt es, wenn die einzelnen Grüppchen ineinander verwoben und Gruppen derselben Art in Bezug zueinander gesetzt werden. Ein Storchschnabel-Ensemble schmiegt sich dann etwa bogig um eine Gruppe aus Steppen-Salbei und wird an zwei weiteren Stellen im Beet wiederaufgegriffen. Idealerweise entsteht dabei ein spitzwinkeliges Dreieck (siehe Zeichnung), das als gleichermaßen harmonisch und spannungsvoll wahrgenommen wird, während man ein gleichschenkliges Dreieck als vergleichsweise langweilig und künstlich empfindet.

PFLANZUNGEN MIT KLARER HIERARCHIE

Ein weiterer Gestaltungsansatz ist die hierarchische Gliederung in Gerüstbildner, Begleitpflanzen und Füllpflanzen. Als Gerüstbildner kommen vor allem höhere, klar konturierte Arten in Betracht, egal ob es sich um Blütenstauden, Gräser, oder Gehölze handelt – je klarer die Form umrissen ist und je geschlossener die Oberfläche wirkt, desto besser. Sommerblumen sind als Solitär und damit auch als Gerüstbildner weniger geeignet, sie besitzen in der Regel auch nicht die notwendige dauerhafte und räumliche Präsenz. Gerüstbildner werden relativ sparsam eingesetzt – mehr als 5–15 % sollten es nicht sein, da sie sonst an Wirkung verlieren – und als erstes auf dem Beet verteilt.

Um die Gerüstbildner herum werden anschließend die Begleitpflanzen platziert, die etwa die halbe Höhe der Gerüstbildner besitzen und im Mengenanteil bei 30–40 % liegen sollten.

Eine große Zahl an Füllpflanzen komplettiert die Rabatte und bildet mit mindestens 50 % Mengenanteil die größte Pflanzengruppe. Zu guter Letzt werden Blumenzwiebeln ergänzt.

Die einzelnen Arten können Sie gleichmäßig über das Beet verteilen oder nach dem Zufallsprinzip pflanzen. Tipp: Lassen Sie einige Arten auf der gesamten Beetfläche auftreten, beschränken Sie andere auf Teilbereiche und verknüpfen Sie die verschiedenen Gruppen, indem Sie einzelne „Kundschafter" in die jeweils benachbarten Bereiche vorschicken. Dadurch wirkt die Pflanzung spannungsreicher und natürlicher zugleich.

HÖHEPUNKTE PLANEN

Für echte Knalleffekte braucht es eine gewisse Pflanzendichte. Doch wo beispielsweise Rosen und ihre Kavaliere im Juni ein wahres Blütenfest feiern, kann naturgemäß nicht im selben Maß der nächste Höhepunkt heranwachsen.

PFLANZENSCHUTZ: ADIÓS PROBLEMAS!

So, liebe Blattläuse, das war's mit dem Fressgelage, sucht euch einen anderen Garten!

Eines muss man ihnen lassen, Blattläuse haben einen ausgeprägten Sinn für Ästhetik. So scheint es zumindest, schließlich sitzen die kleinen Krabbler oft genau da, wo sie am meisten stören, nämlich direkt an den Blüten.

Tatsächlich ist den Störenfrieden das Aussehen der Blüte ziemlich wurscht. Sie siedeln sich schlicht bevorzugt an den Pflanzenteilen an, die besonders jung, saftig und noch wenig robust sind – deshalb sieht man sie generell vor allem an den Triebspitzen sitzen, ob mit oder ohne Blüten. Oft ist der Ärger über die beeinträchtigte Optik allerdings größer als der eigentliche Schaden – insbesondere Gehölze sind nämlich ziemlich hart im Nehmen. Ehe zu chemischen Pflanzenschutzmitteln gegriffen wird, sollte man sich daher fragen, ob man einen Befall nicht ebenfalls tolerieren kann. Zumal sich die Probleme nach einiger Zeit oft von alleine lösen, wenn die zahlreichen Nützlinge, die im Garten kreuchen und fleuchen, die wertvolle Futterquelle entdecken. Alternativ kommt Abstreifen mit den behandschuhten Fingern, Abspritzen per Wasserstrahl oder Wegschneiden der befallenen Pflanzenteile in Frage.

Krabbler, Kriecher und Nager

Wären Blattläuse das alleinige Übel, die Gärtnerschaft würde sie vielleicht als willkommene Herausforderung betrachten. Aber leider befinden sich die Pflanzensaftsauger in guter Gesellschaft – der sich zum Glück oft auf schonende Weise Manieren beibringen lässt.

LILIENHÄHNCHEN

Angeknabberte Lilienblätter, faulende Blüten, bisweilen auch bis auf den Stängel abgefressene Pflanzen sind das Werk des Lilienhähnchens (*Lilioceris lilii*). Der hübsche 0,5–1 cm große feuerrote Käfer hat Lilien, aber auch Kaiserkronen, Schachbrettblumen und Maiglöckchen zum Fressen gern. Ein Blick auf die Blattunterseiten zeigt häufig auch orangerote Eigelege und ebensolche Larven, die sich allerdings unter einer schwarzbraunen Kotschicht verbergen. Droht Gefahr, etwa in Form der Gärtnerhand, lässt sich das Lilienhähnchen auf den Rücken fallen und ist aufgrund seiner schwarzen Bauchseite nur noch schwer zu erkennen. Den Fallreflex kann man sich aber zunutze machen und bei den regelmäßigen Kontrollen ab April einfach ein Kehrblech unter die Blätter halten, schon sammeln sich die Käfer ganz von alleine ein. Eier zerquetscht man am besten und die an den Blattunterseiten sitzenden Larven sind mit einem scharfen Wasserstrahl flugs weggespritzt – Rückkehr ausgeschlossen, ihr Orientierungssinn ist nicht der beste.

Lilienhähnchen im Gemüsegarten bannt man mit Netzen, im Ziergarten klopft man die erwachsenen Käfer auf ein Kehrblech und spritzt die Larven mit dem Gartenschlauch von den Pflanzen. Die Käfer krähen übrigens tatsächlich, wenn man sie drückt.

DICKMAULRÜSSLER

Zeigt ein Rhododendron auffällig buchtenförmig angefressene Blätter, hat sich der 1–1,2 cm große Gefurchte Dickmaulrüssler (*Othiorynchus sulcatus*) einen kleinen Snack gegönnt. Auch Azaleen, Heidekraut, Eiben, Fichten und Wacholder stehen auf seinem Speiseplan. Die Blattschäden sind weniger schlimm als die Wurzelschäden, die der Käfernachwuchs verursacht. Gegen die Larven helfen parasitäre Nematoden der Arten *Heterorhabditis bacteriophora* und *Steinernema kraussei*, die auch im Erwerbsgartenbau eingesetzt werden. Sie werden in Tonmehl angeliefert, in Wasser eingerührt und mit der Gießkanne im Wurzelbereich verteilt. Nematoden sind mit bloßem Auge nicht sichtbare Fadenwürmer, die bereits natürlicherweise im Boden vorkommen, für Menschen und auch Haustiere vollkommen harmlos sind und gegen viele Schaderreger eingesetzt werden können.

Die Rhododendronzikade wird verdächtigt, die Knospenbräune zu übertragen. Die wichtigste Maßnahme gegen den Pilz besteht allerdings nicht in der Zikadenbekämpfung, sondern in regelmäßigen Kontrollen und sofortigem Ausbrechen befallener Knospen.

Praktischerweise vermehren sie sich so lange weiter, bis sie keine Schaderreger mehr finden. Auch gegen die erwachsenen Dickmaulrüssler helfen die winzigen Lebewesen, hier in Form von Gel-Fallen, die Nematoden der Art *Steinernema carpocapsae* enthalten. Alternativ können Sie von Mai bis September mit Holzwolle gefüllte Dosen oder Blumentöpfe neben befallenen Pflanzen aufstellen. Die Käfer verstecken sich dort tagsüber und können direkt in die Biotonne entleert werden. Als am wenigsten grausame Tötungsart – auch für Nacktschnecken – gilt übrigens vorheriges Einfrieren.

RHODODENDRONZIKADE

Die 1 cm große Zikade ritzt zur Eiablage die Rhodoblüten an und begünstigt einen Befall mit dem Erreger der Knospenbräune – Knospen treiben nicht aus und sind bald mit einem schwarzen Pilzrasen bedeckt. Ab Februar regelmäßig kontrollieren und befallene Knospen ausbrechen. Die Zikaden mit Produkten auf Basis von Rapsöl oder Kali-Seife zu bekämpfen, ist nur bei sehr starkem Befall sinnvoll, den Sie durch im Mai aufgehängte Gelbtafeln feststellen können.

SCHNECKEN

Hier kommt auch gleich die nächste Anwendungsmöglichkeit für Nematoden: Die Art *Phasmarhabditis hermaphrodita* hilft effektiv gegen Ackerschnecken der Gattung *Deroceras* und in doppelter Aufwandsmenge gegen Wegschnecken (*Arion*) – und damit gegen die drei gefräßigsten Schadschneckenarten im Garten, nämlich die Genetzte Ackerschnecke, die Spanische Wegschnecke und die Gartenwegschnecke. Die unter Naturschutz stehende Weinbergschnecke und andere Gehäuseschnecken werden geschont. Das ist ein zusätzliches Plus, denn Gehäuseschnecken treten nur sehr selten als Schädlinge auf, einige Arten sogar als Nützlinge, denn sie fressen ihrerseits Schadschnecken und deren Eigelege. Am besten ist die Wirkung der Nematoden in Kombination mit einem Schneckenzaun, durch den keine Tiere von außerhalb einwandern können. Eine Packung Nematoden für 100 m² kostet etwa 30–35 Euro.

„Schneckenkorn", also Fraßköder, töten Gehäuseschnecken und Nacktschnecken gleichermaßen, und damit im Zweifelsfall auch geschützte Arten. Wer dennoch auf sie zurückgreifen möchte, sollte Produkte auf Basis von Eisen-III-Phosphat wählen, das nur für Schnecken gefährlich ist. Eisen-III-Phosphat führt außerdem zu einem schnellen Fraßstopp und veranlasst die Tiere, sich zum Sterben ein Versteck zu suchen – es müssen also keine Kadaver entfernt werden. Und dann gibt es natürlich noch diverse manuelle Methoden, derer sich große Teile der Gärtnerschaft bedienen: Zerschneiden, Erstechen, Aufsammeln und Ertränken oder Einfrieren, Eigelege zerstören und austrocknend wirkende Materialien wie Sand oder Sägespäne rund um besonders gefährdete Pflanzen streuen. Für Einzelpflanzen sind Schneckenkragen aus grobem Schleifpapier schnell selbst gebastelt. Hühner, Laufenten oder Khaki-Campbell-Enten zu halten, kommt wohl für die Wenigsten in Frage. Die Wirksamkeit von Kupferdraht ist nicht ausreichend wissenschaftlich belegt und von Salz heißt es Finger weg, da diese Todesart besonders grausam ist und obendrein Boden und Pflanzen schadet.

Ein naturnaher Garten, der Schneckenräuber wie Igel und Vögel anlockt, wäre hingegen eine gute Idee, ebenso Beeteinfassungen aus (mediterranen) Kräutern, denn mit ihnen tun sich Schnecken schwer. Das gilt auch für Akelei, Bart-Nelke, Bergenie, Eisenhut, Elfenblume, Fetthenne, Fingerhut, Phlox, Gänsekresse, Immergrün, Iris, Lavendel, Pfingstrose, Ringelblume, Schafgarbe, Sterndolde und Woll-Ziest (Ausnahmen bestätigen die Regel).

WÜHLMÄUSE

Gegen Schermäuse, die damit in der Regel gemeint sind, hilft am zuverlässigsten eine Katze; am unzuverlässigsten ist ein Ultraschallgerät oder ein Anschlag auf ihren angeblich so feinen Geruchssinn: Buttermilch oder Hundehaare in den Gängen oder ein gepflanzter Schutzkreis aus Knoblauchzehen, Narzissen oder Kaiserkronen helfen nur nach dem Zufallsprinzip. Ungiftige Gase sind ebenfalls nur begrenzt wirksam, da die Schermaus zurückkehrt, wenn die Luft wieder rein ist – und Giftköder sowie Giftgas gehören, wenn überhaupt, in Profihand. Bleibt als einzig wirkungsvolles Mittel die Schlagfalle, insbesondere

GEGEN SAUGENDE INSEKTEN

Spritzmittel sind eine Notfallmaßnahme und sollten mit Bedacht ausgewählt und eingesetzt werden! Gegen saugende Insekten wie Blattläuse, Weiße Fliege, Thripse, Gallmücken, Spinnmilben, Gallmilben sowie die Rhododendronzikade und ihre Larven können Sie Produkte auf Basis von Rapsöl und/oder Kali-Seife einsetzen (Inhaltsstoffangabe siehe Verpackung oder Gebrauchsanleitung). Sie sind relativ umweltverträglich und dennoch effektiv. Am besten abends oder bei bedecktem Himmel anwenden und auch an die Blattunterseiten denken.

> **REZEPTE ZUM PFLANZENSCHUTZ**
>
> **Brühe**
> 50 g zerquetschte Knoblauchzehen mit 1 l kochendem Wasser überbrühen und 30 Minuten ziehen lassen, durch ein Sieb abseihen und auf die Pflanzen spritzen.
>
> • **Auszug**
> 100 g frische Brennnesseln beziehungsweise 30 g frischen Rainfarn in 1 l kaltem Wasser ziehen lassen, nach 12–24 Stunden abseihen, auf betroffene Pflanzen spritzen.

im zeitigen Frühjahr und im Herbst, wenn die Mäuse intensiv nach Nahrung suchen. Lebendfallen sind keine echte Alternative, denn wenn sie nicht mindestens alle zwei bis drei Stunden kontrolliert werden, bereiten Stress, Wassermangel, Futtermangel oder auch niedrige Temperaturen den Mäusen darin ein jämmerliches Ende. Blumenzwiebeln und den Wurzelballen von Gehölzen können Sie durch unverzinktes, in hochgefährdeten Gebieten auch durch verzinktes Sechseckgeflecht mit 13 mm Maschenweite (Drahtstärke 0,7 mm) schützen.

Übrigens: Die Gänge des unter Naturschutz stehenden Maulwurfs münden in senkrecht nach oben führende Haufen, Schermäuse werfen die Erde seitlich aus. Wer unsicher ist, macht die „Verwühlprobe" und öffnet den Gang. Gehört er einer Schermaus, wird sie ihn innerhalb einer halben Stunde, maximal binnen sechs Stunden schließen. Bleibt eine Reaktion aus, war ein Maulwurf am Werk.

Pilzliche Schaderreger und mehr

Mit Rosen, Stauden und Gehölzen, die sich *in unabhängigen Sichtungen* bewährt haben SEITE 64 UND 73, sichern Sie sich eine ausgezeichnete Startposition. Zum Standort passend und im richtigen Maß mit Wasser und Nährstoffen versorgt, entwickeln sich robuste Pflanzen mit fester Außenhaut, die pilzlichen und auch vielen tierischen Schaderregern das Leben schwer machen. Diese konzentrieren sich auf ohnehin schon schwächelnde oder überdüngte, mastige Exemplare. Pflanzenstärkungsmittel können einem Befall zusätzlich vorbeugen oder zumindest die weitere Ausbreitung stoppen. Wissenschaftlich belegt ist die vorbeugende Wirkung von Schachtelhalmextrakt gegen Echten Mehltau, Falschen Mehltau und Sternrußtau sowie von Lebermoosextrakt gegen Echten Mehltau und Grauschimmel – eine regelmäßige Anwendung vorausgesetzt. Einen Versuch wert sind auch Pflanzenauszüge und -brühen mit abschreckender Wirkung. Lebermoosextrakt hält Schnecken fern, Knoblauch, Brennnessel und Rainfarn sollen saugende Insekten fernhalten.

Generell sind pilzliche und bakterielle Schaderreger auf Feuchtigkeit angewiesen, um sich ausbreiten zu können. Halten Sie daher die oberirdischen Pflanzenteile möglichst trocken, indem Sie ohne Brauseaufsatz und mit wenig Druck direkt an den Pflanzenfuß gießen, nicht zu eng pflanzen und bei Gehölzen gegebenenfalls zu dicht stehende Äste auslichten, damit Sonne und Luft ins Kroneninnere gelangen.

Tipp: Berücksichtigen Sie bei der Standortwahl auch artspezifische Selbstunverträglichkeiten, das gilt vor allem für *Rosengewächse* SEITE 70 und Pfingstrosen. Ist bei Sommerastern die Asternwelke aufgetreten, bei der Triebe oder ganze Pflanzen welken und absterben, sollten an diesem Standort für mindestens fünf, besser sieben Jahre keine Astern mehr wachsen. Am besten vorbeugend jedes Jahr den Standort wechseln und nach widerstandsfähigen Sorten wie der Mischung 'Standy Mix' schauen.

Eine **Vogeltränke** oder ein Teich, eine artenreiche Bepflanzung, Wildobst- und Blütenhecken, Nistkästen, Totholzhaufen und der Verzicht auf chemische Pflanzenschutzmittel machen den Garten für Nützlinge attraktiv.

SERVICE

MEHR ERFAHREN, MEHR ENTDECKEN, NOCH MEHR FREUDE AM EIGENEN GARTEN

TO-DO-LISTE FÜR DEN BLUMENGARTEN

I | JANUAR

- **Schnee abschütteln.** Damit keine Zweige von Blütensträuchern oder Hecken abbrechen.
- **Hochgefrorene Stauden zurückdrücken.** Im Herbst gesetzte Pflanzen kontrollieren, der Frost kann den Wurzelballen aus dem Boden drücken. Falls ja, an einem frostfreien Tag wieder in die Erde drücken.
- **Immergrüne gießen.** Ihre Blätter verdunsten auch im Winter Wasser. Insbesondere Kübelpflanzen an frostfreien Tagen gelegentlich gießen – vermeintliche Kälteschäden gehen oft auf sogenannte Frosttrocknis zurück.
- **Aussaaten planen.** Samen bestellen und nach Aussaatzeit sortieren.

II | FEBRUAR

- **Sommerblumen und Stauden aussäen.** Zu den Frühstartern auf der Fensterbank oder im Gewächshaus zählen Hornveilchen, Petunien, Leberbalsam, Geranien, Verbenen, Löwenmäulchen, Lobelien, Zier-Tabak, Schwarzäugige Susanne, Mittagsgold, Astern, Nelken, Muskateller-Salbei und Rittersporn. Feines Saatgut breitwürfig in Schalen mit Aussaaterde verteilen, größere Samen einzeln in Anzuchttöpfchen säen. Achtung, Lichtkeimer (auf der Saatgutpackung angegeben) nur andrücken oder sehr dünn mit Erde bedecken! Sehr hell stellen und in den Folgewochen feucht halten.
- **Sommerblühende Knollenpflanzen vortreiben.** Blumenrohr, Gladiolen, Begonien und andere Arten, die erst nach den Eisheiligen in den Garten dürfen, 3–5 cm tief in Töpfe mit einem Erd-Sand-Mix setzen. Bei 10–15 °C hell aufstellen.
- **Kübelpflanzen im Blick behalten.** Bereits austreibende Exemplare an einen etwas wärmeren (um die 12 °C) und vor allem möglichst hellen Platz stellen.
- **Sommerblühende Gehölze schneiden.** SEITE 57
- **Altes Laub entfernen.** Bei Lenzrosen (*Helleborus orientalis*) zum Schutz vor Pilzkrankheiten und um die Blüten zu betonen, bei Elfenblumen, um sie niedrig und kompakt zu halten.
- **Rhododendron kontrollieren.** Blütenknospen mit schwarzem Pilzrasen ausbrechen, um die *Knospenbräune* SEITE 148 einzudämmen.

III | MÄRZ

- **Sommerblumen und Stauden aussäen.** Zum Beispiel Zauberglöckchen, Prunkwinde, Elfenspiegel, Elfensporn, Sommeraster, Schmuckkörbchen, Zinnie, Fleißiges Lieschen, Spinnenblume, Meerlavendel, Strohblume, Studentenblume, Zier-Tabak, Fuchsschwanz, Kapuzinerkresse, Portulakröschen, Nachtviole, Bart-Nelke, Bechermalve, Brennende Liebe, Levkoje, Mädchenauge, Kokardenblume und Sonnenhut.
- **Freilandaussaat beginnen.** Ab ins Beet heißt es etwa für Bienenfreund, Kalifornischen Mohn, Kornrade, Schleierkraut und Löwenmäulchen.
- **Dahlien vortreiben oder vermehren.** 3–5 cm tief in ein Erd-Sand-Gemisch topfen und bei 10–15 °C hell aufstellen. Um Dahlien über Stecklinge zu vermehren, sollten die Knollen noch ein Stückchen aus der Erde herausschauen und etwas wärmer stehen (ungefähr bei 20 °C). Sobald die Triebe 10 cm lang sind, werden sie abgerissen, eingetopft und bei 15–18 °C an einem hellen Ort aufgestellt.
- **Winterschutz entfernen.** Bei beginnendem Austrieb den Winterschutz von Rosen und Co. entfernen, aber wegen der Spätfrostgefahr in Griffweite deponieren.
- **Stauden pflanzen.** Die Pflanzen so tief setzen, dass die Oberfläche des Wurzelballens und die umgebende Erde bündig abschließen. Gut festdrücken und angießen. Die Erde in den kommenden Wochen feucht halten.
- **Stauden teilen.** Sommer- und herbstblühende Arten, *Frühlingsblüher* erst im Herbst. SEITE 77
- **Düngen zum Saisonstart.** Im Freiland mit Kompost, Topfpflanzen mit Langzeitdünger oder kontinuierlich mit Flüssigdünger.
- **Zwiebelblumen düngen.** Zuchtformen von Tulpen, Narzissen und Kaiserkronen sind Starkzehrer und vertragen zum Blattaustrieb etwas granulatförmigen Mehrnährstoffdünger (nach Packungsanleitung).
- **Rosenschnitt zur Forsythienblüte.** SEITE 58
- **Verholzende Kräuter zurückschneiden.** Lavendel, Katzenminze, Rosmarin, Salbei, Berg-Bohnenkraut und Thymian radikal um zwei Drittel einkürzen.

- **Kübelpflanzen stutzen.** Mandevilla, Bleiwurz, Hammerstrauch, Wandelröschen, Zitrusgewächse bei Bedarf zurückschneiden. Gewürzrinde und Enzianstrauch sogar um bis zu zwei Drittel zurückschneiden. Bei überwinterten Strauch-Margeriten und Chrysanthemen Vertrocknetes abschneiden.
- **Topfpflanzen umtopfen.** Draußen überwinterte Kräuter und andere Topfpflanzen bekommen jetzt gegebenenfalls einen neuen Topf und frische Erde.
- **Erste Kübelpflanzen auswintern.** In umgekehrter Reihenfolge zum *Einwintern*. Allmählich wieder an die Sonne gewöhnen!
- **Schnecken ärgern.** *Schutzmaßnahmen* gegen Schnecken ergreifen. SEITE 148
- **Kleingewächshaus lüften.** Ab jetzt Temperatur und Luftfeuchte im Blick behalten.

IV | APRIL

- **Sonnenblumen vorziehen.** Vorgezogene Pflanzen sind schneckenfester.
- **Freilandaussaat fortsetzen.** Zum Beispiel mit Zinnien, Wicken, Wucherblumen, Astern, Atlasblumen, Fuchsschwanz, Lichtnelken, Jungfer im Grünen, Ringelblumen, Kornblumen, Lein, Löwenmäulchen, Levkojen, Mohn, Moschus-Malven, Schmuckkörbchen, Sonnenblumen und Lupinen.
- **Vorgezogene Pflanzen pikieren.** Die kräftigsten Sämlinge erhalten nun mehr Platz: Den Wurzelballen mithilfe eines Pikierholzes oder Löffelstiels vorsichtig in ein größeres Pflanzgefäß umsiedeln und angießen.
- **Jungpflanzen und Kübelpflanzen regelmäßig pinzieren.** SEITE 53
- **Sommerblühende Zwiebelpflanzen setzen.** Vorher Sand einarbeiten, damit Gladiolen, Lilien und Freesien nicht anfangen zu faulen.
- **Rosen pflanzen.** Wurzelnackte Rosen vorher einen Tag wässern, Topfware zehn Minuten. Die Veredelungsstelle muss 5 cm mit Erde bedeckt sein.
- **Spätfrostwarnung beachten.** Empfindliche Pflanzen kurzfristig mit Vlies abdecken.
- **Kompost verteilen.** Stauden und Gehölze mit der humusreichen Erde düngen.
- **Staudenstützen platzieren.** So wachsen die Pflanzen ganz harmonisch hinein.
- **Blumenwiese anlegen.** SEITE 92
- **Unkraut jäten.** Konsequenz von Anfang an begrenzt die Ausbreitung und spart mittelfristig Arbeit!
- **Pflanzenstärkungsmittel anwenden.** SEITE 149
- **Auf Lilienhähnchen kontrollieren.** SEITE 147

V | MAI

- **Balkonkästen und Blumenampeln bepflanzen.** Auf guten Wasserabfluss achten, Varianten mit Wasserreservoir erleichtern später das Gießen.
- **Kübelpflanzen umtopfen.** Ballen etwas lockern, bevor er in frische Erde kommt. Soll die Topfgröße beibehalten werden, zwei oder mehr Keile aus dem Ballen schneiden (je nach Ballengröße) und Lücken mit frischer Erde auffüllen. Schmucklilien nur umpflanzen, wenn der Topf ganz durchwurzelt ist, das neue Gefäß darf nur wenig größer sein.
- **Eisheilige abwarten.** Danach dürfen Jungpflanzen und empfindliche Zwiebel-, Knollen- und Kübelpflanzen ins Freiland umziehen. Tipp: Zunächst in den Halbschatten stellen, damit sich die Pflanzen an die Strahlung gewöhnen können.
- **Welke Blütenstände entfernen.** Das regt die Bildung neuer Blüten an und verhindert bei Akelei und Co. eine übermäßige Selbstaussaat. SEITE 54
- **Frühlingsblühende Gehölze nach der Blüte schneiden.** SEITE 56
- **Frühlingsblühende Polsterstauden stutzen.** Blaukissen, Polster-Phlox, Steinkraut, Schleifenblume um ein Drittel zurückschneiden, damit sie kompakt bleiben und reich blühen.
- **Chelsea Chop durchführen.** SEITE 54
- **Fruchtstände entfernen.** Samenstände kosten Kraft, daher bei Rhododendren, Wandelröschen, Pfingstrosen und Schmucklilien zeitnah abschneiden.
- **Seerosen und exotische Wasserpflanzen einsetzen.** Entweder Pflanztaschen verwenden oder mit Sackleinen ausgekleidete Pflanzkörbe. Eine Kiesschicht verhindert, dass Substrat aufschwimmt (Achtung, Kies vorher abspritzen); Seerosen stufenweise tiefer setzen: Die Blätter sollten maximal 20 cm unter der Wasseroberfläche liegen. Haben sie die Oberfläche erreicht, erneut tiefer setzen, bis die endgültige Tiefe erreicht ist.
- **Wildtriebe bei Rosen entfernen.** SEITE 69
- **Formschnitt.** Buchs und Co. jetzt Kontur verleihen.
- **Zwiebelblumen einziehen lassen.** Welke Blüten abknipsen, welke Blätter jedoch nicht entfernen, aus ihnen tanken die Pflanzen Kraft fürs nächste Jahr. Bei Kübelbepflanzungen können Sie die Zwiebeln aus dem Boden nehmen, sie samt Laub trocken, schattig und kühl lagern und im Herbst wieder einsetzen.
- **Hohe Triebe anbinden.**
- **Kletterpflanzen aufleiten.** Triebe regelmäßig am Rankgerüst festbinden.
- **Auf Dickmaulrüssler kontrollieren.** SEITE 147
- **Rhododendron kontrollieren.** Nach Rhododendronzikaden und Knospenbräune Ausschau halten. SEITE 148
- **Freilandaussaat fortsetzen.** Zum Beispiel mit Kapuzinerkresse, Sonnenblumen, Island-Mohn, Elfenspiegel, Levkojen, Duftsteinrich.

VI | JUNI

- **Zweijährige aussäen.** SEITE 73
- **Balkon- und Kübelpflanzen wässern und düngen.** Besonders hungrige Arten wie die Engelstrompete vertragen jetzt auch zweimal wöchentlich Flüssigdünger ins Gießwasser. Pflanzen, die mit Langzeitdünger versorgt wurden, wegen etwaiger *Mangelsymptome* im Blick behalten. SEITE 109
- **Rosen wässern und düngen.** Wassermangel bedeutet weniger Blüten. Zur Blütezeit erfolgt die zweite Hälfte der jährlichen *Düngergabe*. SEITE 71
- **Regelmäßig hacken und/oder mulchen.** Senkt die Verdunstung und reduziert die Gießhäufigkeit. Als *Mulchmaterial* bietet sich in naturnahen Gärten gehäckseltes Falllaub an, für trockene Magerstandorte auch Kies, Schotter und Splitt. Rindenmulch oder -humus eignen sich vor allem für Moorbeetpflanzungen. Rindenmulch bindet Stickstoff, daher zusätzlich 50 g Hornspäne pro m² auf dem Beet verteilen oder bereits aufgedüngte Produkte wählen.
- **Vergilbte Zwiebelblumenblätter entfernen.** Lassen sie sich einfach abzupfen: weg damit. Sonst noch stehen lassen.
- **Kübelpflanzen pinzieren.** Bei Exemplaren wie dem Enzianstrauch am besten fortlaufend – für mehr Blüten und dichteren Wuchs. SEITE 53
- **Teich auffüllen und wenn nötig düngen.** Den Wasserstand im Blick behalten und notfalls auffüllen. Mini-Teiche und formale *Wasserbecken* mit geringer Bepflanzung eventuell düngen. SEITE 118
- **Remontierende Stauden zurückschneiden.** Außerdem die zweite Hälfte der jährlichen Düngergabe ausbringen. SEITE 54
- **Blumensträuße schneiden.** Bester Zeitpunkt: Rosen, sobald die Farbe der Blütenblätter zu erkennen ist. Blütenkerzen, wenn ein Drittel der Knospen erblüht ist. Korbblütler wie Astern, wenn zwei bis drei Reihen der Röhrenblüten offen sind. Storchschnabel, wenn er fast ganz erblüht ist; Schleierkraut, Mannstreu, Schafgarbe und Feinstrahlaster voll erblüht. Prinzipiell: Mit scharfem, sauberen Schnittwerkzeug am frühen Morgen, wenn der Tau gerade abgetrocknet ist. Kurz vorm Einstellen in eine saubere Vase mit frischem Wasser und Blumenfrischhaltemittel (sinnvoll!) noch einmal schräg anschneiden. Nur so viele Blätter an den Stielen belassen, wie optisch unbedingt nötig sind. Schnittblumen nicht neben Obst, vor allem Äpfel, stellen, das Reifegas Ethylen lässt sie schneller welken.
- **Günstiger Zeitpunkt für Stecklingsvermehrung.** Vor allem Stauden und Gehölze lassen sich jetzt leicht über Stecklinge vermehren, am besten aus 10–15 cm langen kräftigen Triebspitzen ohne Blüten. Den Schnitt schräg und kurz unter einem Auge setzen. Bei Blütensträuchern sollten die Stecklinge im Bereich der Schnittstelle im Idealfall schon leicht verholzen (also eine eher braune statt grüne Färbung besitzen). Bei Arten mit sehr großen Blättern die Blätter halbieren, um die Verdunstung zu senken. Stecklinge im unteren Drittel entblättern, in Aussaaterde stecken, wässern und fortan feucht halten. Ein Platz im Halbschatten ist günstig. Eine Klarsichtfolie sorgt für eine erhöhte Luftfeuchte und verbessert die Anwachsrate, genau wie Bewurzelungspulver, in das die Schnittfläche der Stecklinge vor dem Stecken getunkt wird. Umtopfen, sobald die Pflanzen weiterwachsen. Bei winter- und immergrünen Pflanzen sowie Balkonblumen mit der Vermehrung noch bis mindestens Mitte August warten.

VII | JULI

- **Sommerblühende Zwiebelblumen düngen.** Auch sie erhalten die zweite Hälfte der jährlichen Düngergabe zur Blütezeit.
- **Balkonblumen ausputzen.** Verblühtes weiterhin regelmäßig entfernen, damit sich viele neue Blütenknospen bilden.
- **Bart-Iris teilen.** SEITE 73
- **Herbstblühende Zwiebelpflanzen setzen.** SEITE 79
- **Samen ernten.** SEITE 87
- **Gießdienst planen.** Rechtzeitig eine Urlaubsvertretung organisieren.
- **Algen entfernen.** In nährstoffreichen Teichen explodieren die Algen nun geradezu und die Teiche können „umkippen". Algen regelmäßig entfernen und *Sauerstoffzufuhr verbessern*. SEITE 119

VIII | AUGUST

- **Zweiter Schnitt für Lavendel und Co.** Lavendel, Katzenminze, Rosmarin, Salbei, Berg-Bohnenkraut und Thymian radikal nach der Blüte um etwa ein Drittel einkürzen.
- **Pflanzzeit geht weiter.** Jetzt kommen Schwertlilien, Lilien, Steppenlilien, Junkerlilien, Pfingstrosen und Kaiserkronen in die Erde.
- **Herbstblüher stützen.**
- **Düngen einstellen.** Kübelpflanzen ab Ende August nicht mehr düngen, damit das Holz ausreifen kann, das fördert eine gute Winterhärte.
- **Petunien zurückschneiden.** Lohnt sich bei blühfaulen Exemplaren mit langen Trieben. Am besten zunächst nur einige Triebe stutzen, dann nach und nach den Rest, dadurch bleibt der überhängende Wuchs gewahrt.
- **Bestellungen für Herbstpflanzung aufgeben.** Rechtzeitig die gewünschten Stauden, Gehölze und Zwiebelblumen bestellen, damit sie zum Wunschzeitpunkt geliefert werden. Oder natürlich direkt in der Gärtnerei vorbeischauen.

IX | SEPTEMBER

- **Frühlingsblüher pflanzen.** Zwiebelblumen jetzt in den Boden bringen, gegebenenfalls mit *Wühlmausschutz* SEITE 148. Faustregel zur Pflanztiefe: Die Erdschicht über der Zwiebel sollte zwei- bis dreimal so stark sein, wie die Zwiebel hoch ist. Ein Blumenzwiebelpflanzer hilft enorm!
- **Stauden teilen.** Nun sind die Frühlingsblüher an der Reihe.

- **Gehölze pflanzen.** Für Bäume und Sträucher beginnt allmählich die optimale Pflanzzeit. Prinzipiell können Sie an jedem frostfreien Tag pflanzen. Das Loch sollte doppelt so breit und etwa anderthalbmal so tief sein wie der Wurzelballen. Mit der Grabegabel den Boden des Pflanzlochs lockern. Für Pflanzen im Container oder im Einschlagtuch mit Erdballen den Erdaushub mit Kompost im Verhältnis 2 : 1 sowie mit 40–80 g Hornspänen mischen. Wurzelnackte Ware nicht düngen! Ein Pfahl bringt anfangs Stabilität – erst den Pfahl setzen, dann das Gehölz. Einen Kokosstrick zweimal in Form einer „8" um Stamm und Pfahl führen, dann mehrmals um die Mitte der „8" wickeln und verknoten. Mit Erde auffüllen, andrücken und ausgiebig wässern. Ein Gießring, also ein aus Erde geformter Wall rund um die Pflanzstelle, erleichtert das Gießen auch in den kommenden Wochen.
- **Rückschnitt für kurzlebige Stauden.** Damit sich Kokardenblume, Prachtkerze und Mädchenauge nicht zu Tode blühen.
- **Herbstschmuck für Gefäße.** Heide und Co. sorgen für eine zweite Blüte. Tipp: Fürs Frühjahr schon mehrere Lagen Blumenzwiebeln einsetzen.
- **Zweijährige auspflanzen.**
- **Kaltkeimer aussäen.** Ins Freiland, in Frühbeete oder in Saatschalen. Die Samen sollten bis zum Frühjahr weder austrocknen noch ins Schwimmen kommen. Gegen hungrige Vögel und Mäuse hilft ein Schutznetz oder Maschendraht. Alternativ im Frühjahr im Kühlschrank zum Keimen bringen. SEITE 88
- **Laubfangnetz über den Teich spannen.** SEITE 119

X | OKTOBER

- **Laub wegrechen.** Falllaub dient als Winterschutz und Dünger und sollte nur von wintergrünen Pflanzen und Rasen entfernt werden.
- **Nicht zu viel aufräumen.** Sommerblumen werden meist unansehnlich und können abgeräumt werden, die trockenen Blütenstände vieler Stauden sind aber winterliche Blickfänge, außerdem können in ihren Stängeln Nützlinge überwintern.
- **Kübelpflanzen einräumen.** Rechtzeitig ins Winterquartier bringen – Enzianstrauch und Hibiskus bereits, wenn weniger als 5 °C angekündigt sind, die meisten anderen Arten vor dem ersten Frost. Oleander, Schmucklilie, Zitrone, Schönmalve und Zylinderputzer vertragen bis –5 °C, der Granatapfel sogar bis –10 °C. Mit einer Überwinterungstemperatur von 5–10 °C kommen die allermeisten Kübelpflanzen gut klar. Die meisten Arten können auch dunkel überwintern, verlieren dann aber ihr Laub. Generell gilt: Je weniger Licht, desto kühler der Stand. Nur sparsam gießen, aber den Ballen nie ganz austrocknen lassen. Herbstschnitt: Für alle Pflanzen, die zu groß fürs Winterquartier sind. Gestutzt werden außerdem: Engelstrompeten bis auf kurze Stummel, Enzianstrauch, Fuchsien und Strauchmargeriten um die Hälfte bis zwei Drittel.
- **Dahlien und Co. ausgraben.** Alle frostempfindlichen Zwiebel- und Knollenpflanzen mit der Grabegabel aus dem Boden heben. Knollenbegonien (wie Gladiolen und Freesien) schon vor dem ersten Frost, dabei das Laub an der Pflanze belassen, bis es eingetrocknet ist. Knollen dann in Sand lagern, genau wie Dahlienknollen. Dahlien und Canna nach dem ersten leichten Frost auf 10 cm einkürzen und die Knollen aus der Erde nehmen. Bei Dahlien die lockere Erde abschütteln, bei Canna nicht, denn sie darf nicht austrocknen, die Erde muss im Winterquartier eventuell nachbefeuchtet werden (alternativ im Erdtopf überwintern). Temperatur: 10 °C bzw. 5 °C für Dahlien sind perfekt.
- **Geranien überwintern.** Anstelle der ganzen Pflanzen lieber 5–10 cm lange Stecklinge schneiden, im Wasserglas bewurzeln lassen, eintopfen und kühl und hell überwintern.
- **Teich winterfest machen.** Wärmeliebende Teichpflanzen im Haus überwintern – je nach Art kühl oder warm. (Nicht frostfreie) Teichpumpen leerlaufen lassen und frostfrei lagern. *Eisfreihalter* aus Styropor einsetzen (normales Styropor braucht ein zusätzliches Gewicht, sonst schwimmt es oben auf). SEITE 119

XI | NOVEMBER

- **Wurzelnackte Rosen pflanzen.** Triebe auf 15 cm einkürzen, Wurzelspitzen um 1 cm. 12–24 Stunden in einen randvollen Wassereimer stellen. Beim Pflanzen muss die Veredelungsstelle (erkennbar an der knotenartigen Verdickung) gute zwei Finger breit unter der Erde liegen.
- **Stauden-Pfingstrosen** zurückschneiden. Altes Laub entfernen, um Pilzinfektionen vorzubeugen.
- **Winterschutz für hohe Schöpfe.** Die Blätter von Fackellilien und Pampasgras schopfartig zusammenbinden, Pflanzen mit Maschendraht umzäunen und trockenes Laub aufschütten.
- **Winterschutz für Rosen und Stauden.** Vor allem die Veredelungsstelle ist gefährdet. Bei Beetrosen die Triebbasis 15–20 cm hoch anhäufeln, also mit Erde oder einem Erd-Kompost-Mix bedecken. Generell kann Tannen- oder Fichtenreisig die Triebe aller Rosen vor Frostrissen durch Temperaturschwankungen schützen. Auch als Abdeckung für kälteempfindliche Stauden ist das luftige Material gut geeignet. Bei Hochstammrosen die Veredelungsstelle oder gleich die ganze Krone mit luftdurchlässigem Vlies oder Sackleinen ummanteln. Niemals Folie verwenden, Fäulnisgefahr!

XII | DEZEMBER

- **Winterquartiere kontrollieren.** Kübelpflanzen regelmäßig auf Befall mit Schaderregern kontrollieren, gelegentlich sehr sparsam gießen. Auch eingelagerte Zwiebel- und Knollenpflanzen kontrollieren, faulende Exemplare entsorgen, bei Dahlien betroffene Stellen großzügig ausschneiden.
- **Gartengeräte reinigen und reparieren.** Erdreste entfernen, Holzgriffe mit Leinöl einpinseln. Zulauf von Außenwasserleitungen abstellen, Leitungen leeren und die Hähne bis zum Frühjahr offen lassen. *Schnittwerkzeuge* überholen. SEITE 55
- **Gewächshaus reinigen.**

Empfehlenswerte Zwiebel- und Knollenpflanzen

nach Blütemonat geordnet

FRÜHLINGSBLÜHER

PFLANZENNAME	BOTANISCHER NAME	BLÜTEZEIT	WUCHSHÖHE	STANDORT
FRÜHLINGS-LICHTBLUME	Bulbocodium vernum	II–III	10 cm	so–sch
KROKUS	Crocus	II–III	5–15 cm	so–hs
WINTERLING	Eranthis	II–III	5–10 cm	so–sch
SCHNEEGLÖCKCHEN	Galanthus	II–III	10–20 cm	so–sch
ZWERG-IRIS	Iris histrioides	II–III	10–15 cm	so
BALKAN-WINDRÖSCHEN	Anemone blanda	III–IV	15 cm	so–hs
SCHNEEGLANZ	Chionodoxa	III–IV	15–25 cm	so–abs
GEFINGERTER LERCHENSPORN	Corydalis solida	III–IV	15–30 cm	so–sch
PUSCHKINIE	Puschkinia scilloides	III–IV	20 cm	so–hs
BUSCH-WINDRÖSCHEN	Anemone nemorosa	III–V	10–20 cm	hs–sch
HOHLER LERCHENSPORN	Corydalis cava	III–V	15–30 cm	so–sch
HUNDSZAHN	Erythronium	III–V	10–30 cm	hs
KAISERKRONE	Fritillaria imperialis	III–V	70–120 cm	so–abs
TRAUBENHYAZINTHE	Muscari	III–V	15–20 cm	so–hs
MILCHSTERN	Ornithogalum	III–V	10–30 cm	so–hs
VORFRÜHLINGS-ALPENVEILCHEN	Cyclamen coum	II–IV	5–10 cm	abs–hs
LEBERBLÜMCHEN	Hepatica	II–IV	10–15 cm	hs–sch
MÄRZENBECHER	Leucojum vernum	II–IV	20–30 cm	so–hs
BLAUSTERN	Scilla	II–IV	10–20 cm	so–sch
GELBES WINDRÖSCHEN	Anemone ranunculoides	IV–V	10–20 cm	hs
SCHACHBRETTBLUME	Fritillaria meleagris	IV–V	30 cm	so–hs
PERSISCHE KAISERKRONE	Fritillaria persica	IV–V	75–100 cm	so
HASENGLÖCKCHEN	Hyacinthoides	IV–V	20–40 cm	abs–sch
HYAZINTHE	Hyacinthus orientalis	IV–V	15–25 cm	so–abs
FRÜHLINGSSTERN	Ipheion uniflorum	IV–V	15 cm	so–sch
DREIBLATT	Trillium	IV–V	30–40 cm	hs–sch
MAIGLÖCKCHEN	Convallaria majalis	V–VI	15–30 cm	so–sch
WALDMEISTER	Galium odoratum	II–IV	20 cm	hs–sch

SO: SONNIG · **ABS:** ABSONNIG · **SCH:** SCHATTIG · **HS:** HALBSCHATTIG

ZWIEBEL- UND KNOLLENPFLANZEN

SOMMERBLÜHER

PFLANZENNAME	BOTANISCHER NAME	BLÜTEZEIT	WUCHSHÖHE	STANDORT
KRONEN-ANEMONE [1,2]	Anemone coronaria	III–V	15–30 cm	so–hs
SOMMER-KNOTENBLUME	Leucojum aestivum	IV–VI	40–50 cm	so–hs
GOLDGLOCKE	Uvularia grandiflora	II–III	15–50 cm	hs–sch
LILIEN	Lilium-Hybriden	VIII–X	120–150 cm	so–abs
TIGER-LILIE	Lilium lancifolium	VIII–IX	170–200 cm	so–hs
MONTBRETIE [1,2]	Crocosmia	VII–IX	10–15 cm	so–abs
SOMMER-ALPENVEILCHEN	Cyclamen purpurascens	VII–IX	15 cm	abs–hs
HAKENLILIE [1]	Crinum	VII–VIII	100–120 cm	so
KÖNIGS-LILIE	Lilium regale	VII–VIII	80–140 cm	so
WUNDERBLUME [1,2]	Mirabilis jalapa	VII–X	60–80 cm	so
GARTEN-GLADIOLE [1,2]	Gladiolus × hortulanus	VI–VII	50–100 cm	so
IXLILIE [1,2]	Ixiolirion tataricum	VI–VII	30–50 cm	so
KLEBSCHWERTEL [1,2]	Ixia	VI–VIII	40–60 cm	so
INDISCHES BLUMENROHR [1]	Canna indica	VI–X	60–180 cm	so
ZIER-SAUERKLEE [1]	Oxalis triangularis 'Mijke'	VI–X	20 cm	so–hs
GOLD-LAUCH	Allium moly	V–VI	35 cm	so–abs
LEICHTLINS PRÄRIELILIE	Camassia leichtlinii	V–VI	70–110 cm	so–abs
TÜRKENBUND-LILIE	Lilium martagon	V–VI	60–120 cm	so–hs
BULGARISCHER HONIGLAUCH	Nectaroscordum siculum	V–VI	80–100 cm	so–abs
STEPPENKERZE	Eremurus	V–VII	80–250 cm	so
FRANSENSCHWERTEL [1]	Sparaxis	V–VII	30 cm	so–hs
WALD-SAUERKLEE	Oxalis acetosella 'Rubra'	V–VIII	10–15 cm	so

HERBSTBLÜHER

PFLANZENNAME	BOTANISCHER NAME	BLÜTEZEIT	WUCHSHÖHE	STANDORT
HERBST-ZEITLOSE	Colchicum autumnale	VIII–X	10–25 cm	so–hs
HERBST-ALPENVEILCHEN	Cyclamen hederifolium	VIII–X	10–15 cm	abs–hs
STERN-GLADIOLE [1]	Gladiolus murielae	IX–X	90 cm	so
GOLDKROKUS	Sternbergia lutea	IX–X	10 cm	so
HERBST-KROKUS	Crocus ligusticus, C. pulchellus, C. sativus	IX–XI	10 cm	so–abs
NERINE [1,2]	Nerine bowdenii	IX–XI	30–50 cm	so
TUBEROSE [1]	Polianthes tuberosa	IX–XI	50–100 cm	so

1: BEDINGT / NICHT FROSTFEST · 2: IN WARMEN LAGEN MIT WINTERSCHUTZ IM BEET

Informationen

- **Bund deutscher Staudengärtner – BdS** (Suche nach Gärtnereien, die Mitglied im BdS sind und mit dem Qualitätszeichen Staude ausgezeichnet wurden, Pflegetipps, umfangreiche Informationen über Stauden und Staudenmischpflanzungen unter dem Tab „Staudiges: Staudenmix"): www.stauden.de
- **Gesellschaft der Staudenfreunde e.V. – GdS** (Austausch unter Gleichgesinnten, Gartenreisen, spannende Vorträge, Pflanzen- und Saatguttausch): www.gds-staudenfreunde.de
- **Arbeitskreis Gehölzsichtung:** www.gehoelzsichtung.de
- **Arbeitskreis Staudensichtung:** www.staudensichtung.de
- **Allgemeine Deutsche Rosenneuheitenprüfung:** www.adr-rose.de
- **Inkarho GmbH** (Informationen und Pflegetipps zu Inkarho®-Rhododendren): www.inkarho.de

Bezugsquellen

Saatgut
- www.blauetikett.de
- www.gartenversandhaus.de
- www.hof-berggarten.de
- www.jelitto.com
- www.pflanzenfee.at
- www.rieger-hofmann.de
- www.saatgut-vielfalt.de
- www.saemereien.ch
- www.samen.ch
- www.samenfest.de
- www.sperli-versand.de
- www.templiner-kraeutergarten.de
- www.tom-garten.de

Gehölze
- www.baumschule-horstmann.de
- www.eggert-baumschulen.de
- www.gartenbaumschulen.com (Baumschulsuche und Infos vom Bund deutscher Baumschulen)
- www.hortensien.net
- www.pfingstrosengaertnerei.de
- www.pfingstrosen-paradies.de
- www.staudenhibiskus.com

Zwiebel- und Knollenpflanzen
- www.gewiehs-blumenzwiebeln.de
- www.treppens.de

Stauden
- www.alpine-peters.de (Schwerpunkte: Steinbrech, Christ- und Lenzrosen, Enzian, Steingartenstauden)
- www.die-staudengaertnerei.de (Schwerpunkt: Präriestauden)
- www.ewaldhuegin.com (Schwerpunkte: trockenheitsresistente Pflanzen, subtropische und tropische Stauden und Einjährige)
- www.floramontana.de (Schwerpunkt: Gebirgspflanzen)
- www.friesland-staudengarten.de (Schwerpunkte: Taglilien, Funkien)
- www.gaertnerei-strickler.de (Pflanzen mit Wurzelballen für Steingärten und Trockenmauern)
- www.gaissmayer.de (Schwerpunkte: Phlox, Duftstauden, Bio-Kräuter)
- www.graefin-von-zeppelin.de (Schwerpunkte: Iris, Päonien, Taglilien)
- www.green-globe.eu (Schwerpunkt: Nelkenwurz)
- www.heucherawelt.de (Schwerpunkte Purpurglöckchen, Schaumblüte)
- www.misterhepatica.de (Schwerpunkt: Leberblümchen)
- www.offenthal-taglilien.de
- www.sarastro-stauden.com (Schwerpunkte: Phlox, Raritäten)
- www.stauden-eskuche.de (Schwerpunkte: Anemonen, Bergenien, Elfenblumen)
- www.stauden-klingel-luckhardt.de (Schwerpunkte Lenzrosen, Funkien, Schattenstauden)
- www.variegataplants.de (Schwerpunkte: Funkien und andere Pflanzen mit panaschiertem Laub)

Kletterpflanzen
- www.baumschule-sachs.de
- www.clematis-westphal.de

Kübelpflanzen
- www.agapanthusfarm.de (Schwerpunkt Schmucklilien)
- www.floramediterranea.de
- www.flora-toskana.de

Duftpflanzen und Kräuter
- www.gaertnerei-schoebel.de (Schwerpunkte: Alpenveilchen, Funkien, Farne, Duftpflanzen)
- www.immengarten-jaesch.de (Schwerpunkt: Bienentrachtpflanzen)
- www.kraeuter-und-duftpflanzen.de
- www.michaelcamphausen.de
- www.syringa-pflanzen.de

Wasserpflanzen
- www.bluetenblatt.de
- www.seerosensorten.de

Hochbeete
- www.beckmann-kg.de
- www.gartenallerlei.de
- www.hoch-beet.at

Nützlinge
- www.biohelp-shop.de
- www.katzbiotech.de
- www.nuetzlinge-shop.de

Bestellkarten auch in vielen Gartencentern erhältlich; Händlersuche unter
- www.neudorff.de

Weiteres Gartenzubehör
- www.schneckenprofi.de (unter anderem Bentonit, Wasserspeichergranulat, torffreie Erden und Briketts)

Zum Weiterlesen

Der neue große Gartenplaner. Planen, entwerfen, kalkulieren. Peter Wirth (Hrsg.). Ulmer 2015.

Die Stauden und ihre Lebensbereiche. Richard Hansen, Friedrich Stahl, Swantje Duthweiler. Ulmer, 6. Auflage 2016.

Ganzjährig schöne Beete. Gestaltungsideen für jeden Standort. Andreas Barlage. Gräfe und Unzer 2011.

Gartenblumen in Harmonie. Stauden gekonnt kombinieren. Frank M. von Berger. Ulmer 2012.

Knallbunte Beete. Lars Weigelt. blv Verlag 2017.

Landhaus- und Cottagegärten. Das Praxisbuch. Michael Breckwoldt. blv Verlag 2016.

NICHT ALLES WÄCHST DORT, WO MAN ES ERWARTET:

DAS REGISTER

„Schnell finden"

sorgt schon auf den Seiten 8 und 9 für den perfekten Überblick.

Bildquellen

botanikfoto.com: Steffen Hauser: Seite 43 re., 46, 49, 51 o., 53 li., 53 re., 61 re., 66 li., 67 o., 68, 79, 80, 84 li., 85 u., 86, 93 li. (4), 98 re., 102 re., 125 o. re., 134, 136; Heinz Hauser: Seite 62, 125 o. li.

Edelmann, Theresa: Seite 123 li.

Flora Press: Seite 14 o., 32; BIOSPHOTO/B & G Médias: Seite 107 Mi.; Botanical Images: Seite 2 o. re.; Buiten-Beeld/Ernst Kremers Fotografie: Seite 22 o. re.; Daniela Kunze: Seite 12; Ellen Rooney: Seite 8; Flowerphotos/David Tull: Vorsatz vorne, 28; GWI: Seite 22 u., 25, 30 o.; Helga Noack: Seite 76; JS Sira: Seite 29; Linda Burgess: Seite 34 u.; Liz Eddison: Seite 24; Liz Eddison; Designer: Rosemary Blakesley - Tatton Park 2005: Seite 26 u.; MAP: Seite 18 u., 141 re. (4); Melli Freudenberg: Seite 120 li.; Nova Photo Graphik: Seite 88; Redeleit&Junker/L. Redeleit: Seite 18 o; Steven Wooster; Beth Chatto Gardens: Seite 44; Visions: Titelbild, Vorsatz vorne Rückseite

Hecker, Frank: Seite 14 u.

João Lobo Colaço: Seite 3 u.

Lugerbauer, Katrin: Seite 77

mauritius images: Seite 7 li., 21, 50, 54, 61 li., 66 re., 67 Mi., 67 u., 74, 82 li., 82 re., 83 li., 83 Mi., 83 u., 81, 84 re., 85 o., 90, 91 u., 92, 95, 97, 99 Mi., 98 li., 99 o., 99 u., 100, 103 o., 103 u., 106 li., 107 o., 107 u., 108 li., 108 re., 112 re., 113 o., 113 Mi., 113 u., 115 u., 116 li., 117 o., 120 re., 121 o., 121 u., 123 re., 124, 126, 129, 132 u., 133, 137 o., 138, 139 re., 140, 141 li. (1), 141 li. (2), 141 li. (3), 141 li. (4), 141 li. (5), 141 re. (1), 141 re. (2), 141 re. (3), 141 re. (5), 142, 147 re., 147 li.

Photocase.de: Joexx: Seite 20; niinoo: Seite 26 o.

Shutterstock.com: Africa Studio: Seite 122; Anastasiia Malinich: Seite 145 li. (6); Anton-Burakov: Seite 145 re. (5); AS Food studio: Seite 93 re. (3); AVprophoto: Seite 60; BBA Photography: Seite 43 li.; Berislav Kovacevic: Seite 34 o.; Bildagentur Zoonar GmbH: Seite 70; Brian Teal: Seite 58 o.; Candia Baxter: Seite 116 re.; Carmen Rieb: Seite 121 Mi.; chuanpis: Seite 38 u.; chuyuss: Seite 52; Cora Mueller: Seite 17; daizuoxin: Vorsatz hinten; de2marco: Seite 145 li. (2); Del Boy: Seite 6 re., 75, 85 Mi.; Dmitry Kachalkov: Seite 117 re.; Elaine Davis: Seite 35 (Vanilleblume); Elena11: Seite 127 (4); Galina Grebenyuk: Vorsatz hinten Rückseite; gualtiero boffi: Seite 94; guy42: Seite 146; Hamiza Bakirci: Seite 145 li. (1); haris M: Seite 91 o.; InfoFlowersPlants: Seite 93 re. (2); Irina Fischer: Seite 13; JurateBuiviene: Seite 117 Mi.; kuzina: Seite 112 li.; LianeM: Seite 96, 145 re. (1); Lijuan Guo: Seite 130; Lyu Hu: Seite 117; Mada_Cris: Seite 37; Manfred Ruckszio: Seite 102 li., 145 li. (7); Margrit Kropp: Seite 93 re. (1); Mariola Anna S: Seite 47 o.; MarkSpirit: Seite 145 li. (4); mr_coffee: Seite 93 li. (3); Natalia Lebedinskaia: Seite 6 li.; Ninell: Seite 145 li. (3); O_Schmidt: Seite 72; Oksana Savchyn: Seite 145 li. (5); Olga Popova: Seite 48, 111; picturepartners: Seite 127 (3), 127 (5); pikky: Seite 104; Prapaporn Somkate: Seite 39 (Frangipani); PrimaStockPhoto: Seite 15 u. (Spaten); Ramon grosso dolarea: Seite 110 o.; Richard Griffin: Seite 145 re. (3); Rudmer Zwerver: Seite 106 re.; Sarycheva Olesia: Seite 145 re. (6); Scisetti Alfio: Seite 59 u., 93 re. (4); S-F: Seite 42; shihina: Seite 93 li. (2); Susana Ortega: Seite 103 Mi.; Svetoslav Radkov: Seite 127 (2); Syda Productions: Seite 16; Tatiana Mihaliova: Seite 33; Tatiana Volgutova: Seite 145 re. (4); Thavorn: Seite 93 li. (1); unpict: Seite 127 (1); Vilor: Seite 145 re. (2); vlavetal: Seite 38 o.; volkova natalia: Seite 39 o. (Rose); Volodymyr Nikitenko: Seite 132 o.; william casey: Seite 2 u. re.; Yinkor: Seite 35 u.; Yulia Mladich: Seite 145 re. (7)

Stocksy: Lyoba Burakova: Seite 30 u., 36; Pixel Stories: Seite 1, 2 o. li.; Studio Firma: Seite 7 re.; Vegterfoto: Seite 22 o. li.

Strauß, Friedrich: Seite 109, 135

Ulmer Verlag: Seite 2 u. li., 3 o.

Alle Zeichnungen fertigte Johannes-Christian Rost nach Vorlagen der Autorin.

Impressum

Die in diesem Buch enthaltenen Empfehlungen und Angaben sind von der Autorin mit größter Sorgfalt zusammengestellt und geprüft worden. Eine Garantie für die Richtigkeit der Angaben kann aber nicht gegeben werden. Autorin und Verlag übernehmen keine Haftung für Schäden und Unfälle. Bitte setzen Sie bei der Anwendung der in diesem Buch enthaltenen Empfehlungen Ihr persönliches Urteilsvermögen ein. Der Verlag Eugen Ulmer ist nicht verantwortlich für die Inhalte der im Buch genannten Websites.

Bibliografische Information der Deutschen Nationalbibliothek
Die Deutsche Nationalbibliothek verzeichnet diese Publikation in der Deutschen Nationalbibliografie; detaillierte bibliografische Daten sind im Internet über http://dnb.d-nb.de abrufbar. Das Werk einschließlich aller seiner Teile ist urheberrechtlich geschützt. Jede Verwertung außerhalb der engen Grenzen des Urheberrechtsgesetzes ist ohne Zustimmung des Verlages unzulässig und strafbar. Das gilt insbesondere für Vervielfältigungen, Übersetzungen, Mikroverfilmungen und die Einspeicherung und Verarbeitung in elektronischen Systemen.

© 2017 Eugen Ulmer KG
Wollgrasweg 41, 70599 Stuttgart (Hohenheim)
E-Mail: info@ulmer.de
Internet: www.ulmer-verlag.de
Konzeption, Layout und Umschlagentwurf:
Ruska, Martín, Associates GmbH, Berlin
Lektorat: Antje Krause, Doris Kowalzik
Herstellung: Gabriele Wieczorek
Reproduktion: timeRay Visualisierungen, Herrenberg
Satz: Antje Warnecke, nordendesign.de, Appen
Druck und Bindung: Mohn Media Mohndruck GmbH, Gütersloh
Printed in Germany
Papier: Circle Preprint Premium White

ISBN 978-3-8001-0928-9